경영 재무 컨설팅

CEO와 패밀리

초판

경제·금융 실용실무도서　　　　　　　어카팅운맨 시리즈 제1권

120만 회사 CEO와 1천만 주식투자자를 위한 실용실무도서

경영 재무 컨설팅
CEO와 패밀리

김 덕 공인회계사(CPA)

어카운팅맨 출판사

머릿글

통계청 자료(2021년)에 의하면 국내 총사업자수는 약 920만개(법인사업자 약 120만개, 개인사업자 약 800만개)이고, 그 중 대기업은 약 5천개로 나머지는 대부분 중소기업이나 소상공인이다. 1명 회사이든 1만명 회사이든 국내에는 920만명의 사업체 대표가 있으므로 우리나라 인구 5,200만명 중 약 5분의 1은 사업체를 운영하는 사장님이다.

사장님은 CEO(Chief Executive Officer, 최고경영자)이고, 사업체를 운영하는 이상, 숫자와 관련된 경제와 금융지식은 반드시 필요하고, 이를 도와줄 실무적 조언이 필요하다.

법인사업자 120만개 중 2022년말 현재 상장법인은 약 2,400개(유가증권시장 약 800개, 코스닥시장 약 1,600개)로 0.2%에 해당한다. 이렇게 어려운 꿈의 등용문임에도 많은 스타트업과 벤처기업들은 IPO를 향해 나아가고 있다.

스타트업과 벤처기업의 CEO 주변에도 많은 재무·금융전문가가 있겠지만 CEO 자신도 기본적인 경제·금융지식을 갖고 있어야 회사 성장과 IPO 상장에 조금 더 빠르고 원활하게 접근할 수 있을 것이다.

이 책은 법인 또는 개인사업자의 대표인 CEO의 경제·금융지식 보강과 주식투자자들의 투자능력 향상을 위해 집필되었으며, 국내 경제·금융세계에서 자주 이슈화가 되고 있고, 기업 현장실무와 CEO의 현실에 가장 가까운 주제 위주로 서술된 실용실무서적이다.

회사 CEO가 쉽게 이해할 수 있도록 그림을 첨부하여 최대한 쉽게 표현하였고, 그들의 바쁜 일정을 감안하여 특히 필요한 핵심부분을 별도로 분리하여 쉽고 빠르게 읽을 수 있도록 하였으며, CEO가 실제 기업과 개인 재산관리에 바로 적용할 수 있도록 하였다.

경제·금융에 관심이 많은 CEO와 주식투자자들을 위해서 예시와 실무위주로 기본설명을 상세히 기술하였으며, 참고할 자료와 법령정보를 기본설명 내용 옆에 레퍼런스하였다.

2005년에 첫 저술을 한 후, 오랜만에 긴 시간 동안의 수 많은 인내와 고민 그리고 끈기의 시간을 거치면서 본서를 출고하게 되었다. 2005년 이후 세계경제환경과 금융환경이 많이 변화되었고, 수도권에 집중되어 회사 수도 크게 증가하면서 경쟁은 더욱 치열해졌다.

그 동안 회계정보의 신뢰성과 투명성을 확보하기 위한 내부통제제도가 확대·강화되었고, 2009년에는 기업의 회계 처리와 재무제표에 대한 국제적 통일성을 높이기 위해 실질적인 유럽회계기준인 국제회계기준(IFRS)을 한국채택국제회계기준(K-IFRS)으로 변형·도입하면서 회계환경도 더욱 복잡해졌으며, 세법규정도 점점 더 규정이 많아지고 있다.

IT기술의 발달로 지구촌 반대편 사람과 바로 통화할 수 있고, 유튜브와 SNS 채널을 통해 세계가 한 가족이 되었다. 줄임말과 '엄청난', '놀라운', '충격적인'이라는 표현이 일상화된 가운데, 세계인과 한 가족이 된 후 한국이 선진국이라는 것을 알게 된 사실과 우크라이나전쟁후 한국이 무기 수출국이 된 사실 그리고 먹방(Mukbang)이 옥스포드사전에 등재되어 세계공용어가 된 사실에 놀란다.

하지만 한국이 OECD(경제협력개발기구) 38개 회원국 중 출산율, 식량자급률, 기후변화를 대비하는 신재생에너지 보급율이 꼴찌 수준이라는 점과 우리가 세계 군사력 6위라면서 국내 공군기지와 핵심 군시설이 북한의 방사포에 의한 전략핵위협에 노출되어 있고, 탄약과 포탄은 1주일치뿐, 예비전차와 전투기는 하나도 없다는 점에서 또 놀라게 된다.

코로나 팬데믹 이후 또 다른 바이러스의 위협, 우크라이나전쟁과 기후위기, 에너지위기와 식량위기, 미·중분쟁과 세계경제 블록화에 대한 우려가 지속되고 있다. 그와 함께 고물가, 고금리, 고환율 3고의 경제환경과 경기침체의 그림자는 개인과 기업, 경제주체들에게 큰 부담으로 작용하고 있어 CEO와 주식투자자는 더 힘들어졌다.

2023년 이런 외부환경속에서 증여, 가업승계, 재산증식과 승계, 가지급금 정리, 퇴직금 준비, 절세방법, 미래세금 대책, 자기자본 정비, 중대재해위험 대비, 대표 건강관리 등 회사를 운영하는 CEO와 주식투자자의 다양한 고민을 해소하고 경제·금융실력을 증진시키며, 현장 실무에 바로 적용할 수 있도록 하기 위해서 이 저서를 출간하게 되었다.

매일 공장에서 기계와 제품과 씨름하면서 기름 묻은 면장갑을 벗으면서 하루를 마무리하는 개미형 CEO, 해외 각국에서 그리고 코엑스와 영업장에서 바이어와 고객에게 제품과 기술을 소개하면서 세계 진출과 증권시장 IPO를 위해 자신과 직원들의 꿈을 키우고 있는 벤처와 스타트업의 열정형 CEO, 평일에도 골프장에서 여가를 즐기는 베짱이형 CEO 등 모든 CEO들이 편히 읽을 수 있도록 저술하고자 노력하였다. 개인이든 법인이든 국가든 유비무환이 최선이다. 시간과 자금이 있을 때 미리 준비하고 대비해야 한다.

영화, 드라마, 음악, 댄스, 코미디, 예능, 다큐멘터리, 스포츠, 소설, 만화, 여행, 패션, 푸드 등은 우리에게 재미와 즐거움을 준다. 경제와 금융은 우리에게 무슨 재미를 줄까? 경쟁과 승패, 부자와 서민, 플렉스와 그리디, 성공과 좌절, 성장과 후퇴의 결과에 앞서 경제와 금융은 우리에게 아는 재미, 개선하는 재미, 예측하는 재미를 준다.

S그룹 진모 회장님이 묻는다. "컨설팅... 그기 돈이 됩니까? 회사에는 도움이 됩니까?"
누군가 대답을 한다. "알면 돈이 됩니다. 알아야 회사에 도움이 됩니다."

지금까지 수 많은 회사 CEO들을 만났는데, 그들의 주요 관심사는 대부분 이윤, 자금, 세금, 골프, 건강이었다. 이 책이 어느 정도 만족스런 도움이 될 것이다.

이 책은 국내의 회사 CEO들과 주식투자자들의 행복하고 슬기로운 회사생활과 투자생활 그리고 회사와 개인의 장기적인 성장에 도움이 될 것으로 생각한다.

2023년 5월

공인회계사 김 덕

차례

제1부 CEO의 패밀리(CEO's Family)

Ⅰ. '재산과 가업승계 1'의 세계

◇ *재산과 가업승계(재테크)의 20가지 공식*

1. 자녀에게 현금 증여시 절세방법은?

◇ *민법상 상속순위와 법정 상속분*

2. 자녀에게 아파트를 단순증여 또는 부담부증여하는 방법은?

3. 자녀에게 아파트를 저가양도하는 방법은?

4. 자녀에게 상가건물을 증여하는 방법은?

5. 자녀에게 현금을 빌려주는 방법은?

◇ *가족간 부동산 무상임대*

6. 자녀가 아파트 1채를 공동명의로 취득할 때 절세금액은?

◇ *취득세, 종합부동산세, 재산세, 양도소득세 계산*

7. 자녀가 아파트 1채를 공동명의로 변경할 때 절세금액은?

◇ *취득세, 종합부동산세, 재산세, 양도소득세 계산*

제2부 가업승계(Family Business Succession)

Ⅱ. '재산과 가업승계 2'의 세계

◇ 재산승계
◇ 가업승계지원제도

8. 자녀에게 100억까지 저세율로 현금증여하는 '창업자금 증여특례'?

9. 자녀에게 600억까지 저세율로 주식증여하는 '가업승계주식 증여특례'?

10. 자녀에게 600억까지 가업상속재산 공제를 해주는 '가업상속공제'?

11. 담보제공하고 이자만 납부하는 '가업승계 증여세·상속세 납부유예'?

◇ 창업자금 증여특례, 가업승계주식 증여특례, 증여세 납부유예의 비교
◇ 가업상속공제와 상속세 납부유예의 비교

12. 가업승계지원 없이, 자녀에 대한 200억 재산승계의 시나리오?

제3부 CEO의 가디언스(CEO's Guardians)

Ⅲ. '절세'의 세계

◇ 절세의 5원칙

13 . 중대재해처벌법 시행후, 사고위험에 대한 대비책은?

14 . 1석3조로 대표이사 퇴직금을 준비하는 방법은?

◇ 퇴직소득금액과 퇴직소득세의 계산

15 . 법인의 가지급금이 무슨 문제?

16 . 법인의 가지급금을 제거하는 방법은?

◇ 주식발행초과금의 감액배당
◇ 주주균등 액면감자소각
◇ 자기주식의 양도목적 또는 일시보유목적 양도
◇ 배우자로부터 증여받은 자기주식의 이익소각
◇ 개인소유 특허권의 감정평가후 양도

17 . 주발초가 많으면 비과세 현금배당(감액배당)을 받자.

◇ 비상장주식의 평가

18 . 대표이사의 연봉과 배당을 얼마로 할 것인가?

19 . 장수하려면 좋은 공기, 물과 함께 열을 가까이 하자.

제4부 CEO의 파트너(CEO's Partner)

Ⅳ. '자기주식과 감자'의 세계

20. 감자소각과 이익소각의 차이점은?

21. 공동사업자 보유 자기주식의 취득 방법은?

22. 배우자공제와 주식증여, 이익소각을 활용한 개인자금화란?
◇ *자기주식을 배우자에게 증여후 1년뒤 양도 및 이익소각*

23. 배우자공제와 부동산증여를 활용한 개인자금화란?
◇ *부동산을 배우자에게 증여후 10년뒤 양도*

24. 배우자공제와 세후배당금 증여를 활용한 개인자금화란?
◇ *이중과세 조정을 위한 배당 Gross-up 계산*

제5부 2023년 주요 세금(Main Taxes)

Ⅴ. '세금 종류와 소득세'의 세계

25. 2023년 법인세율, 상속·증여세율, 소득세율은?

26. 2023년 아파트 취득세는?
◇ 취득세에 부가되는 농특세와 지방교육세의 계산
◇ 기타 부동산의 취득세

27. 2023년 아파트 재산세와 종합부동산세는?
◇ 재산세, 종합부동산세 등의 계산 및 절세법

28. 2023년 아파트 양도소득세는?
◇ 기타 부동산의 양도소득세
◇ 법인의 주택관련 세금(부동산법인의 장단점)

29. 2023년 주식 양도소득세는?

30. 2023년 ETF에 대한 세금은?

제1부　CEO의 패밀리

CEO's Family

제1부 CEO의 패밀리
CEO's Family

Ⅰ. '재산과 가업승계 1'의 세계

◇ 재산과 가업승계(재테크)의 20가지 공식

1. 자녀에게 현금 증여시 절세방법은?

    ◇ 민법상 상속순위와 법정 상속분

2. 자녀에게 아파트를 단순증여 또는 부담부증여하는 방법은?

3. 자녀에게 아파트를 저가양도하는 방법은?

4. 자녀에게 상가건물을 증여하는 방법은?

5. 자녀에게 현금을 빌려주는 방법은?

    ◇ 가족간 부동산 무상임대

6. 자녀가 아파트 1채를 공동명의로 취득할 때 절세금액은?

    ◇ 취득세, 종합부동산세, 재산세, 양도소득세 계산

7. 자녀가 아파트 1채를 공동명의로 변경할 때 절세금액은?

    ◇ 취득세, 종합부동산세, 재산세, 양도소득세 계산

Ⅰ. '재산과 가업승계 1'의 세계

□ 재산과 가업승계(재테크)의 20가지 공식

1. 자녀가 어릴 때부터 자녀명의의 예금통장과 장기투자주식계좌를 만들어 증여한다. 빨리 시작할수록 좋다

조부모나 부모가 자녀가 어릴 때부터 증여하면 보다 많은 금액을 저세율로 증여할 수 있다. 증여는 자녀의 자금력을 키워주고 자금출처를 제공한다.

2. 자녀에게 증여세율 30%대 이하에서 최대한의 현금을 주고, 회사 주식을 증여하거나 매수하게 한 후, 배당을 준다

낮은 증여세율로 현금을 최대한 주고, 주가가 낮을 때 회사 주식을 준 후, 배당소득세를 부담하면서 기간을 나눠서 최대한의 배당을 여러 방법으로 자녀에게 집중해서 주면 자녀의 자금력이 증대되고, 세금납부, 부동산과 장기주식 취득자금 등이 된다.

3. 자녀에게 상가토지를 증여한다

상가를 가진 대표는 감가상각되는 건물부분은 대표가 임대료를 받아 활용하고, 미래가치가 높은 토지부분을 자녀에게 증여한다.

4. 중과세 완화시 자녀의 자금력에 따라 자녀에게 아파트를 단순증여나 부담부증여한다

자녀의 자금력 대중소에 따라 단순증여 > 저부채 부담부증여 > 고부채 부담부증여를 하면 절세된다.

5. 중과세 완화시, 2주택자인 대표(부모)가 자녀에게 아파트를 저가양도 한다

양도세 중과세 완화시, 감정가액(시가)보다 3억원 낮은 저가양도를 통해 합법적으로 부모(일시적 2주택자이면 비과세)와 자금력이 있는 자녀의 세금을 줄일 수 있다.

6 . **저금리시대 초입에는 우량주와 부동산에 투자하고,
고금리 진행시기에는 예금과 채권에 투자한다**

경기호황 시작 이전에 주식 가격이 움직이고 경기호황 시작 이후에 부동산 가격이 움직이므로 저금리시대(경기호황기) 초입에는 우량주식과 부동산에 투자한다.

고금리 진행시기에는 높은 예금 금리와 채권 금리, 낮은 채권가격을 확인한 후에, 예적금과 채권형 ETF의 비중을 늘리고, AA급이상 우량한 회사의 회사채, 신종자본증권, 후순위채 등에 투자한다.

7 . **장기납입능력이 있으면 연금저축보험, 개인형퇴직연금(IRP)을 활용하고,
장기납입과 투자운용능력이 있으면 연금저축펀드, 변액연금보험을 활용한다**

연금저축(연금저축보험, 연금저축펀드)과 IRP는 연말정산시 납입액에 대해 소득공제가 되고, 연금수령시 저율(3.3~5.5%) 과세되며 노후자금이 된다.

연금저축펀드는 연금저축의 일종으로, 납입액 소득공제, 수령시 저율과세가 되며, 변액연금보험은 납입시 소득공제는 없고 수령시 비과세된다.

연금저축펀드와 변액연금보험은 고위험 고수익상품으로 주식을 포함한 펀드 등을 운용하므로 금리변동시기에 맞춰서 주식·채권비중을 조절할 줄 알아야 한다.

8 . **자녀가 만 17세가 되면 청약통장을 만들고 월 50만원씩 15년을 넣는다**

미성년자의 청약통장가입은 2년을 인정해주고, 총급여 7천만원이하 무주택자녀에 대해 연 240만원의 40%만큼 (96만원)소득공제를 해주며, 월 50만원씩 15년을 적립하면 이자포함 1억원 이상의 목돈을 마련할 수 있다. 다만, 소득공제는 국민주택규모 이하 청약을 전제로 하므로, 나중에 그 규모이상 주택에 청약하면 환불해야 한다

청약통장 적립액 240만원이상 2년(24회)이상 납입시 국민주택 1순위가 되고, 1,500만원이상 15년이상 납입시 민영주택 1순위 가점이 높아진다. 만약 청약에 당첨되면 자녀는 증여받은 자금과 청약통장자금으로 새 아파트를 분양가격에 구입할 수 있다.

9 . **공동명의로 상가를 취득하고 리모델링후 5년이상 보유한다**

공동명의로 상가를 취득하면 양도세가 줄고, 장기보유하면 △장특공(5년 10%, 10년 20%, 15년 30%)을 받는다.

10 . **1세대 1주택은 공동명의로 취득한다**

양도세(시가 12억초과 고가주택)와 종부세를 줄인다.

11. 비상장법인의 가지급금과 순자산을 줄인다

비상장법인의 가지급금은 현재 세금폭탄이고, 비상장법인의 순자산은 미래 세금폭탄이므로 둘 다 줄여야 한다.

다만, 회사자금으로 지속적인 재투자를 하거나 외부투자자에게 향후에 지분을 매각할 계획이라면 순자산 축소는 현금유동성 및 가업승계전략과 함께 재검토한다.

12. 영업과 투자에 영향이 없으면 급여를 높이고 배당을 받고, 급여와 중간배당과 관련하여 정관을 정비한다

우량회사 대표는 급여인상, 상여금 지급, 배당시행으로 가능한 수준의 세금과 4대 보험료를 추가 부담하고 회사자금을 합법적으로 개인 자금화하여야 한다. 이를 통해 가지급금이나 순자산을 감소시켜 세금을 줄이고 패밀리의 자금력을 증대할 수 있다.

이 때 임원 인건비의 변동과 중간배당의 지급은 정관에 규정이 있어야 인정된다.

13. 대표의 퇴직금을 최대한 받도록 정관을 정비한다.

회사자금이 많아 대표 퇴직금을 5배수로 정관을 변경할 경우에 대표의 근속연수 중 2011년까지는 배수제한없이 모두가 퇴직소득으로 인정되고, 이후 2019년까지는 3배수가 퇴직소득, 초과분은 근로소득으로 간주된다. 그리고 2020년 이후에는 2배수가 퇴직소득, 초과분은 근로소득으로 간주된다.

이 때 퇴직소득은 저율의 세율이, 근로소득은 고율의 세율이 각각 부과된 후, 세후 금액을 대표가 받아가게 된다.

임원이 다수인 경우에는 개인별 배수차이를 두면 부인되므로 근속연수별 배수차이 등 대표에게 유리한 배수방법을 찾아 정관을 정비한다.

14. 주식발행초과금이 많으면 배당으로 활용한다

주발초(주주가 과거에 냈던 돈)의 배당을 감액배당이라 하는데, 이를 통한 개인주주의 개인자금화는 비과세이며, 대표 패밀리의 자금력을 높이고 미래세금을 줄인다.

15. 배우자증여재산공제 6억원과 자기주식을 활용한다

배우자공제 6억원과 자기주식 매매를 통한 합법적인 개인자금화는 대표 패밀리의 자금력을 높이고 미래세금을 줄인다. 다만, 법인의 자기자본이 감소하고 부채비율이 증가한다.

16. 절세의 5원칙을 활용한다

1. 순자산 축소, 2. 저세율 전환, 3. 분산, 4. 가치자산 초기증여, 5. 미래대비 현재적립

17. 2024년부터 5인이상 사업장은 중대재해에 대비한다

안전·보건시스템을 설치·운영, 점검, 안전관리책임자 등의 업무수행 평가, 직원 안전보건교육, 중요한 위험설비와 장소에 대한 위험 예방 및 개선조치 등을 실시한다. 또한, 매뉴얼을 작성하고, 예산을 편성·집행하며, 대부분의 작업, 점검, 평가, 교육, 예방 및 개선조치, 회의, 보고과정과 내용을 문서화한다.

18. 회사를 운영한다면 최소한 경영인 정기보험과 단체상해보험을 가입한다

장기납입능력이 있으면 보험을 활용한다.

단기해지를 하지 않으면 평상시 법인세 절감, 퇴직금 재원, 가용자금이 될 수 있고, 비상시 경영위험과 자금위험으로부터 대표와 회사를 지키는 데 도움이 된다.

19. 개인사업자가 회사규모를 성장시키거나 가업승계목적의 절세를 하기 위해서는 법인으로 전환하거나 관계회사인 법인으로 통합한다

법인은 소득세율보다 법인세율이 낮을 뿐만 아니라 은행대출, 정부지원, 대외신인도, 가업승계 등에 유리하다. 그 대신 법인의 가지급금 발생과 순자산 누적은 초기부터 관리한다.

20. 가업승계 지원제도를 활용한다

[1] '①창업자금 증여특례, ②가업승계주식 증여특례,③증여세 납부유예'중 하나 선택, [2] 가업상속공제, [3]가업상속연부연납을 잘 활용하고 사후관리를 잘하면 증여세와 상속세를 대폭 줄일 수 있다. 법인의 규모가 커서 가업승계지원제도의 지원금액으로 부족하거나, 업종이나 규모에서 배제되어 가업승계지원제도를 적용할 수 없는 경우에는 자녀법인의 성장, 현금·주식의 사전 증여와 금융상품의 적립 등을 검토한다.

* 법인의 미래세금: 청산시 청산소득세, 양도시 양도소득세, 증여시 증여세, 상속시 상속세

CEO Tip 001 자녀에게 현금 증여시 절세방법은?

□ 고액자산가들의 현금증여방법 '10년단위 최대증여후 장투'

(1) 10년단위 4회로 나눠서 현금증여(기간 분산)

o 수증자별 증여재산공제: 증여재산에서 차감해주는 금액

증여자(주는 사람)	수증자(받는 사람)	증여재산공제(10년 단위)
직계존속	본인(성년자)	5천만원
직계존속	본인(미성년자)	2천만원
직계비속	본인	5천만원
배우자	본인	6억원
기타친족(장인, 시아버지 등)	본인	1천만원

* 기타친족은 6촌이내의 혈족, 4촌이내의 인척

[예시1] 자녀1명에게 30년간 현금을 증여하는 경우 증여세와 세후 증여금액

□ 자녀 1명에게 30년간 비과세로 총 1억 4천만원을 증여

* 증여세 신고세액공제(3%) 제외, 이하 동일

자녀나이	증여가액	증여재산공제	증여세 과세표준	증여세 (10%구간)	세후 증여금액
1세	2,000	-2,000	0 만원	0 만원	2,000 만원
11세	2,000	-2,000	0	0	2,000
21세	5,000	-5,000	0	0	5,000
31세	5,000	-5,000	0	0	5,000
30년 합계	14,000	-14,000	0	0	14,000
실질세율	0.0%		증여세	0 억원	

30년간 세후 증여금액 **1.4** 억원

* 상증세법 제13조①, 제53조, 제60조①,②, 제63조①, 동법 시행령 제49조①

○ 상속재산(시가)이 30억원 이상이면 누진세율이 50%이지만, 10년단위 비과세 또는 10%~30%의 세율구간을 활용하여 미리 증여하면 자녀가 성인이 된 후 일시에 많은 금액을 증여받는 것보다 적은 세금으로 재산승계의 마중물이 되는 일정금액을 증여할 수 있다.

○ 즉, 대표(부모)가 자녀에게 10년단위로 장기간 나눠서 증여하면 절세효과를 볼 수 있고, 자녀의 자금은 향후 자녀의 자금사용출처 및 가업승계 및 재산이전용 자금력이 된다.

○ 자녀증여시에는 자금출처조사 등에 대비해 반드시 증여신고를 하여야 한다.

○ 납부세액이 많으면 증여세는 5년 연부연납이 가능하고, 상속세는 10년 연부연납이 가능하며, 가업상속의 상속세는 10년 거치 10년 연부연납이 가능하다. 따라서 많은 세금을 납부기한(증여세는 3개월내, 상속세는 6개월내)에 납부하기위해 부동산 등의 자산을 헐값으로 팔지말고 연부연납을 활용한다. 연부연납은 납부세액이 2천만원을 초과하고, 납세담보를 제공하면 신청할 수 있고, 연 2.9%(2023.03.20)의 가산금을 추가납부해야 된다.

○ 상장주식의 증여세 기준 평가액은 평가기준일(증여일) 전후 (2+2)개월, 총 4개월 종가의 평균으로 평가하므로, 국내 주식시장이 침체기에 진입한 경우에 상장주식 증여에 의한 승계작업이 많이 발생한다.

○ 한편 비상장주식의 증여세 기준 평가액은 최근 3개년 1대 2대 3의 가중평균 순손익가치와 최근년말 순자산가치를 3대2로 가중평균한 금액으로 평가하므로, 순손실이 연속으로 발생해서 주가가 낮아지는 연도에 비상장주식의 증여가 많이 발생한다.

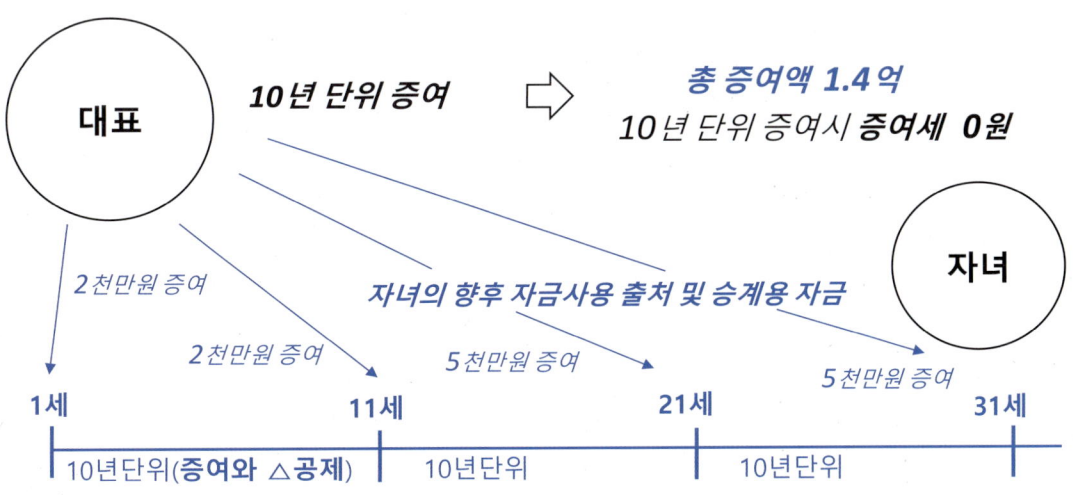

☐ 자녀 1명에게 30년간 7.4%세율로 총 5억 4천만원을 증여(증여세율 10%구간 활용)

자녀나이	증여가액	증여재산공제	증여세 과세표준	증여세 (10%구간)	세후 증여금액
1세	12,000	-2,000	10,000 만원	1,000 만원	11,000 만원
11세	12,000	-2,000	10,000	1,000	11,000
21세	15,000	-5,000	10,000	1,000	14,000
31세	15,000	-5,000	10,000	1,000	14,000
30년 합계	54,000	-14,000	40,000	4,000	50,000
실질세율	7.4%		증여세	0.4	억원

매년 1,200만원~1,500만원 증여   30년간 세후 증여금액   **5.0** 억원

☐ 자녀 1명에게 30년간 16.8%세율로 총 21억 4천만원을 증여(증여세율 20%구간 활용)

자녀나이	증여가액	증여재산공제	증여세 과세표준	증여세 (20%구간)	세후 증여금액
1세	52,000	-2,000	50,000 만원	9,000 만원	43,000 만원
11세	52,000	-2,000	50,000	9,000	43,000
21세	55,000	-5,000	50,000	9,000	46,000
31세	55,000	-5,000	50,000	9,000	46,000
30년 합계	214,000	-14,000	200,000	36,000	178,000
실질세율	16.8%		증여세	3.6	억원

매년 5,200만원~5,500만원 증여   30년간 세후 증여금액   **17.8** 억원

☐ 자녀 1명에게 30년간 23.2%세율로 총 41억 4천만원을 증여(증여세율 30%구간 활용)

자녀나이	증여가액	증여재산공제	증여세 과세표준	증여세 (30%구간)	세후 증여금액
1세	102,000	-2,000	100,000 만원	24,000 만원	78,000 만원
11세	102,000	-2,000	100,000	24,000	78,000
21세	105,000	-5,000	100,000	24,000	81,000
31세	105,000	-5,000	100,000	24,000	81,000
30년 합계	414,000	-14,000	400,000	96,000	318,000
실질세율	23.2%		증여세	9.6	억원

매년 1억200만원~1억500만원 증여   30년간 세후 증여금액   **31.8** 억원

○ 고액자산가들은 세금을 비과세로 30년간 1억4천만원을 증여하기보다는 세금을 추가 부담하더라도 최대한의 금액을 미리 증여하고, 국내외 우량주를 증여하거나 증여된 금액을 장기상품에 넣어 재산승계를 장기적인 관점에서 미리 준비하도록 하고 있다.

○ 일시 상속재산이 41.4억원이면 최대 세율이 50%로 증여세가 16.1억원이지만, 10년 단위로 30% 세율구간을 활용해 증여하면 23.2%의 세율로 증여세 9.6억원가 나오므로 6.5억원이 절세된다. 자녀는 30년간 자금 31.8억원을 확보하고 투자도 할 수 있다.

○ 상장법인의 대주주인 대표는 자녀에게 현금증여후 자사 상장주식에 투자하게 하거나 자신의 주식을 어린 자녀에게 증여하여 승계작업을 장기에 걸쳐 자녀가 어릴 때부터 시작하기도 한다. 조부모가 손주에게 증여하는 것은 증여세가 30% 증가하지만 수증자 증가의 사람분산효과, 5년단위 합산, 초기세금Fix 등의 장점 때문에 최근 증가추세이다.

○ 나이 어린 자녀가 증여받은 자금은 정기예금에 넣어두기 보다 국내외 우량주식에 장기 투자하는 것이 좀 더 많은 목돈을 안정적으로 확보할 수 있는 방법이다. 그런데, 자녀를 대신하는 대표(부모)가 이를 주식투자 등으로 자주 매매거래하면 차명거래로 보아 금융실명거래법 위반에 의해 금융소득의 99%를 세금으로 추징되는 등 불이익이 발생한다. 따라서 자녀에게 증여한 자금을 주식계좌로 이전할 경우에는 장기간 투자해야 한다.

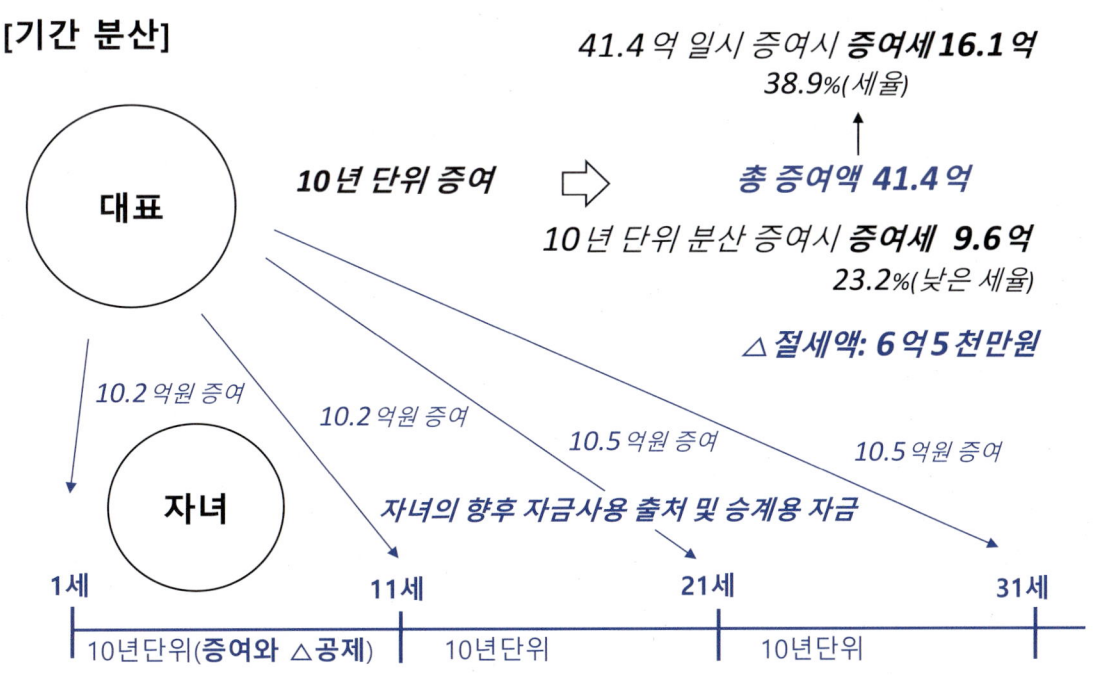

[기간 분산]

(2) 수증자를 분산하여 증여(사람 분산)

[예시2] 자녀 1명이 아닌 자녀 가족 5명에게 10억원을 분산 증여하는 방법

□ 1명 증여

수증자	증여가액	증여재산공제	증여세 과세표준	증여세 (30%구간)	세후 증여금액
아들	100,000	-5,000	95,000 만원	22,500 만원	77,500 만원
실질세율	22.5%		증여세	2.3 억원	

□ 가족 증여

* 상증세법 제57조(손주 할증과세)

수증자	증여가액	증여재산공제	증여세 과세표준	증여세 (10~20%구간)	세후 증여금액
아들	55,000	-5,000	50,000 만원	9,000 만원	46,000 만원
며느리	10,500	-1,000	9,500	950	9,550
손주	11,500	-2,000	9,500	1,235	10,265
손주	11,500	-2,000	9,500	1,235	10,265
손주	11,500	-2,000	9,500	1,235	10,265
아들 가족 합계	100,000	-12,000	88,000	13,655	86,345
실질세율	13.7%		증여세	1.4 억원	8,845만원 (-)절세

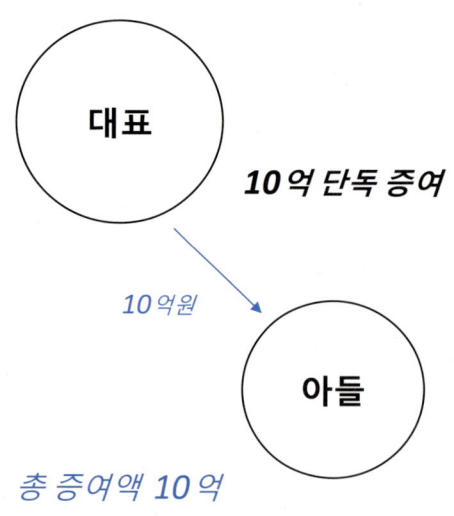

총 증여액 10억
총 증여세 2.25억
22.5%(세율)

◇ **[민법상 상속순위와 법정 상속분]**
1순위: 피상속인의 직계비속(자녀 각자 법정지분 1)과 배우자(1.5)
1.2순위: 직계비속(손주 각자1)과 배우자(1.5)
2순위: 직계존속(부모 각자1)과 배우자(1.5)
2.2순위: 직계존속(조부모 각자1)과 배우자(1.5)
3순위: 형제자매[피상속인의 2촌]
4순위: 4촌이내 방계혈족[피상속인의 큰아버지, 고모, 외삼촌, 이모(3촌)와 그 자녀(4촌) 등]

○ 상위순위에 상속인이 있으면 상위순위에서 상속인이 끝남
 (1순위에서 자녀가 있을 경우 손주는 차순위이고 상속인이 아님)
○ 상위순위가 없으면 차순위로 내려감 ○ 손주와 외손주는 동순위임
○ 피상속인의 배우자는 자녀→손주→직계존속과 공동상속인이 됨
○ 직계존속은 출산과 혈연관계가 있는 존속으로, 친족이자 혈족임
 [장인, 장모, 시부모는 혈연관계가 없는 친족이자 인척(1촌)이며, 직계존속이 아님]
○ 직계비속은 출산과 혈연관계가 있는 비속으로, 친족이자 혈족임
 [새엄마(1.5)의 자녀는 피상속인(부친)의 직계비속은 아니나, 새엄마의 직계비속임]
 * 비상속인은 5년내 합산, 합산금액 및 증여세 Fix, 사람분산의 장점이 있음
 * 민법 제1000조, 제1001조, 제1003조, 제1009조

○ [예시 2]처럼 비상장법인의 대표가 아들 1명이 아닌 아들 가족 5명에게 나눠서 증여하는 것은 증여를 받는 수증자를 분산하여 증여세를 절세하는 방법이다.

[예시2]에서는 10억원을 증여할 경우 수증자를 1명에서 5명으로 늘리면 8천8백만원의 절세효과가 있다. 예를 들어 고령인 대표가 100억원의 재산을 한 명의 아들에게 증여하는 것보다 20명의 자녀와 손주들에게 나눠서 증여하면 세금이 크게 줄어든다.

○ 기간분산 또는 사람분산으로 자녀들에게 낮은 증여세율로 현금을 최대한 주고, 주가가 낮을 때 회사 주식을 준 후, 배당소득세를 부담하면서 기간을 나눠 최대한의 배당을 여러 가지 방법(개인주주 초과배당은 실효성이 없으므로 제외)으로 자녀들에게 누적해서 주면 자녀들의 자금력이 증대되고, 세금납부, 부동산·장기주식 취득자금 등이 된다.

[사람 분산]

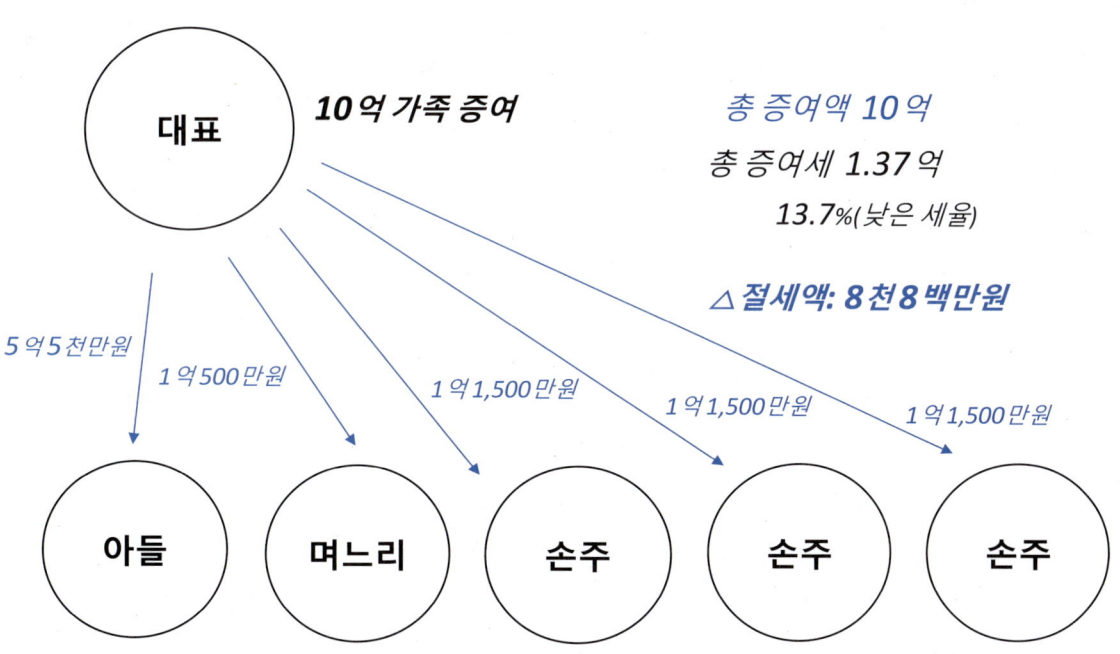

증여받는 수증자를 분산하여 증여

CEO Tip 002 자녀에게 아파트를 단순증여 또는 부담부증여하는 방법은?

☐ 양도세 완화, 취득세 중과 적용시, 단순증여에 의한 절세방법

▫ 2주택자가 자녀에게 감정평가후 저가로 1채를 단순증여

[예시1] 아파트 1채의 단순증여시 세금은?

- 조정대상지역 2주택자인 대표가 10년전 5억원에 취득, 직전 최고가 18억원
- 현재 양도소득세는 완화되고 취득세는 중과세됨
- 최근 매매사례가액 14억원, 현재 감정가액 12억원, 대출 없음
- 30평 아파트(전용면적 25.7평이하)를 무주택자인 성년 자녀에게 단순증여

[풀이]

수증자	증여가액	증여재산공제	증여세(40%구간)	세후 증여금액
자녀	120,000 만원	-5,000 만원	30,000 만원	90,000 만원

증여세 = 30,000 만원

증여취득세 등 = 12억원 X 12.4%(조정대상지역, 중과세, 증여자가 2주택자, 3억원이상, 25.7평이하)
= 14,880 만원

총세금 44,880 만원

실질세율 37.4% (증여가액 12억원 대비)

* 증여세 신고세액공제(3%) 제외, 이하 동일, 상증세법 제69조
* 증여취득세 등은 증여자 기준으로 과세됨

○ 부동산 불황으로 2024년 5월 9일까지 다주택자의 양도소득세 중과가 일시적으로 완화되었고, 취득세 중과완화는 2023년 5월초 현재 국회에 계류중이며, 의원 발의안에도 취득세 중과완화안 중 증여취득세부분은 완화에서 빠져 있는 상태이다.

○ 부동산세금의 완화시기에는 양도소득세가 일반누진세율이 적용되기도 하지만, 시가가 많이 하락하기 때문에 2주택을 보유한 대표가 1주택을 감정평가를 받아 자녀에게 저가로 증여하는 단순증여가 절세전략이 될 수 있다. 물론 자녀는 자금력이 있어야 한다.

○ 매매사례가격과 감정가액이 있으면 감정가액이 시가가 되어 우선 적용된다. 매매사례가격인 비교 아파트가 부동산 호황기에 판매된 것이거나 증여하는 아파트보다 좋은 층이나 좋은 전망을 가진 것인 경우 또는 아파트를 증여하는 시기가 고금리 시기이면, 증여하는 아파트 감정가액이 매매사례가격보다 낮아질 수 있다.

○ [예시1]은 증여취득세 중과시에 2주택자인 대표가 무주택자인 자녀에게 아파트 1채를 감정가액(12억원)으로 단순증여하는 경우로서, 증여를 받는 자녀가 4.49억원(37.4%)의 상당한 세금을 부담하지만 최고가(18억원) 대비 낮은 금액으로 증여를 받을 수 있다.

[가격 하락시 감정평가후 아파트 단순증여]

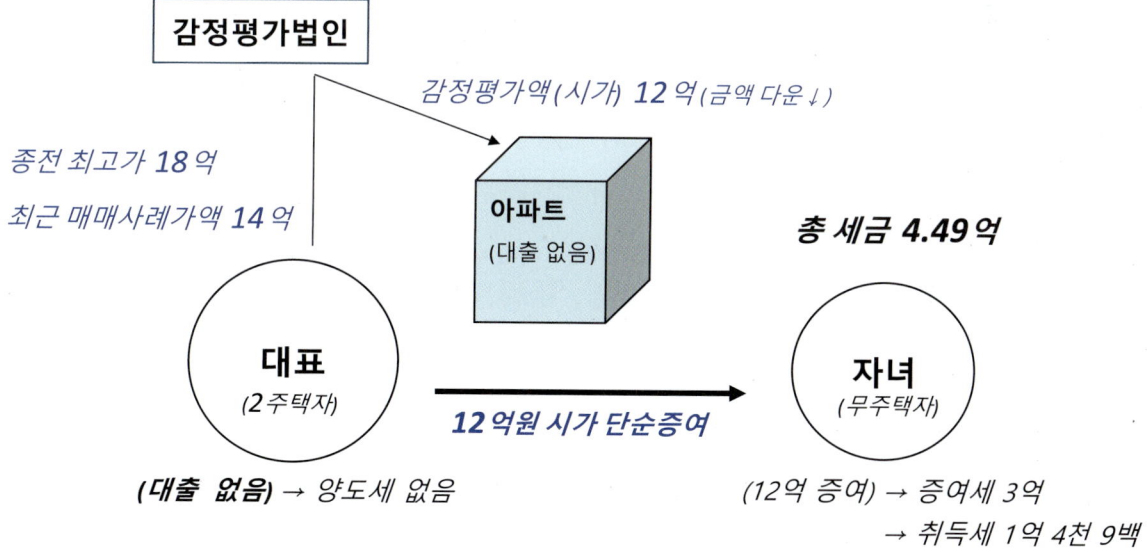

⇒ **시세 하락시 자녀가 자금출처가 확실한 4.49억 세금납부로 최고가 18억 아파트를 단순증여받음**

□ 양도세 완화, 취득세 중과 적용시, 부담부증여에 의한 절세방법

(1) 2주택자가 자녀에게 감정평가후 저가로 1채를 (대출)부담부증여

[예시2] 아파트 1채의 (대출)부담부증여시 세금은?

- 조정대상지역 2주택자인 대표가 10년전 5억원에 취득, 직전 최고가 18억원
- 현재 양도소득세는 완화되고 취득세는 중과세됨
- 최근 매매사례가액 14억원, 현재 감정가액 12억원, 담보대출 5억원
- 30평 아파트(전용면적 25.7평이하)를 무주택자인 성년 자녀에게 (대출)부담부증여

[풀이]   * 부담부증여 ⇒   시가(감정가액) = 양도가액(부채) + 증여가액(차액)

증여자	양도가액(대출)	취득가액	양도차익	양도세 공제금액
대표	50,000 만원	-20,833 만원	29,167 만원	-6,083 만원
(2024.5.9 이전 양도세 중과세 완화시 부담부증여)			양도세 과세표준	양도세(38%구간)
감정가액(시가) 12억, 대출 5억, 차액 7억			23,083 만원	6,778 만원
				실질세율 23.2%

수증자	증여가액(차액)	증여재산공제	증여세(30%구간)	세후 증여금액
자녀	70,000 만원	-5,000 만원	13,500 만원	56,500 만원
				실질세율 19.3%

                                        양도세 6,778만원 + 증여세 1억3,500만원   [예제1] 단순증여 대비
[부담부 증여] 양도세+증여세 =   **20,278 만원**   -9,722 만원   (-)절세

       유상취득세 +증여취득세 = 5억원(대출=양수가액) X 1.1% + 7억원(증여가액=차액) X 12.4%
                                        9,230 만원   -5,650 만원   (-)절세

                  총세금   **29,508 만원**   -15,372 만원   (-)총절세

* 양도세 취득가액 = 최초 취득가액 X [대출금액 / 시가(감정가액)] = 5억 X 5억 / 12억 = 2억 833만원
* 양도세 공제금액 = 장특공(10년보유 양도차익의 20%)+기본공제 250만원 = 2억9,167만원X20%+250만원 = 6,083만원
    양도세 완화시에는 1주택 고가주택과 함께 다주택자도 장특공이 적용됨
* 증여가액(차액) = 시가(감정가액 12억원) - 부채(대출 5억원) = 7억원
* 유상취득세율(채무): 조정대상지역, 취득자 무주택자, 취득가액 5억원(6억원이하), 25.7평이하는 1.1%(지방교육세 포함)
* 증여취득세율(차액): 조정대상지역, 증여자 2주택자, 증여가액 7억원(3억원이상), 25.7평이하는 12.4%(지방교육세 포함)

○ 부동산세금의 완화시기에는 양도소득세가 일반누진세율이 적용되기도 하지만, 시가가 많이 하락하기 때문에 2주택을 보유한 대표가 1주택을 감정평가를 받아 자녀에게 부채(대출이나 전세보증금)를 부담한 상태로 증여하는 부담부증여도 절세전략이 될 수 있다.

○ 부채만큼 양도한 것으로 보고, 시가와 부채의 차액은 증여한 것으로 본다. 아파트 증여시 자녀의 자금출처 소명은 필수이므로 부담부증여도 자녀에게 자금력이 있어야 한다.

○ 감정가액이 12억원이면 감정평가수수료는 약 110~160만원(감정평가법인 보수기준)으로, 2개 감정평가법인의 감정가액을 사용해야 하므로 약 220~320만원이 발생한다.

○ [예시2]는 (아파트 담보대출) 부담부 증여를 활용한 자녀에 대한 증여 및 절세방안이다.

[예시2] 부담부증여에서는 [예시1] 단순증여인 경우보다 1.5억원 이상 절세된다. 다만, 승계하는 부채금액의 크기에 따라 절세할 수 있는 세금의 크기가 달라질 수 있으므로 부채금액을 최적화(조정)하여 승계할 필요가 있고, 양도세가 중과세되는 시기에는 절세 효과가 안 나타날 수도 있으므로 사전에 계산을 해보고 부담부증여를 결정해야 한다.

[가격 하락시 감정평가후 아파트 (대출)부담부증여]

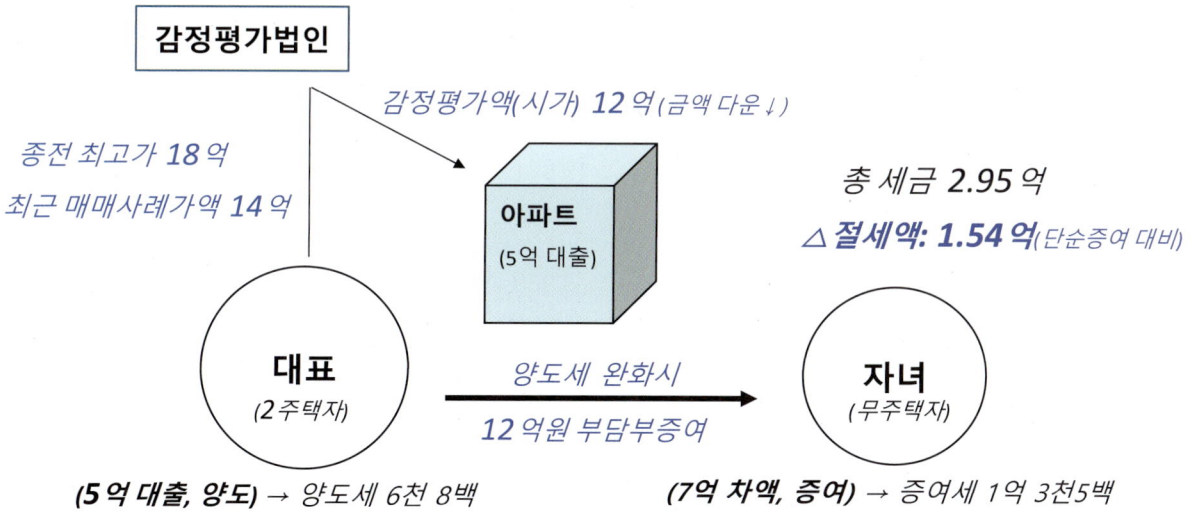

⇒ **시세 하락시 자녀가 자금출처가 확실한 2억2천7백 세금납부와 5억 부채승계로 부담부증여 받음(대표가 양도세 6천8백 부담)**

(2) 2주택자가 자녀에게 감정평가후 저가로 1채를 (전세보증금)부담부증여

[예시3] 아파트 1채의 (전세보증금)부담부증여시 세금은?

- 조정대상지역 2주택자인 대표가 10년전 5억원에 취득, 직전 최고가 18억원
- 현재 양도소득세는 완화되고 취득세는 중과세됨
- 최근 매매사례가액 14억원, 현재 감정가액 12억원, 전세보증금 12억원
- 30평 아파트(전용면적 25.7평이하)를 무주택자인 성년 자녀에게 (전세보증금)부담부증여

[풀이] * 부담부증여 ⇒ 시가(감정가액) = 양도가액(부채) + 증여가액(차액)

증여자	양도가액(보증금)	취득가액	양도차익	양도세 공제금액
대표	120,000 만원	-50,000 만원	70,000 만원	-14,250 만원
(2024.5.9 이전 양도세 중과세 완화시 부담부증여)			양도세 과세표준	양도세(42%구간)
감정가액(시가) 12억, 전세보증금 12억, 차액 0원			55,750 만원	19,821 만원
				실질세율 28.3%

수증자	증여가액(차액)	증여재산공제	증여세(30%구간)	세후 증여금액
자녀	0 만원	-5,000 만원	0 만원	0 만원
				실질세율 0.0%

양도세 19,821만원 + 증여세 0원   [예제1] 단순증여 대비

[부담부 증여] 양도세+증여세 =   **19,821 만원**   -10,179 만원   (+)증가

유상취득세+증여취득세 = 12억원(전세보증금) X 3.3% + 0원(증여가액) X 3.8%
                  3,960 만원   -10,920 만원   (-)절세

총세금   **23,781 만원**   -21,099 만원   (-)절세

* 양도세 취득가액 = 최초 취득가액 X [전세보증금금액 / 시가(감정가액)] = 5억 X 12억 / 12억 = 5억
* 양도세 공제금액 = 장특공(양도세 완화시 다주택자도 공제, 10년보유 양도차익의 20%)+기본공제 250만원
          = 7억X20%+250만원 = 1억4,250만원
* 증여가액(차액) = 시가(감정가액 12억원) - 부채(전세보증금 12억원) = 0원
* 유상취득세율(채무): 조정대상지역, 취득자 무주택자, 취득가액 12억원(9억원초과), 25.7평이하 3.3%(지방교육세 포함)
* 증여취득세율(차액): 조정대상지역, 증여자 2주택자, 증여가액 0원(3억원미만), 25.7평이하 3.8%(지방교육세 포함)

○ 부동산 불황시에 양도소득세는 중과세 완화로 일반누진세율이 적용되고 2주택자에 대한 △장특공도 적용되는데, 이 때 감정평가후 (고부채)부담부 증여는 자녀가 미래 부채상환능력은 있지만 현재 보유자금이 적어 증여세를 적게 하되 증여취득세를 부담하고, 동시에 부모가 많은 양도세를 부담하면서 명의를 이전하는 방법으로 활용된다.

○ [예시 3] (전세보증금)부담부 증여에서는 부채금액이 커서 대표(부모)의 양도소득세가 많아지지만, 자녀는 증여세가 없고 유상취득세만 부담하므로 단순증여에 비해 세금이 2.1억원 이상 절세된다. 다만, 대표가 많은 세금을 부담하고 자녀는 소유권 양수와 함께 많은 채무를 부담하게 된다.

○ 부담부 증여를 활용하기 위해서는 채무를 자녀가 승계가능한 지를 먼저 확인해야 하고 자녀에게 채무상환여력이 되는 소득이나 재산이 있어야 하며, 부담부 증여를 한 후, 대표(부모)가 자녀의 채무를 대신 갚아 주어서는 안된다.

금융기관은 1천만원 이상 계좌이체를 금융정보분석원에 보고하므로 대표가 자녀 채무를 대신 갚아주면 모든 것이 밝혀지고 세금이 추징된다.

[가격 하락시 감정평가후 아파트 (전세보증금)부담부증여]

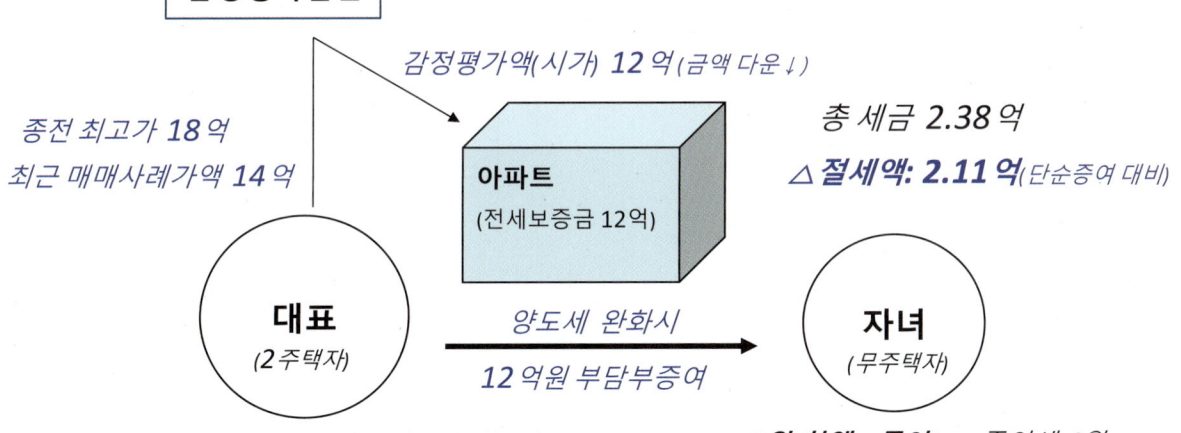

⇒ 시세 하락시 자녀가 자금출처가 확실한 4천만원 세금납부와
  12억 부채승계로 부담부증여 받음(대표가 양도세 1.98억 부담)

CEO Tip 003 자녀에게 아파트를 저가양도하는 방법은?

☐ 일시적 2주택자가 3년기한 경과후 제3자에게 구주택을 시가양도

[예시1] 아파트 1채를 제3자에게 시가양도시 세금은?

- 조정대상지역에서 이사목적으로 일시적 2주택자가 된 대표
- 10년전 구주택을 5억원에 취득, 구주택의 직전 최고가격 18억원
- 현재 양도소득세는 완화되고 취득세는 중과세됨
- 구주택의 최근 매매사례가액 14억원, 현재 시가 12억원, 대출 없음
- 25평 아파트(전용면적 25.7평이하)가 3년의 일시보유기한내에 매도가 안되어, 3년 경과후 제3자에게 12억원에 양도

[풀이]

양도자	양도가액	취득가액	양도차익	양도세 공제금액
대표	120,000 만원	-50,000 만원	70,000 만원	-14,250 만원
(다주택자 양도세 완화 적용)			양도세 과세표준	양도세(42%구간)
			55,750 만원	19,821 만원
				실질세율 28.3%

일시적 2주택자의
3년 비과세기한 경과후
구주택 제3자 매도시 양도세 =　　　19,821 만원
(3년 비과세기한 경과로 비과세가 적용 안됨)

* 양도세 공제금액 = 장특공(10년보유 양도차익의 20%)+기본공제 250만원 = 7억X20%+250만원 = 14,250만원
　　　양도세 완화시에는 1주택 고가주택과 함께 다주택자도 장특공이 적용됨

○ 부동산가격 상승으로 다주택자의 양도소득세 중과 완화가 시행되는 시기에, 일시적으로 2주택자가 된 대표가 이사목적 비과세기한인 신주택 취득일로부터 3년내에 구주택을 팔지 못하고 그 3년기한이 경과한 후에 제3자에게 시가로 매도를 하게 되면 비과세가 적용이 안되므로 [예시1]처럼 많은 세금(1.98억원)을 부담하게 된다.

[일시적 2주택자의 3년 비과세기한 경과후 구주택 매도]

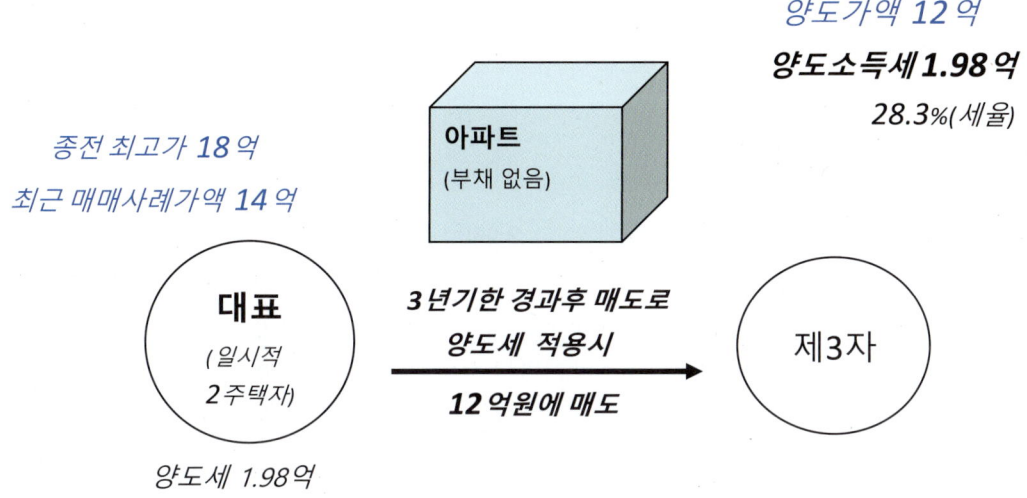

☐ 일시적 2주택자가 3년기한내 '현금 많은 자녀'에게 구주택을 저가양도

[예시2] 아파트 1채를 자녀에게 저가양도시 세금은?

- 조정대상지역에서 이사목적으로 일시적 2주택자가 된 대표
- 10년전 구주택을 5억원에 취득, 구주택의 종전 최고가격 18억원
- 현재 양도소득세는 완화되고 취득세는 중과세됨
- 구주택의 최근 매매사례가액 14억원, 현재 감정가액 12억원, 대출 없음
- 3년기한내 25평 아파트(전용면적 25.7평이하)를 현금이 있는 자녀에게 9억원에 저가양도

[풀이]

- 매매사례가액 14억원, 감정가액 12억원, 양도가액 9억원

일시적 2주택자의 양도세 =	0 만원	-19,821 만원	(-)절세 (3년 경과후 양도 대비)
자녀의 증여세 =	0 만원		
자녀의 유상취득세=(12억원X3.3%)	3,960 만원	3,960	(+)증가
총세금(양도세+증여세+취득세) =	3,960 만원	-15,861 만원	(-)총절세

○ 소득세법상 특수관계자가 저가양도시 부당행위계산 판단기준은 시가(12억)와 양도가액(9억)의 차액이 Min(3억원, 시가X5%)=Min(3억원, 0.6억)=0.6억원을 초과할 때이다.

○ [예시2]에서 특수관계자간 저가양도시 차액이 3억원(12억원-9억원)으로, 부당행위계산에 해당한다. 따라서 시가를 기준으로 양도소득세와 유상취득세를 계산한다.

○ 그런데 [예시2]에서 양도자가 일시적 1주택자로서 비과세기한인 신주택 취득일후 3년(2023년, 2년에서 3년으로 개정)내 구주택을 매각하였으므로 양도소득세가 비과세된다.

○ 한편, 상증세법상 특수관계자가 저가양도시 증여판단기준은 시가와 양도가액의 차액이 Min(3억원, 시가X30%)=Min(3억원, 3.6억원)=3억원을 초과할 때이다.

○ [예시2]에서 특수관계자간 저가양도시 차액이 3억원(12억원-9억원)으로, 증여가 아니다. 따라서 증여세가 없으며, 다만 유상취득세는 시가(12억원)기준으로 계산한다.
  ⇒ 차액 3억원은 비과세 증여효과

　　　* 상증세법 제44조③5, 동법 시행령 제33조③3, 지방세법 제10조의3②, 동법 시행령 제18조의2

○ [예시2]와 같이 비과세기한인 3년내에, 일시적 2주택자가 제3자에게 시가로 양도하든, 자녀에게 저가로 양도하든 양도소득세는 없지만, 자녀에게 저가양도하면 증여세없이 유상취득세 약 4천만원만 부담하고 시가와 양도가액의 차액인 3억원을 자녀에게 증여하는 절세효과가 있다. 한편, 중과세 완화시 일반 2주택자가 자녀에게 9억원에 양도할 경우에는 양도소득세 1.98억원[부당행위계산 부인으로 양도가액은 시가 12억을 적용, 양도차익 7억원, 예시1과 결과가 동일], 취득세 4천만원(3.3%) 부담으로 저가양도된다.

○ 가족간 부동산 매매는 적법한 절차와 증빙자료를 갖추지 않으면 과세당국이 증여로 추정하여 증여세를 추징할 수 있으므로 가족간 부동산 매매를 할 경우에는 증빙자료(매매계약서, 자금이체내역, 현금증여신고서, 감정평가서, 자녀의 소득증명원 등)를 갖추고 실제 현금을 수령(자녀가 저가매수대금 9억원을 양도한 부모에게 지급)해야 하며, 대표(부모)가 받은 돈을 다시 자녀에게 돌려줘서는 안된다.

특정금융거래정보보고이용법에 의하면 금융기관은 1천만원 이상 현금거래가 있는 경우에는 그 사실을 30일 이내에 금융정보분석원에 보고하여야 하므로, 자녀에게 돈을 돌려주면 모든 사실이 밝혀져서 실질과세의 원칙에 따라 증여로 추정되어 세금이 추징된다.

○ 따라서 가족간 부동산 저가양도는 자녀가 자금출처가 확인되는 목돈을 보유하고 있는 경우에 적용할 수 있다. 자녀가 어릴 때 많은 금액을 분산증여하는 이유가 여기에 있다.

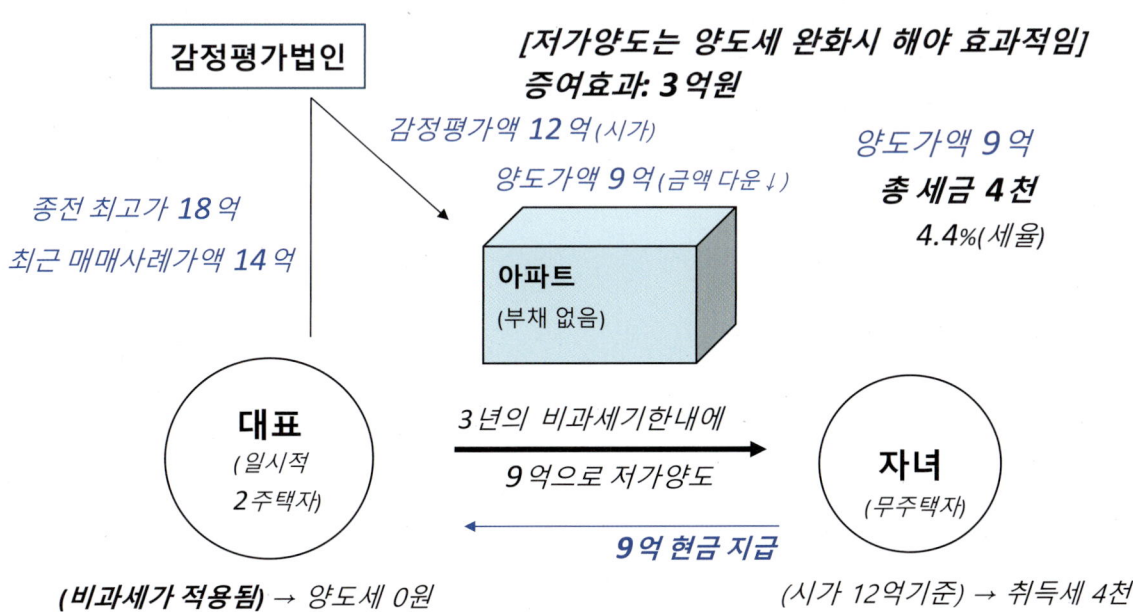

CEO Tip 004 자녀에게 상가건물을 증여하는 방법은?

□ **상가건물 100억원(토지분 60억원, 건물분 40억원)의 자녀 증여**

[예시1] 상가건물 100억원 전체를 자녀 1명에게 증여

○ 조정대상지역의 상가건물 감정가액 100억원(토지분 60억원, 건물분 40억원)을 소유한 한 대표가 자녀1명(첫째)에게 상가건물 전체를 증여하는 경우에 발생하는 세금은?

□ **자녀1명에게 100억원 상가 전체를 증여**

[풀이]

수증자	증여가액	증여재산공제	증여세 과세표준	증여세 (50%구간)	세후 증여금액
첫째 자녀	1,000,000	-5,000	995,000 만원	451,500 만원	548,500 만원

		증여세	45.2 억원
	취득세 등(상가증여취득 4%)		4.0
실질세율	49.2%	총세금	49.2
		순증여	50.8 억원

○ 우리나라는 증여재산이나 상속재산(시가)이 30억원을 넘으면 보통 40~50%가 세금이다. 따라서 가능한 1인 단독증여보다는 분산증여를 해서 실질세율을 낮추어야 한다.

○ 상가건물의 경우에도 전체를 묶어서 한 번에 한 명에게 증여하면 증여세가 많으므로, 건물분과 토지분을 나누고, 10년 단위로, 자녀 여러 명에게 분산증여를 하면 증여세가 줄어 든다.

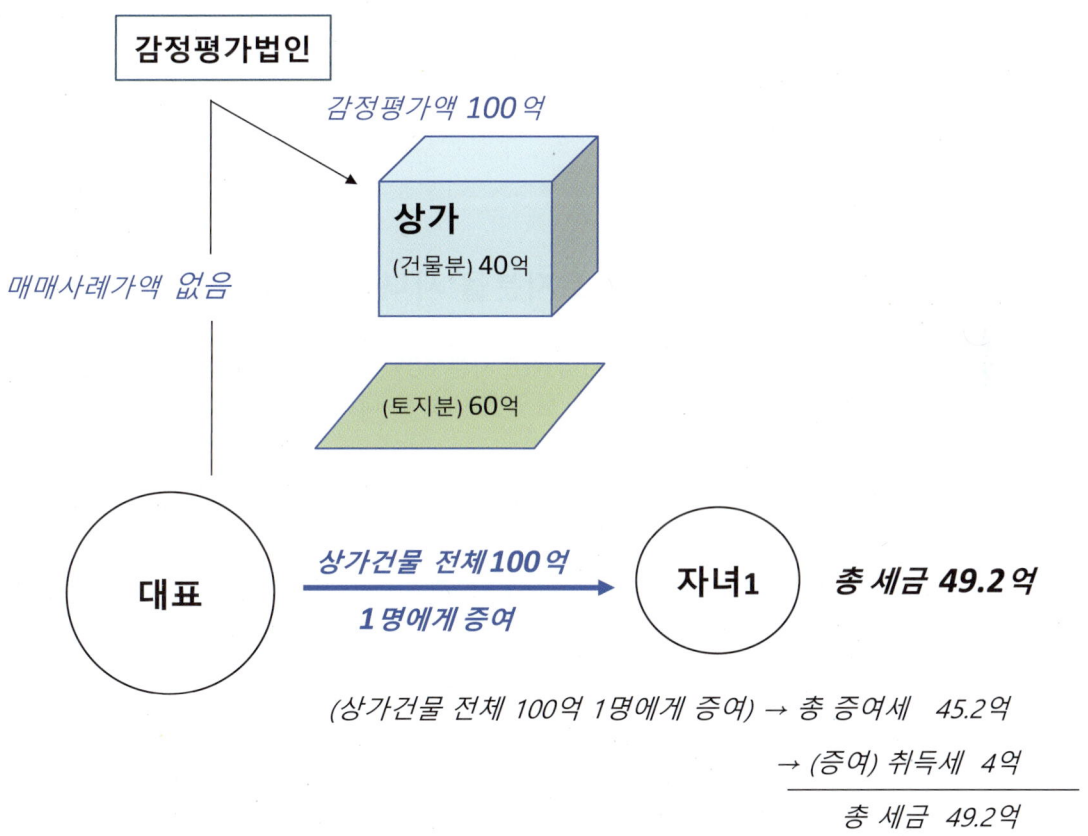

[예시2] 상가건물 100억원 중 토지분 전체를 자녀 1명에게 증여

○ 조정대상지역의 상가건물 감정가액 100억원(토지분 60억원, 건물분 40억원)을 소유한 한 대표가 자녀1명에게 토지분을 모두 증여한 경우의 세금은?

☐ **토지분 60억원 전체를 1명에게 증여**

[풀이]

수증자	증여가액	증여재산공제	증여세 과세표준	증여세 (50%구간)	세후 증여금액
첫째 자녀	600,000	-5,000	595,000 만원	251,500 만원	348,500 만원

		증여세	25.2 억원
	취득세 등(상가증여취득 4%)	2.4
실질세율	45.9%	총세금	27.6
		순증여	32.5 억원

[예시3] 상가건물 100억원 중 토지분을 자녀 3명에게 1/3씩 나눠서 증여

○ 조정대상지역의 상가건물 감정가액 100억원(토지분 60억원, 건물분 40억원)을 소유한 한 대표가 성년인 자녀 3명에게 토지분을 동일한 비율로 나누서 증여한 경우의 세금은?

☐ **토지분 60억원을 3명에게 분산증여**

[풀이]

수증자	증여가액	증여재산공제	증여세 과세표준	증여세 (40%구간)	세후 증여금액
첫째 자녀	200,000	-5,000	195,000 만원	62,000 만원	138,000 만원
둘째 자녀	200,000	-5,000	195,000	62,000	138,000
셋째 자녀	200,000	-5,000	195,000	62,000	138,000
자녀 합계	600,000	-15,000	585,000　　　　0	186,000　　　　0	414,000

		증여세	18.6 억원	
	취득세 등(상가증여취득 4%)	2.4	
실질세율	35.0%	총세금	21.0	-6.6 억원 절세
		순증여	39.0 억원	

○ [예시1]처럼 상가건물 전체를 1명에게 한 번에 증여하면 거의 절반이 세금이다. 따라서 상가를 건물분과 토지분으로 나누고, 여러 명의 자녀에게 10년이상 시간차이를 두고, 금액도 나누어서 증여하면 증여세가 감소한다.

○ 또한, 임대료가 나오는 건물분은 대표가 증여하지 말고, 계속 보유하여 임대료를 받아 생활비나 여유자금으로 사용하고, 토지분은 세금 21억원(세율 36%)를 부담하더라도 향후 토지가치의 상승가능성이 있으면 자녀에게 미리 증여하는 것이 절세에 유리하다. 만약, 상가 전체를 한 번에 자녀에게 모두 증여하면 자녀가 불효하는 것을 감수해야 한다.

○ 100억원의 상가건물 중 토지분 60억원을 1자녀에 증여하는 것보다 3자녀에게 20억원씩 분산증여할 경우에는 예시처럼 6억 6천만원이 절세된다.

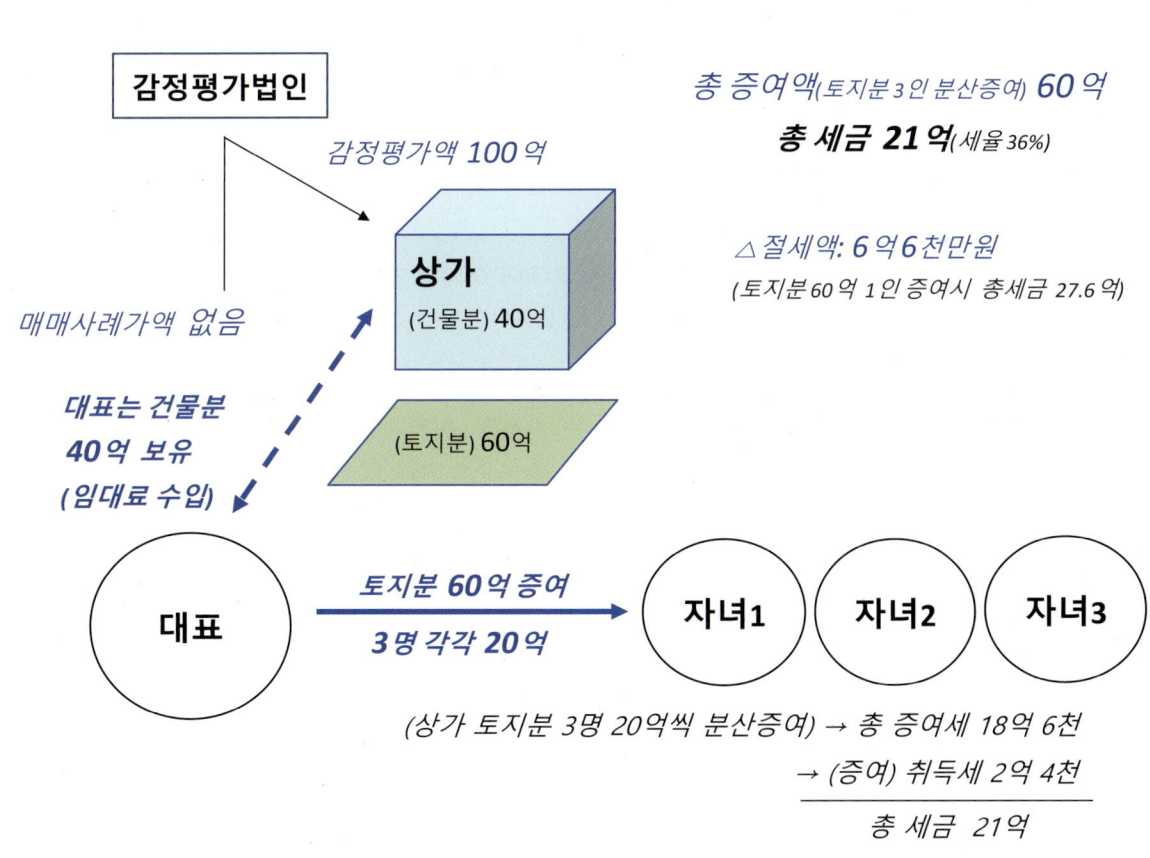

CEO Tip 005 자녀에게 현금을 빌려주는 방법은?

☐ 가족간 자금대여

○ 과세당국에서는 '특수관계자간 자금거래가 금전소비대차 또는 증여에 해당되는지 여부는 당사자간 계약, 이자지급사실, 차입 및 상환내역, 자금출처 및 사용처 등 당해 자금거래의 구체적인 사실을 종합하여 판단할 사항'이라고 규정하고 있다.

○ 상증세법에서는 타인으로부터 금전을 무상으로 또는 적정 이자율보다 낮은 이자율로 대출받은 경우에는 그 금전을 대출받은 날에 대출금액에 적정 이자율을 곱하여 계산한 금액에서 실제 지급한 이자 상당액이 있으면 이를 뺀 금액을 그 금전을 대출받은 자의 증여재산가액으로 본다.

○ 다만, 가족간 자금대여거래에서 연 이자가 1천만원 미만인 경우에는 증여재산가액으로 간주하지 아니한다.

○ 대표의 개인자금을 자녀에게 대여하는 경우 적정이자율은 법인세법상 기획재정부령으로 정하는 당좌대출이자율(연 4.6%)을 적용한다.

○ 특수관계자인 가족간 자금대여의 경우에는 차용증, 이자지급과 원금상환 계좌이체 내역 등 증빙자료가 없고 이자와 원금에 대한 사후관리를 하지 않을 경우 원칙적으로 증여로 간주되어 증여세가 추징된다.

○ 증빙자료는 자녀의 부동산 취득시 국세청의 자금출처조사, 상속세 조사, 시·군·구청의 실거래가 소명 등에 사용된다.

* 상증세법 제41조의4, 동법 시행령 제31조의4, 동법 시행규칙 제10조의5, 법인세법 시행령 제89조③, 동법 시행규칙 제43조②(4.6%)
* 상증,서면-2019-상속증여-3885

○ 특수관계자인 가족간 자금대여에서 연 이자가 1천만원 미만(대여금액이 2억1,740만원 미만, 연 4.6% 적용)인 경우에는 증여재산가액으로 간주하지 않으므로 비과세이나, 가족간 현금거래는 증빙자료를 갖추고 원금과 이자의 사후관리를 해야 한다

○ 한편, 가족간 부동산 무상사용의 경우 가족간 임대료(가족간 부동산 무상사용이익)를 무상 사용자의 증여재산으로 보고 증여세를 과세한다. 가족간 임대료는 부동산의 2%를 5년간 10%로 환산한 금액의 합계액으로 계산하는데, 이 때 가족간 임대료가 1억원 미만(임대부동산가액이 13억2천만원 미만)이면 증여로 간주하지 않는다. 즉, 시가평가액 13억2천만원 미만의 부동산은 가족에게 무상대여해도 비과세이다.

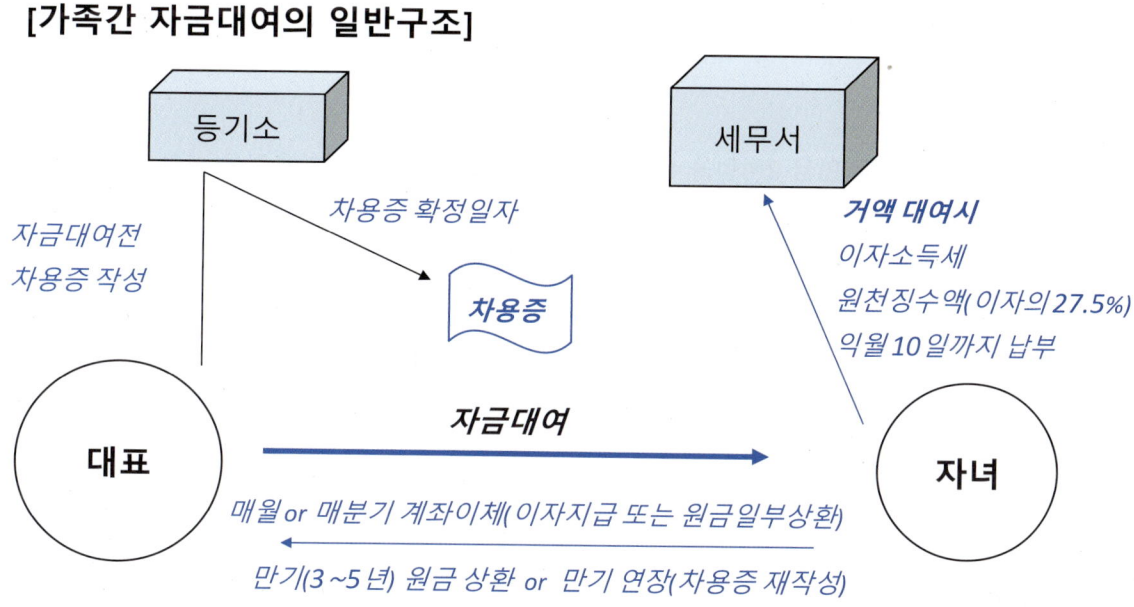

[가족간 자금대여의 일반구조]

* 상증세법 제41조의4①, 동법 시행령 제31조의4, 법인세법 시행규칙 제43조②(연 4.6%)

◇ 가족간 부동산 무상임대

임대부동산 가액(시가)	가족간 임대료	증여세 과세여부
13.2억원 이상	1억원 이상	증여에 해당함(임대료에 대해 증여세 과세)
13.2억원 미만	1억원 미만	증여가 아님(비과세)

* 가족간 임대료(부동산 무상사용이익) = 5년간 매년 임대료 환산금액의 합계 = Σ(부동산가액 X 2% / 1.1^n)
* 상증세법 제37조①, 동법 시행령 제27조③④, 동법 시행규칙 제10조②③

☐ 부동산 취득자금 또는 사업자금이 부족한 자녀에게 현금을 대여

[예시1] 자녀 1명에게 현금 2억원을 빌려주는 경우 조치사항은?

- 조정대상지역에서 대표가 자녀 1명에게 현금 2억원을 빌려줌
- 대표와 자녀는 차용증을 쓰고, 등기소에서 차용증 약정일자를 받음
- 자녀가 차용증에 따라 매월 30만원을 원금상환함
- 자녀가 차용증상의 5년 만기에 잔금을 갚지 못해, 만기를 연장하고 차용증을 재작성함

[풀이]

○ 대표가 자녀 1명당 현금 2억원을 빌려주는 경우, 대표와 자녀는 차용증을 써야 하고, 자녀는 부모(대표)에게 원금을 상환해야 한다.

○ 상속세및증여세법상으로 증여로 추정되지 않기 위해서는 4.6%를 이자를 지급해야 하므로 자녀가 연 이자 920만원(월 이자 77만원)을 대표에게 지급해야 한다.

○ 그런데 상속세및증여세법상 연 이자가 1천만원 미만인 경우 증여로 간주하지 않는데, 현금 2억원의 연간 4.6% 이자(920만원)가 이에 해당하기 때문에 이자를 지급하지 않아도 증여가 되지 않는다.

○ 그러나 가족간 대여거래는 이자를 지급하지 않을 경우 증여로 추정될 수 있으므로 원금의 일부라도 정기적으로 계좌이체(상환)내역이 있어야 향후 문제가 되지 아니한다.

(금액단위: 원)

자녀에 대한 대여금액	200,000,000 (2억)	217,400,000 (2억 1,740만)
상속증여세법상 적정이자율	4.6%	4.6%
연간 이자금액	9,200,000	10,000,400
월간 이자금액	766,667	833,367

○ 2억1,740만원 미만 가족간 자금대여에는 다음 ①~④절차를 준수하여야 증여로 간주되지 아니한다.

　① 돈을 빌리기 전에 차용증[갑과 을, 금액, 이자율, 이자지급시기(매월 또는 매분기), 원금상환일(만기, 3~5년내), 계좌번호, 만기시 만기연장 협의조정조항, 서명 등 기재]을 작성한다.

　② 돈을 빌리기 전에 등기소에 가서 차용증 확정일자를 받는다.

　③ 자녀가 매월별 또는 매분기별 원금의 일부를 계속 계좌이체(상환)한다.

　④ 원금상환일(만기)에 자녀가 원금을 상환하거나, 만기를 연장하여 차용증을 다시 작성하고, 등기소에서 확정일자를 다시 받는다.

○ 앞에서 언급되었듯이 가족간 자금대여시에 증빙자료가 없고 이자와 원금에 대한 사후관리를 하지 않을 경우 원칙적으로 증여로 간주되어 증여세가 추징된다. 따라서 자금을 받는 자녀는 증빙자료를 10년이상 보관하고 원금과 이자에 대한 사후관리를 해야 한다.

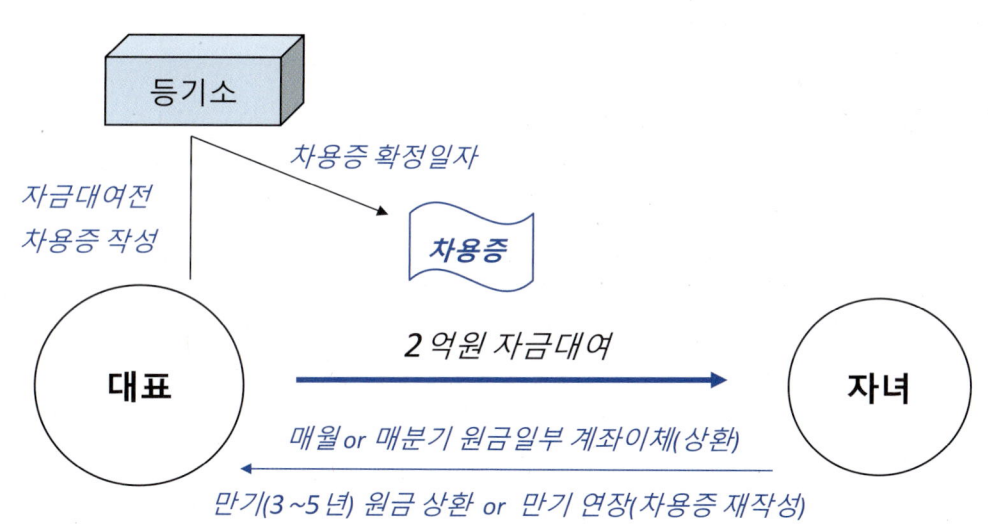

○ 2억1,740만원 미만 가족간 자금대여에서 증빙자료란 차용증(또는 금전소비대차계약서), 차용증 확정일자, 정기적인 원금일부상환 계좌이체내역, 만기원금상환 계좌이체내역을 말한다.

　　　* 상증세법 제41조의4①, 동법 시행령 제31조의4, 법인세법 시행규칙 제43조②(연 4.6%)

[예시2] 자녀 1명에게 현금 10억원을 빌려주는 경우 조치사항은?

- 조정대상지역에서 대표가 자녀 1명에게 현금 10억원을 빌려줌
- 대표와 자녀는 차용증을 쓰고, 등기소에서 차용증 확정일자를 받음
- 자녀가 차용증에 따라 매월 이자를 지급함
- 자녀가 차용증상의 5년 만기에 잔금을 갚지 못해, 만기를 연장하고 차용증을 재작성함

[풀이]

○ 대표가 자녀 1명당 현금 2억1,740만원 이상의 거액을 빌려주는 경우, 차용증 작성과 확정일자 날인 이외, 자녀는 부모(대표)에게 지급할 이자에 대한 이자소득세를 원천징수하여 익월 10일까지 납부하여야 하고, 세금 원천징수후 이자를 매월 또는 매분기별로 대표에게 지급하여야 하며, 만기에 원금을 상환하여야 한다.

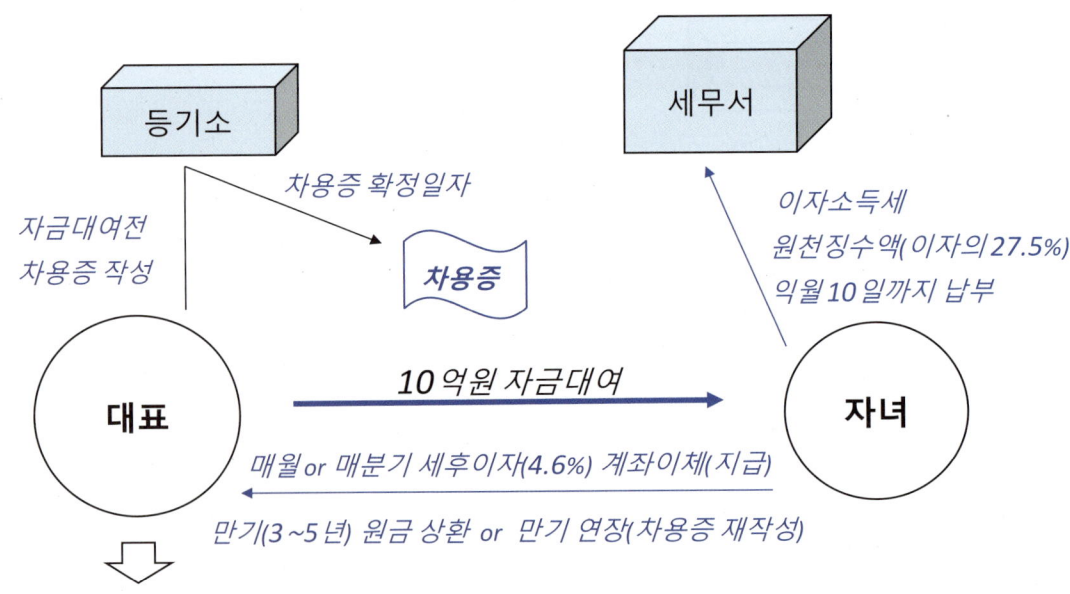

○ 2억1,740만원 이상 거액의 가족간 자금대여에는 다음 ①~④절차를 준수하여야 증여로 간주되지 아니한다.

  ① 돈을 빌리기 전에 차용증[갑과 을, 금액, 이자율, 이자지급시기(매월 또는 매분기), 원금상환일(3~5년내), 계좌번호, 만기시 만기연장 협의조정조항, 서명 등 기재]을 작성한다.

  ② 돈을 빌리기 전에 등기소에 가서 차용증 확정일자를 받는다.

  ③ 자녀가 매월별 또는 매분기별 이자(연 4.6%)에서 이자소득세(이자의 27.5%)를 원천징수한 후 그 차액을 이자로서 계속 계좌이체(지급)한다.

  ④ 자녀는 원천징수한 금액은 매월별 또는 매분기별 익월 10일까지 세무서에 납부한다.

  ⑤ 대표는 매년 이자소득이 2천만원을 초과하면 종합소득에 합산한다.

  ⑥ 원금상환일(만기)에 자녀가 원금을 상환하거나, 만기를 연장하여 차용증을 다시 작성하고, 등기소에서 확정일자를 다시 받는다.

○ 자녀는 증빙자료를 10년이상 보관하고 원금, 이자, 세금에 대한 사후관리를 해야 한다.

○ 원천징수액을 납부하지 않으면 가산세[미납세액*(3%+1일 0.022%)]가 부과되므로, 원천징수를 하지 않기 위해서는 2억1,740만원 미만으로 자금대여액을 줄여야 한다.

○ 상속세및증여세법상으로 증여로 추정되지 않기 위해서는 4.6%를 이자를 지급해야 하므로 자녀가 대표로부터 10억원을 빌린 경우에는 연 이자 4,600만원(월 이자 384만원)에서 이자소득세를 원천징수한 후 잔액을 대표에게 지급해야 한다.

(금액단위: 원)

자녀에 대한 대여금액	1,000,000,000 (10억)	연간	월간
상속증여세법상 적정이자율	4.6%		
이자 원천징수세율	27.5%		
이자금액		46,000,000	3,833,333
이자 원천징수세		12,650,000	1,054,167
세후 이자금액		33,350,000	2,779,167

○ 2억1,740만원 이상 거액의 가족간 자금대여에서 증빙자료란 차용증(또는 금전소비대차계약서), 차용증 확정일자, 정기적인 이자지급(4.6%) 계좌이체내역, 만기원금상환 계좌이체내역, 이자소득세 원천징수 납부내역을 말한다.

CEO Tip 006 자녀가 아파트 1채를 공동명의로 취득할 때 절세금액은?

☐ 공동명의로 아파트 취득시 장점

○ (1주택 공동명의→종합부동산세 절세) 종합부동산세 총 공제금액이 증가한다.

△기본공제 1명 9억원 → △기본공제 18억원(2명 각각 9억원씩 공제)

○ 부부공동명의인 1주택자는 종합부동산세 과세방식을 매년 9월에 선택할 수 있다

① 개인별 과세방식
: 본인과 배우자가 단독명의처럼 각각 소득구분후, 각각 △기본공제 9억원씩 공제 (△기본공제 합계 18억원)

② 1주택자(부부공동명의) 특례과세방식
: 1주택자로 보아 △특례공제 12억원공제 후 △고령자·장기보유공제(최대 80%)

○ (1주택 공동명의→양도세 절세) 양도세는 인별과세이므로 공동명의로 하면 절세된다.

공동명의인 경우 본인과 배우자가 각각 양도가액, △취득가액, △필요경비, △장특공 을 계산하여 각자의 양도소득금액을 산출한다.

여기에서 각자 △기본공제를 받고(연 250만원을 두 번 공제받게 됨) 산출된 양도소득세 과세표준은 단독명의일 경우보다 금액이 작아지므로 낮은 누진세율을 적용받아서 양도 세가 감소한다.

1주택자는 시가 12억원초과 고가주택이면 양도소득세가 발생하므로 공동명의시 절세 가 된다. 한편, 다주택자는 중과세 완화시에 양도소득세가 절감되나, 중과세 적용시에 는 공동명의와 단독명의에 의한 예상 양도소득세를 미리 계산해보고 결정해야 한다.

○ 1주택자가 2번째 주택을 추가 취득할 경우에는 취득, 보유, 매각시까지 취득세, 재산세, 종합부동산세, 양도소득세가 발생한다.

○ 이 중 취득세는 세대별 기준과세, 재산세는 물건별 기준과세이므로 공동명의와 관련이 없고 종합부동산세와 양도소득세가 인별기준 과세이므로 공동명의의 영향을 받는다.

○ 공동명의를 할 경우 양도소득세와 1주택자의 종부세가 절세되는 장점이 있으나, 한쪽이 자금출처나 소득이 없으면 증여세와 증여취득세가 발생할 수 있고, 피부양자 자격 박탈로 건강보험료가 증가할 수 있으며, 증여간주후 10년내 매각시 양도소득세가 증가한다.

○ 다주택자는 중과세가 완화되는 시기에 공동명의 주택과 다른 주택의 비중을 조정해야 절세효과가 있다.

○ 공동명의 주택취득은 시가 12억초과 고가주택으로, 4대보험료를 각자 납부하는 맞벌이 부부에게 유리하다.

○ 종합부동산세와 재산세의 구체적인 산출방식과 세율은 제5부를 참조하길 바란다.

☐ 공동명의로 아파트 취득시 단점

○ 공동명의로 취득시 본인과 배우자 각자의 자금출처와 소득을 소명하지 못하면 자금출처와 소득이 없는 한 명에게 증여세가 발생한다.

공동명의 주택의 시가가 총 12억원(5대5 공동명의시 배우자에게 이전되는 주택가액 6억원)이하일 경우에는 △배우자증여공제 6억원에 의해 증여세가 발생하지 않지만, 시가가 12억원을 초과하거나 10년내 증여한 금액이 많을 경우에는 증여세가 발생한다.

○ 증여세가 나오지 않더라도 증여취득세는 증여자의 증여가액기준이므로 증여자(본인)가 1세대 1주택자이면 증여취득세율이 전용면적 25.7평이하는 3.8%, 25.7평초과는 4%이다.

다만, 조정대상지역 시가표준액(공시가격) 3억원이상 2주택이상자의 증여취득세율은 25.7평이하 12.4%, 초과 13.4%이다.

○ 공동명의로 피부양자 자격이 박탈되면 지역가입자가 되어 건강보험료가 증가할 수 있다.

○ 부부공동명의 취득이 자금출처와 소득 미해명으로 증여로 간주될 경우, 특수관계자 증여자산 이월과세(배우자 등 증여후 10년내 양도시 최초 취득시 취득가액 차감) 규정에 따라 공동명의 취득후 10년을 유지하지 못하고 매도하면 양도소득세가 증가한다.

* 소득세법 제97조의2①

☐ 단독명의 1주택자인 자녀가 단독명의로 1채 추가취득후 3년뒤 시가양도

[예시1] 아파트 1채를 단독명의로 추가취득후 3년뒤 시가양도시 세금은?

- 20X3년 현재 양도세 완화, 취득세 중과됨
- 조정대상지역에서 1채의 아파트를 단독명의로 보유하고 자녀(취득가액 6억원)
- 조정대상지역에서 20X3년초에 시가 7억원인 25평 아파트 1채(전용 25.7평이하)를 자녀 단독명의로 추가취득
- 추가취득후 3년뒤 20X6년초에 2번째 주택을 시가 12억원에 매도
- 직전 20X2년 재산세 100만원, 종합부동산세 0원
- 종부세 계산시 고령자·장기보유세액공제는 없다고 가정함
- 지역자원시설세 과표 계산을 위한 주택 공시가격은 총공시가격의 50%라고 가정함
- 종부세 공정가액비율 80%적용

(조정대상지역, 양도세 완화, 취득세 중과) (단위: 억원)

구분	가격 구분	20X3	20X4	20X5	20X6	
1번째 25평 아파트(기존)	공시가격	5	6	7.5	9	
	시가	7	8	10	12	
2번째 25평아파트(추가취득)	공시가격	5	6	7.5	9	20X3년 추가취득
	시가	7	8	10	12	20X6년 매도

[풀이]

취득세 계산 (추가취득 2번째 주택, 조정대상지역, 25.7평이하, 유상취득세 중과)

명의자	취득가액 (유상취득, 25.7평이하)	취득세율 (농특세, 지방교육세 포함)	취득세 등	세후 취득가액
자녀(단독명의)	70,000 만원	8.4 %	5,880 만원	64,120 만원

* 조정대상지역 2번째주택(중과세) : 취득세 8% + 지방교육세 0.4%

취득세 0.59 억원

재산세 계산

연도	보유주택	시가표준액(공시가격)	과세표준(공시가격X60%)	① 재산세산출세액(과표X세율)	② 전년도재산세X상한율	③=Min(①,②) 최종재산세
20X3	2채	100,000 만원	60,000 만원	177 만원	130 만원	130
20X4	2채	120,000	72,000	225	169	169
20X5	2채	150,000	90,000	297	220	220
합계			222,000			519

* 도시지역분재산세(과표X0.14%),지방교육세(최종X20%),지역자원시설세(주택분 공시*60%*세율) 539 만원 1,058

* 재산세 과세기준일은 6월1일이고, 주택재산세는 1기분 7월말, 2기분 9월말에 납부함.

재산세 0.11 억원

○ [예시1]에서는 양도세 완화시 조정대상지역의 2번째 주택을 자녀단독명의로 7억원에 취득해서 3년뒤에 12억원(양도차익 5억원)에 매도한다고 가정하였다.

○ 2주택자의 경우 재산세는 과세표준(공시가격 X 60%)에 0.1%~0.4%를 곱하여 계산하나, 도시지역분 재산세, 지방교육세, 지역자원시설세 등 부가세금이 추가되어 20X5년에는 441만원[220(재산세)+126(도시지역분 재산세)+44(지방교육세)+51(지역자원시설세)]의 재산세 등이 산출된다.

종합부동산세 계산

연도	보유주택	①재산세 산출세액	④종부세 과세표준 X 재산세율	③최종 재산세	재산세 중복분 ⑤=③ X ④ / ①
20X3	2채	177 만원	9 만원	130 만원	7 만원
20X4	2채	225	42	169	32
20X5	2채	297	129	220	95

연도	보유주택	공시가격	공제	과세표준[(공시-공제)X80%]	종부세산출세액(과표X세율)	⑥=종부세산출세액-⑤
20X3	2채	100,000	90,000	8,000 만원	40 만원	33 만원
20X4	2채	120,000	90,000	24,000	120	88
20X5	2채	150,000	90,000	48,000	276	181

연도	보유주택	⑦ 전년도재산세+종부세	⑧상한율	⑨세부담상한=⑦X⑧	⑩상한종부세=⑨-③	⑪최종종부세=Min(⑥,⑩)
20X3	2채	100 만원	150%	150 만원	20 만원	20 만원
20X4	2채	150	150%	225	56	56
20X5	2채	225	150%	338	118	118
합계						194

* 농어촌특별세(최종X20%) 39 만원   233 만원
* 종합부동산세 과세기준일은 6월1일이고, 12월초에 납부함. **종합부동산세 0.02 억원**

* 재산세 과세표준=공시가격(시가표준액) X 공정시장가액비율 43~45%(다주택자와 법인은 60%)
* 재산세 산출세액은 과표 6천만원 이하시 (과표 X 0.10%), 과표 1억5천만원 이하시 (과표 X 0.15% - 3만원), 과표 3억원 이하시 (과표 X 0.25% - 18만원), 과표 3억원 초과시 (과표 X 0.40% - 63만원)임
* 공시가격 9억이하 1세대1주택은 과세표준 구간별 각각 -0.05%를 차감한 재산세 특례세율을 적용함
* 재산세 세부담 상한율: 공시가격 3억이하 105%, 6억이하 110%, 6억초과 130% (법인의 재산세 세부담 상한율 150%)

* 종합부동산세 과세표준=[공시가격-기본공제 9억원(1세대1주택 12억원)] X 공정시장가액비율 80%(미정, 가능성 높음)
* 종합부동산세 산출세액은 과표 3억원 이하시 (과표X0.5%), 과표 3억원 초과 6억원이하시 (과표X0.7%-60만원)임
* 재산세 중복분 = (종합부동산세 과표 X 재산세율) X (최종 재산세 / 재산세 산출세액)
* 종합부동산세 세부담상한율 : 모든 지역(150%), (법인은 종합부동산세 세부담 상한율을 미적용)

양도소득세 계산

양도자	양도가액	취득가액(취득세 포함)	양도차익	양도세 공제금액
자녀(단독명의)	120,000 만원	-75,880 만원	44,120 만원	-2,897 만원
(조정대상지역, 양도세 완화, 취득세 중과)			양도세 과세표준	양도세(40%구간)
			41,223 만원	15,285 만원

(지방소득세 포함)

□ **2주택자의 2번째 (단독명의 취득)주택을 3년뒤 시가양도시**

(양도세 완화시 3년보유 △장특공 6%)

양도세	1.53 억원

총세금(취득세+재산세+종부세+양도세)

총세금	2.25 억원
순이익	2.75 억원

총 실질세율   44.9%

[단독명의 1주택자인 자녀가 단독명의로 아파트 1채 추가취득, 3년뒤 시가양도]

양도세 완화, 취득세 중과, 조정대상지역

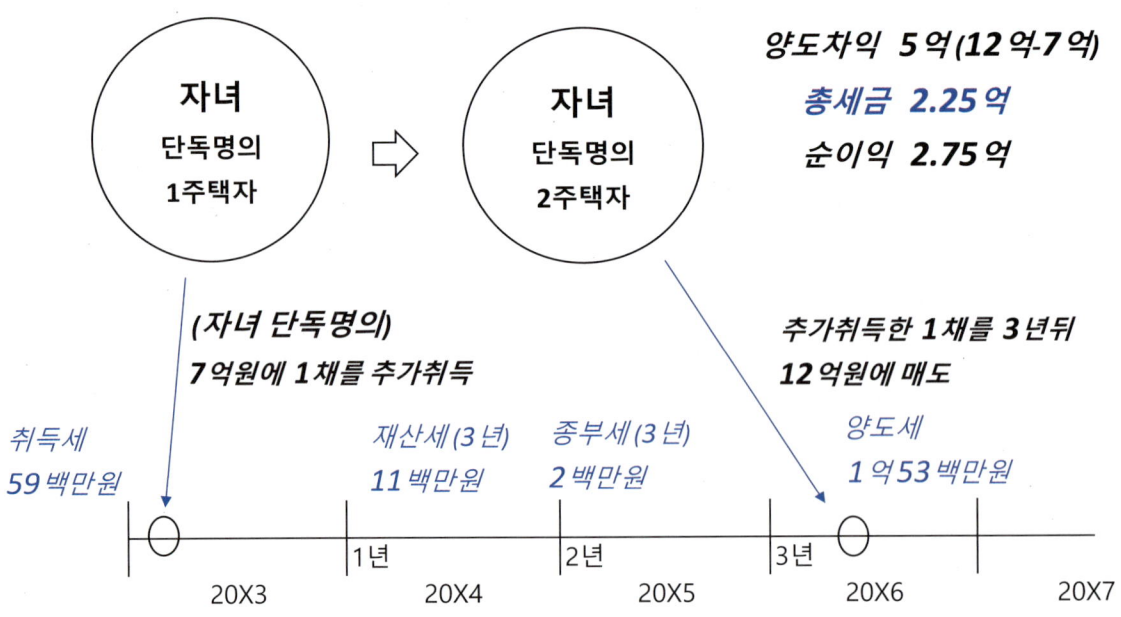

○ 2주택자의 경우에 종합부동산세는 과세표준[(공시가격-기본공제 9억원) X 80% (공정시장가액비율, 2023년 5월초 현재 미정, 80%가 가능성이 높음)]에 0.5%~2.7%를 곱하여 계산하고 농특세 20%가 부가되는데 [예시1]에서는 20X5년에 142만원 [118(종부세)+24(농특세)]의 종합부동산세 등이 산출된다.

○ [예시1]에서 취득세 등은 5,880만원, 재산세(3년치)는 1,058만원, 종합부동산세(3년치)는 233만원, 양도소득세는 1억5,285만원으로 각각 예상되고, 총세금 2억2천5백만원과 순이익 2억7천5백만원이 발생하게 된다. 이것은 다음 [예시2] 공동명의 1주택 추가 취득 및 양도의 경우보다 세금이 조금 더 많다.

☐ 공동명의 1주택자인 자녀가 공동명의로 1채 추가취득후 3년뒤 시가양도

[예시2] 아파트 1채를 공동명의로 추가취득후 3년뒤 시가양도시 세금은?

- 20X3년 현재 양도세 완화, 취득세 중과됨
- 조정대상지역에서 1채의 아파트를 공동명의로 보유하고 자녀(취득가액 6억원)
- 조정대상지역에서 20X3년초에 시가 7억원인 25평 아파트 1채(전용 25.7평이하)를 부부 공동명의로 추가취득
- 추가취득후 3년뒤 20X6년초에 2번째 주택을 시가 12억원에 매도
- 직전 20X2년 재산세 100만원, 종합부동산세 0원
- 종부세 계산시 고령자·장기보유세액공제는 없다고 가정함
- 지역자원시설세 과표 계산을 위한 주택 공시가격은 총공시가격의 50%라고 가정함
- 종부세 공정가액비율 80%적용

(조정대상지역, 양도세 완화, 취득세 중과) (단위: 억원)

구분	가격 구분	20X3	20X4	20X5	20X6	
1번째 25평 아파트(기존)	공시가격	5	6	7.5	9	
	시가	7	8	10	12	
2번째 25평아파트(추가취득)	공시가격	5	6	7.5	9	20X3년 추가취득
	시가	7	8	10	12	20X6년 매도

[풀이]

취득세 계산(세대별 기준 과세) (2번째 주택, 조정대상지역, 25.7평이하, 유상취득세 중과)

명의자	취득가액 (유상취득, 25.7평이하)	취득세율 (농특세, 지방교육세 포함)	취득세 등	세후 취득가액
자녀(공동명의)	70,000 만원	8.4 %	5,880 만원	64,120 만원

* 조정대상지역 2번째주택(중과세) : 취득세 8% + 지방교육세 0.4%

취득세   0.59 억원

재산세 계산(물건별 기준 과세)

연도	보유주택	시가표준액(공시가격)	과세표준(공정비율60%)	① 산출세액(과표X0.4%-63)	② 전년도재산세X상한율	Min(①,②) 최종재산세
20X3	2채	100,000 만원	60,000 만원	177 만원	130 만원	130
20X4	2채	120,000	72,000	225	169	169
20X5	2채	150,000	90,000	297	220	220
합계			222,000			519

* 도시지역분재산세(과표X0.14%),지방교육세(최종X20%),지역자원시설세(주택분 공시*60%*세율)   539 만원   1,058 만
* 재산세 과세기준일은 6월1일이고, 주택재산세는 1기분 7월말, 2기분 9월말에 납부함.

재산세   0.11 억원

○ [예시2]에서는 양도세 완화시 공동명의 1주택자가 조정대상지역의 2번째 주택을 공동명의로 7억원에 취득해서 3년뒤에 12억원(양도차익 5억원)에 매도한다고 가정하였다.

종합부동산세 계산(공동명의 → 아래 표는 1인기준 계산임 → 2인 합계도 결과는 동일함)

연도	보유주택	①재산세 산출세액	④종부세 과세표준 X 재산세율	③최종 재산세	재산세 중복분 ⑤=③ X ④ / ①
20X3	2채	89 만원	0 만원	65 만원	0 만원
20X4	2채	113	0	85	0
20X5	2채	149	0	110	0

연도	보유주택	공시가격	공제	과세표준(공시-공제)X80%	종부세산출세액(과표X세율)	⑥=종부세산출세액-⑤
20X3	2채	50,000	90,000	0 만원	0 만원	0 만원
20X4	2채	60,000	90,000	0	0	0
20X5	2채	75,000	90,000	0	0	0

연도	보유주택	⑦ 전년도재산세+종부세	⑧상한율	⑨세부담상한=⑦X⑧	⑩상한종부세=⑨-③	⑪최종종부세=Min(⑥,⑩)
20X3	2채	50 만원	150%	75 만원	10 만원	0 만원
20X4	2채	65	150%	98	13	0
20X5	2채	85	150%	127	17	0
합계						0

* 농어촌특별세(최종X20%) 0 만원 0 만원
* 종합부동산세 과세기준일은 6월1일이고, 12월에 납부함.   종합부동산세 0.00 억원

양도소득세 계산(인별 기준 과세)

양도자	양도가액	취득가액(취득세 포함)	양도차익	양도세 공제금액
자녀(공동명의)	60,000 만원	-37,940 만원	22,060 만원	-1,574 만원
배우자(공동명의)	60,000	-37,940	22,060	-1,574
합계	120,000	-75,880	44,120	-3,147
(조정대상지역, 양도세 완화, 취득세 중과)			양도세 과세표준	양도세(38%구간)
			20,486 만원	6,370 만원
			20,486 만원	6,370
			40,973	12,740

(지방소득세 포함)

□ **2주택자의 2번째 (부부공동명의)주택을 3년뒤 시가양도시**

(양도세 완화시 3년보유 △장특공 6%)   양도세   1.27 억원

총세금(취득세+재산세+종부세+양도세)   총세금   1.97 억원   총 실질세율   39.4%

순이익   3.03 억원

공동명의 취득의 절세효과   순이익 증가   0.28 억원   (단독명의 취득·양도 대비)

[공동명의 1주택자인 자녀가 공동명의로 아파트 1채 추가취득, 3년뒤 시가양도]

양도세 완화, 취득세 중과, 조정대상지역

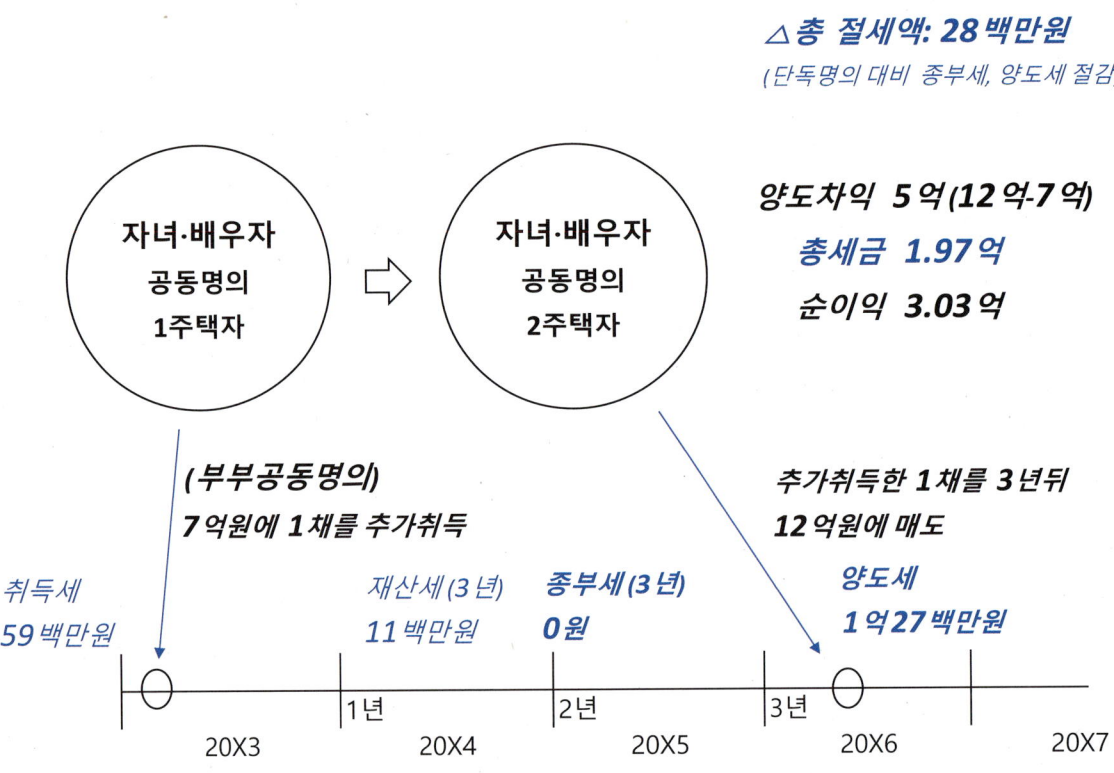

○ [예시2]에서는 20X3년부터 20X5년 아파트 2채의 공시가격합계는 최고 15억원(시가 약 20억원)으로, 공동명의에 의해 2명분 기본공제 각각 9억원(총 18억원)이 적용되어 20X3년부터 3년간 종부세 과세표준은 0이고 종부세 산출세액도 0원이다.

○ 이 경우에 종합부동산세가 233만원에서 0원으로 (-)233만원이 절세되고 양도소득세가 1억 5,285에서 1억 2,740억원으로 (-)2,545만원이 절세되는 등 총 (-)2,778만원의 절세효과가 예상된다.

○ 종합부동산세와 양도소득세 부담대상이 되는 부동산 금액자체 금액이 거액이거나 양도차익이 거액인 경우에 공동명의로 취득한 후에 양도하면 절세효과가 커진다.

또한, 3년 보유가 아닌 15년 보유후 양도시에는 장특공이 6%가 아닌 30%가 적용되어 양도세가 약 4,426만원만큼 추가 감소하므로 장기보유후 양도가 절세에 유리하다.

CEO Tip 007 자녀가 아파트 1채를 공동명의로 변경할 때 절세금액은?

☐ 공동명의로 변경시 장점

○ 공동명의로 취득시 장점과 거의 동일하다.

○ 종합부동산세 기본공제금액이 증가(1명 △9억원 → 2명 △18억원)한다.

○ 부부공동명의인 1주택자는 종합부동산세 과세방식을 매년 9월에 선택할 수 있다

    ① 개인별 과세방식
      : 본인과 배우자가 단독명의처럼 각각 소득구분후, 각각 △기본공제 9억원씩 공제
       (△기본공제 합계 18억원)

    ② 1주택자(부부공동명의) 특례과세방식
      : 1주택자로 보아 △특례공제 12억원공제 후 △고령자·장기보유공제(최대 80%)

○ 양도소득세는 인별과세이므로 부부공동명의인 경우 양도소득세가 절세된다.

☐ 공동명의로 변경시 단점

○ 공동명의로 변경시 일부 재산이 이전되는 것이므로 증여세와 증여취득세가 발생한다.
명의변경하는 주택의 시가가 총 12억원(공동명의시 배우자에게 이전되는 주택가액은 6억원)이하일 경우에는 △배우자증여공제 6억원에 의해 증여세가 발생하지 않지만 시가가 12억원을 초과하거나 10년내 증여한 금액이 많을 경우에는 증여세가 발생한다.

○ 증여세가 나오지 않더라도 증여취득세는 증여자의 증여가액기준이므로 증여자(본인)가 1세대 1주택자이면 증여취득세율이 전용면적 25.7평이하는 3.8%, 25.7평초과는 4%이다.
다만, 조정대상지역 시가표준액(공시가격) 3억원이상 2주택이상자의 증여취득세율은 25.7평이하 12.4%, 초과 13.4%이다.
최초 취득세를 부담하고 증여취득세를 부담하므로 취득세가 이중으로 발생하는 것이다.

○ 부부 공동명의 변경으로 배우자의 피부양자 자격이 박탈되면 지역가입자가 되어 건강보험료가 증가할 수 있다.

○ 부부공동명의 취득이 자금출처와 소득 미해명으로 증여로 간주될 경우, 특수관계자 증여자산 이월과세(배우자 등 증여후 10년내 양도시 최초 취득시 취득가액 공제) 규정에 따라 공동명의 취득후 10년을 유지하지 못하고 매도하면 양도소득세가 증가한다.

○ 아파트를 최초 단독명의로 취득한 후에 부부공동명의로 변경하는 경우에는 공동명의로 최초에 취득하는 경우와 동일하게 양도소득세와 2주택자의 종부세가 절세되는 장점이 있으나, 공동명의자가 되는 배우자에게 증여세와 증여취득세가 발생할 수 있고, 피부양자 자격 박탈로 건강보험료가 증가할 수 있으며, 공동명의로 변경한 후 10년내 매각시 양도세가 증가한다는 단점이 있다.

○ 따라서 단독명의주택 1채를 부부공동명의로 변경하는 것은 (+)증여세와 증여취득세의 증가와 (-)종부세와 양도세의 감소를 미리 계산해서 그 절세효과를 확인해 봐야 하고, 특수관계자간 부동산 이월과세(배우자 등에게 증여후 10년내 매각시 이월과세) 규정 적용에 따라 공동명의로 전환한 뒤에는 10년간 보유한 후 매도해야 양도소득세가 절세된다는 것을 감안해야 한다.

○ 아파트를 공동명의로 최초 취득하는 것과 단독명의를 공동명의로 변경하는 것은 시가 12억초과 고가아파트로, 4대보험료를 각자 납부하는 맞벌이 부부에게 유리하다.

☐ 단독명의 1주택을 15년뒤 시가양도

[예시1] 아파트 1채를 단독명의로 취득후 15년뒤 시가양도시 세금은?

- 조정대상지역, 양도세 완화, 취득세 중과세됨
- 20W8년초에 자녀가 아파트 1채를 5억원에 단독명의로 취득, 취득세 550만원
- 취득후 15년이 지나서 20Y3년초에 시가 20억원에 매도
- 직전 20W7년 재산세 15만원, 종합부동산세 0원
- 종부세 계산시 고령자·장기보유세액공제중 장기보유만을 적용함
- 지역자원시설세 과표 계산을 위한 주택 공시가격은 총공시가격의 50%라고 가정함
- 종부세 공정가액비율 80%적용

(조정대상지역, 양도세 완화, 취득세 중과) (단위: 억원)

구분	가격 구분	20W8	20W9	20X0	20X1	20X2	20X3	20X4	20X5
25평 아파트(1채)	공시가격	4	5	7	8	9	10	10.5	11
	시가	5	7	9	11	13	14	14.5	15
구분	가격 구분	20X6	20X7	20X8	20X9	20Y0	20Y1	20Y2	20Y3 (매도)
25평 아파트(1채)	공시가격	11.5	12	12.5	13	13.5	14	14.5	15
	시가	15.5	16	17	18	18.5	19	19.5	20

[풀이]

유상취득세 등: 5억원 X 1.1% = 550만원   **취득세 0.06 억원**

재산세 계산

				①	②	③=Min(①,②)
연도	보유주택	시가표준액(공시가격)	과세표준(가격X43~45%)	재산세산출세액(과표X세율)	전년도재산세X상한율	최종재산세
20W8	1채	40,000 만원	17,600 만원	17 만원	17 만원	17
20W9	1채	50,000	22,000	26	18	18
20X0	1채	70,000	31,500	47	24	24
20X1	1채	80,000	36,000	63	31	31
20X2	1채	90,000	40,500	79	40	40
20X3	1채	100,000	45,000	117	52	52
20X4	1채	105,000	47,250	126	67	67
20X5	1채	110,000	49,500	135	88	88
20X6	1채	115,000	51,750	144	114	114
20X7	1채	120,000	54,000	153	148	148
20X8	1채	125,000	56,250	162	192	162
20X9	1채	130,000	58,500	171	211	171
20Y0	1채	135,000	60,750	180	222	180
20Y1	1채	140,000	63,000	189	234	189
20Y2	1채	145,000	65,250	198	246	198
합계			698,850			1,498

* 도시지역분재산세(과표X0.14%), 지방교육세(최종X20%), 지역자원시설세(주택분 공시*60%*세율)   1,656 만원   **3,154**
* 1세대1주택자의 공정시장가액비율: 공시가격 3억이하 43%, 6억이하 44%, 6억초과 45%   **재산세 0.32 억원**

○ [예시1]에서는 조정대상지역의 1주택을 자녀가 단독명의로 5억원에 취득하여 15년을 보유 및 거주한 뒤에 20억원(양도차익 15억원)에 매도한다고 가정하였다.

○ 1세대1주택의 종합부동산세는 공시가격을 기준으로 기본공제 12억원과 고령자보유세액공제(60세이상, 최고 40%)와 장기보유세액공제(5년이상 최고 50%, 두 세액공제 합계의 최고한도 80%)가 있어 예상보다 크지 않다. 하지만 공시가격과 시가의 차이가 줄어드는 추세이므로 향후 시가가 높아지면 종합부동산세는 증가할 것이다.

종합부동산세 계산

연도	보유주택	①재산세 산출세액	④종부세 과세표준 X 재산세율	③최종 재산세	재산세 중복분 ⑤=③ X ④ / ①
20W8	1채	17 만원	0 만원	17 만원	0 만원
20W9	1채	26	0	18	0
20X0	1채	47	0	24	0
20X1	1채	63	0	31	0
20X2	1채	79	0	40	0
20X3	1채	117	0	52	0
20X4	1채	126	0	67	0
20X5	1채	135	0	88	0
20X6	1채	144	0	114	0
20X7	1채	153	0	148	0
20X8	1채	162	4	162	4
20X9	1채	171	9	171	9
20Y0	1채	180	15	180	15
20Y1	1채	189	22	189	22
20Y2	1채	198	32	198	32

연도	보유주택	공시가격	공제	과세표준[(공시-공제)X80%]	종부세산출세액(과표X세율)	⑥=종부세산출세액-⑤
20W8	1채	40,000	120,000	0 만원	0 만원	0 만원
20W9	1채	50,000	120,000	0	0	0
20X0	1채	70,000	120,000	0	0	0
20X1	1채	80,000	120,000	0	0	0
20X2	1채	90,000	120,000	0	0	0
20X3	1채	100,000	120,000	0	0	0
20X4	1채	105,000	120,000	0	0	0
20X5	1채	110,000	120,000	0	0	0
20X6	1채	115,000	120,000	0	0	0
20X7	1채	120,000	120,000	0	0	0
20X8	1채	125,000	120,000	4,000	20	16
20X9	1채	130,000	120,000	8,000	40	31
20Y0	1채	135,000	120,000	12,000	60	45
20Y1	1채	140,000	120,000	16,000	80	58
20Y2	1채	145,000	120,000	20,000	100	68

연도	보유주택	⑦ 전년도재산세+종부세	⑧상한율	⑨세부담상한=⑦X⑧	⑩상한종부세=⑨-③	⑪최종종부세=Min(⑥,⑩)
20W8	1채	15 만원	150%	23 만원	6 만원	0 만원
20W9	1채	17	150%	25	7	0
20X0	1채	18	150%	27	4	0
20X1	1채	24	150%	35	5	0
20X2	1채	31	150%	46	6	0
20X3	1채	40	150%	60	8	0
20X4	1채	52	150%	78	10	0
20X5	1채	67	150%	101	13	0
20X6	1채	88	150%	131	18	0
20X7	1채	114	150%	171	23	0
20X8	1채	148	150%	222	60	16
20X9	1채	178	150%	267	96	31
20Y0	1채	202	150%	303	123	45
20Y1	1채	225	150%	338	149	58
20Y2	1채	247	150%	371	173	68
합계						218

* 단독명의 1세대1주택자의 고령자·장기보유세액공제(5년이상 20%, 10년이상 40% 적용) -87
  (60세이상 고령자가 아니므로 장기보유세액공제만 적용함) 131
* 농어촌특별세(최종X20%) 26 만원   157 만원
* 종합부동산세 과세기준일은 6월1일이고, 12월초에 납부함.   종합부동산세 0.02 억원

[1주택자가 단독명의로 1주택을 보유후 15년뒤 시가양도]

양도세 완화, 취득세 중과, 조정대상지역

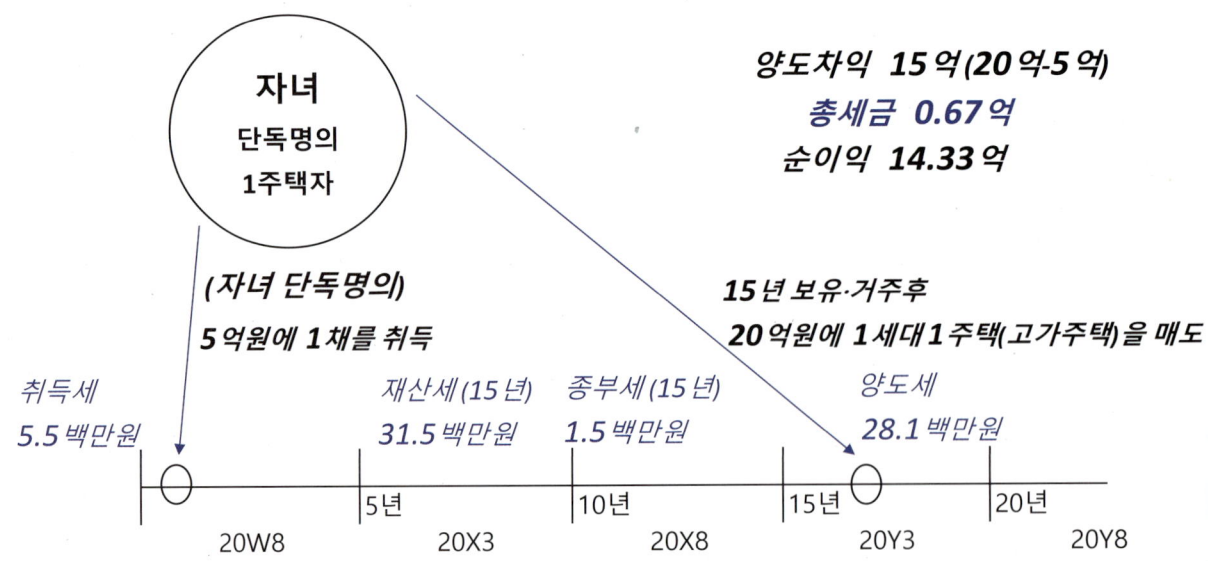

○ [예시1]의 경우 취득시 취득세 등 550만원과 양도전 15년간 재산세 3,154만원, 종합
부동산세 157만원, 양도시 양도소득세 2,808만원이 각각 예상되며, 총세금 6천7백만원
과 순이익 14억3천3백만원이 발생한다. 이것은 [예시2] 1주택의 공동명의 중도변경후
양도의 경우보다 오히려 세금이 조금 더 적다.

1세대1주택이지만 시가 12억원 초과 고가주택은 양도소득세가 부과된다.

양도소득세 계산

양도자	양도가액	취득가액(취득세 포함)	(고가주택)양도차익	양도세 공제금액
자녀(단독명의)	200,000 만원	-50,550 만원	59,780 만원	-48,074 만원
(조정대상지역, 양도세 완화, 취득세 중과)			양도세 과세표준	양도세(35%구간)
			11,706 만원	2,808 만원
				(지방소득세 포함)

* 시가 12억초과 고가주택인 1세대1주택의 양도차익=일반 양도차익*12억초과액/양도가액
* 시가 12억초과 고가주택인 1세대1주택의 장특공=일반 장특공*12억초과액/양도가액

  [예시1] 자녀 양도차익=(20억-5.055억)*8억/20억=5.978억

    자녀 장특공=5.978억X80%(10년이상 보유 및 거주)=4.7824억

    자녀 공제금액=4억7,824만원+250만원=4억8,074만원

□ **1주택자의 주택을 단독명의로 취득후 15년뒤 시가양도시**

	양도세	0.28	억원

(시가 12억초과 고가주택인 1세대1주택 10년이상 보유 및 거주 △장특공 80%)

총세금(취득세+재산세+종부세+양도세) 총세금 0.67 억원   총 실질세율 4.4%

                                         총이익 14.33 억원

☐ 단독명의 1주택을 5년뒤 공동명의 변경후 다시 10년뒤 시가양도

[예시2] 아파트 1채를 취득후 5년뒤 공동명의 변경, 다시 10년뒤 시가양도시 세금은?

- 조정대상지역, 양도세 완화, 취득세 중과세됨
- 20W8년초에 자녀가 아파트 1채를 5억원에 단독명의로 취득, 취득세 550만원
- 취득후 5년뒤 20X3년초에 부부공동명의(5:5)로 명의변경(시가 14억의 50%인 7억 증여간주)
  10년이 더 지나서 20Y3년초에 시가 20억원에 매도
- 직전 20W7년 재산세 15만원, 종합부동산세 0원
- 종부세 계산시 고령자·장기보유세액공제중 장기보유만을 적용함
- 지역자원시설세 과표 계산을 위한 주택 공시가격은 총공시가격의 50%라고 가정함
- 종부세 공정가액비율 80%적용

(조정대상지역, 양도세 완화, 취득세 중과) (단위: 억원)

구분	가격 구분	20W8	20W9	20X0	20X1	20X2	20X3	20X4	20X5
25평 아파트(1채)	공시가격	4	5	7	8	9	10	10.5	11
	시가	5	7	9	11	13	14	14.5	15
구분	가격 구분	20X6	20X7	20X8	20X9	20Y0	20Y1	20Y2	20Y3 (매도)
25평 아파트(1채)	공시가격	11.5	12	12.5	13	13.5	14	14.5	15
	시가	15.5	16	17	18	18.5	19	19.5	20

[풀이]   유상취득세 등: 5억원 X 1.1% = 550만원   **(유상) 취득세   0.06 억원**

증여세 계산

연도	수증자	증여가액	증여재산공제	증여세(10%구간)	세후 증여금액
20X3	배우자	70,000 만원	-60,000 만원	1,000 만원	69,000 만원

실질세율   10.0%   **증여세   0.10 원**

증여취득세 계산   증여취득세: 7억원 X 3.8% = 2,660만원

연도	수증자	취득가액 (증여취득, 25.7평이하)	증여 취득세율 (농특세, 지방교육세 포함)	취득세	세후 취득가액
20X3	배우자	70,000 만원	3.8 %	2,660 만원	67,340 만원

(명의변경시 시가가 14억원)   **(증여)취득세 등   0.27 억원**

○ [예시2]에서는 조정대상지역 1주택을 자녀단독명의로 5억원에 취득한 후 5년뒤 20X3년에 부부(5:5)공동명의로 변경한 후, 또 다시 10년이 지난 뒤에 20억원(양도차익 15억원)에 매도한다고 가정하였다.

재산세 계산(물건별 기준 과세)

연도	보유주택	시가표준액(공시가격)	과세표준(가격X43~45%)	① 재산세산출세액(과표X세율)	② 전년도재산세x상한율	③=Min(①,②) 최종재산세
20W8	1채	40,000 만원	17,600 만원	17 만원	17 만원	17
20W9	1채	50,000	22,000	26	18	18
20X0	1채	70,000	31,500	47	24	24
20X1	1채	80,000	36,000	63	31	31
20X2	1채	90,000	40,500	79	40	40
20X3	1채	100,000	45,000	117	52	52
20X4	1채	105,000	47,250	126	67	67
20X5	1채	110,000	49,500	135	88	88
20X6	1채	115,000	51,750	144	114	114
20X7	1채	120,000	54,000	153	148	148
20X8	1채	125,000	56,250	162	192	162
20X9	1채	130,000	58,500	171	211	171
20Y0	1채	135,000	60,750	180	222	180
20Y1	1채	140,000	63,000	189	234	189
20Y2	1채	145,000	65,250	198	246	198
합계			698,850			1,498

* 도시지역분재산세(과표X0.14%),지방교육세(최종X20%),지역자원시설세(주택분 공시*60%*세율) 1,656 만원 3,154
* 1세대1주택자의 공정시장가액비율: 공시가격 3억이하 43%, 6억이하 44%, 6억초과 45%   재산세 0.32 억원

종합부동산세 계산(20X3년부터 인별 기준 과세 또는 1주택자 특례기준 과세)

연도	보유주택	공시가격	공제	과세표준[(공시-공제)X80%]	종부세산출세액(과표X세율)	⑥=종부세산출세액-⑤
20W8	1채	40,000	120,000	0 만원	0 만원	0 만원
20W9	1채	50,000	120,000	0	0	0
20X0	1채	70,000	120,000	0	0	0
20X1	1채	80,000	120,000	0	0	0
20X2	1채	90,000	120,000	0	0	0
20X3	1채	100,000	180,000	0	0	0
20X4	1채	105,000	180,000	0	0	0
20X5	1채	110,000	180,000	0	0	0
20X6	1채	115,000	180,000	0	0	0
20X7	1채	120,000	180,000	0	0	0
20X8	1채	125,000	180,000	0	0	0
20X9	1채	130,000	180,000	0	0	0
20Y0	1채	135,000	180,000	0	0	0
20Y1	1채	140,000	180,000	0	0	0
20Y2	1채	145,000	180,000	0	0	0

* 종부세 계산과정중 ①~⑤와 ⑦~⑪은 생략함.

절세(단독명의 대비)   -157 만원   종합부동산세   0 원

[1주택자가 취득후 5년뒤 공동명의로 변경후, 다시 10년뒤 시가양도]

양도세 완화, 취득세 중과, 조정대상지역

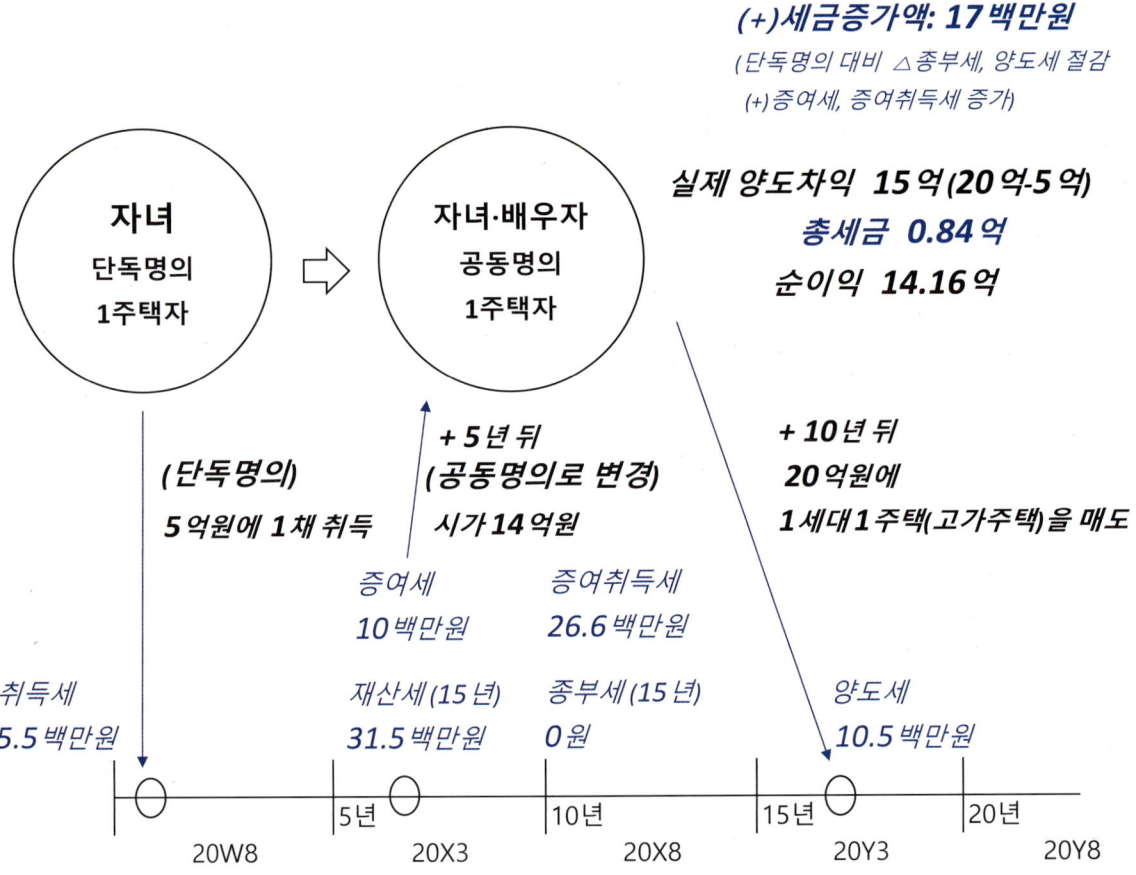

○ [예시2]에서는 20X3년이후 공시가격이 공동명의1주택 인별 공제 18억원(2명X9억원) 이하이므로 종합 부동산세 과세표준이 모두 0원이고, 종합부동산세는 없다.

○ 이 경우에는 단독명의를 지속한 후 매도하는 것보다, 매도전 15년간 재산세는 3,154만원으로 동일하지만, 증여세가 (+)1천만원, 증여취득세 등이 (+)2,660만원이 각각 증가하고, 종합부동산세가 (-)157만원, 양도소득세가 (-)1,762만원이 각각 절세되어, 총세금 (+)1,741만원이 오히려 증가하는 것으로 산출된다.

○ 단독명의 아파트를 공동명의로 변경하면 배우자의 권리는 개선되지만, 증여세와 증여취득세의 증가가 종합부동산세와 양도소득세 절감을 통한 총세금 절세효과보다 커서 세금이 오히려 증가할 수도 있다. 그리고 명의만 바꿨을 뿐인데, 수증자인 배우자가 증여세와 증여취득세를 증여월말부터 3개월내에 각각 현금으로 납부해야 된다. 따라서 공동명의는 아파트의 최초 취득시에 해야 절세의 의미가 있다.

양도소득세 계산(인별 기준 과세)

양도자	양도가액	취득가액(취득세등 가산)	(고가주택)양도차익	양도세 공제금액
자녀(공동명의)	100,000 만원	-25,275 만원	29,890 만원	-24,162 만원
배우자(공동명의)	100,000	-73,660 만원	10,536 만원	-8,679 만원
합계	200,000	-98,935 만원	40,426 만원	-32,841 만원
(조정대상지역, 양도세 완화, 취득세 중과)			양도세 과세표준	양도세 (24% or 15%구간)
			5,728 만원	879 만원
* 1세대1주택 고가주택 양도차익=일반 양도차익*12억초과액/양도가액			1,857 만원	168 만원
* 1세대1주택 고가주택 장특공=일반 장특공*12억초과액/양도가액			7,585 만원	1,046 만원

[예시2] 자녀 취득가액(필요경비)=(취득가액 5억+취득세 550만원)X50%=2억5,275만원 (지방소득세 포함)
  자녀 양도차익=(10억-2.5275억)*8억/20억=2.989억, 자녀 장특공=2.989억X80%=2.3912억, 공제금액=2.3912+0.025=2.4162억
  배우자 취득가액(필요경비, 증여후 10년경과후 양도)=증여가액 7억+증여세 1천만원+증여취득세2,660만원=7.366억
  배우자 양도차익=(10억-7.366억)*8억/20억=1.0536억, 자녀 장특공=1.0536억X80%=0.8429억, 공제금액=0.8429+.025=0.8679억

□ 1주택자의 주택을 단독명의로 취득후,
  5년뒤 부부공동명의(5:5)로 전환하고, 다시 10년뒤 시가양도시

양도세   0.10 억원

*시가 12억초과 고가주택인 1세대1주택 10년이상 보유 및 거주 △장특공 80%

총세금(취득세+재산세+종부세+양도세   총세금   0.84 억원   총 실질세율   5.6%
  +증여세+증여취득세)   세금증가   1,741 만원

                                        순이익   14.16 억원

공동명의 중도전환시 세금증가   순이익 감소액   -0.17 억원   (단독명의 취득·양도 대비)

제2부 가업승계

Family Business Succession

제2부 가업승계
Family Business Succession

Ⅱ. '재산과 가업승계 2'의 세계

◇ *재산승계*
◇ *가업승계지원제도*

8. 자녀에게 100억까지 저세율로 현금증여하는 '창업자금 증여특례'?

9. 자녀에게 600억까지 저세율로 주식증여하는 '가업승계주식 증여특례'?

10. 자녀에게 600억까지 가업상속재산 공제를 해주는 '가업상속공제'?

11. 담보제공하고 이자만 납부하는 '가업승계 증여세·상속세 납부유예'?

◇ *창업자금 증여특례, 가업승계주식 증여특례, 증여세 납부유예의 비교*
◇ *가업상속공제와 상속세 납부유예의 비교*

12. 가업승계지원 없이, 자녀에 대한 200억 재산승계의 시나리오?

Ⅱ. '재산과 가업승계 2'의 세계

□ 재산 승계

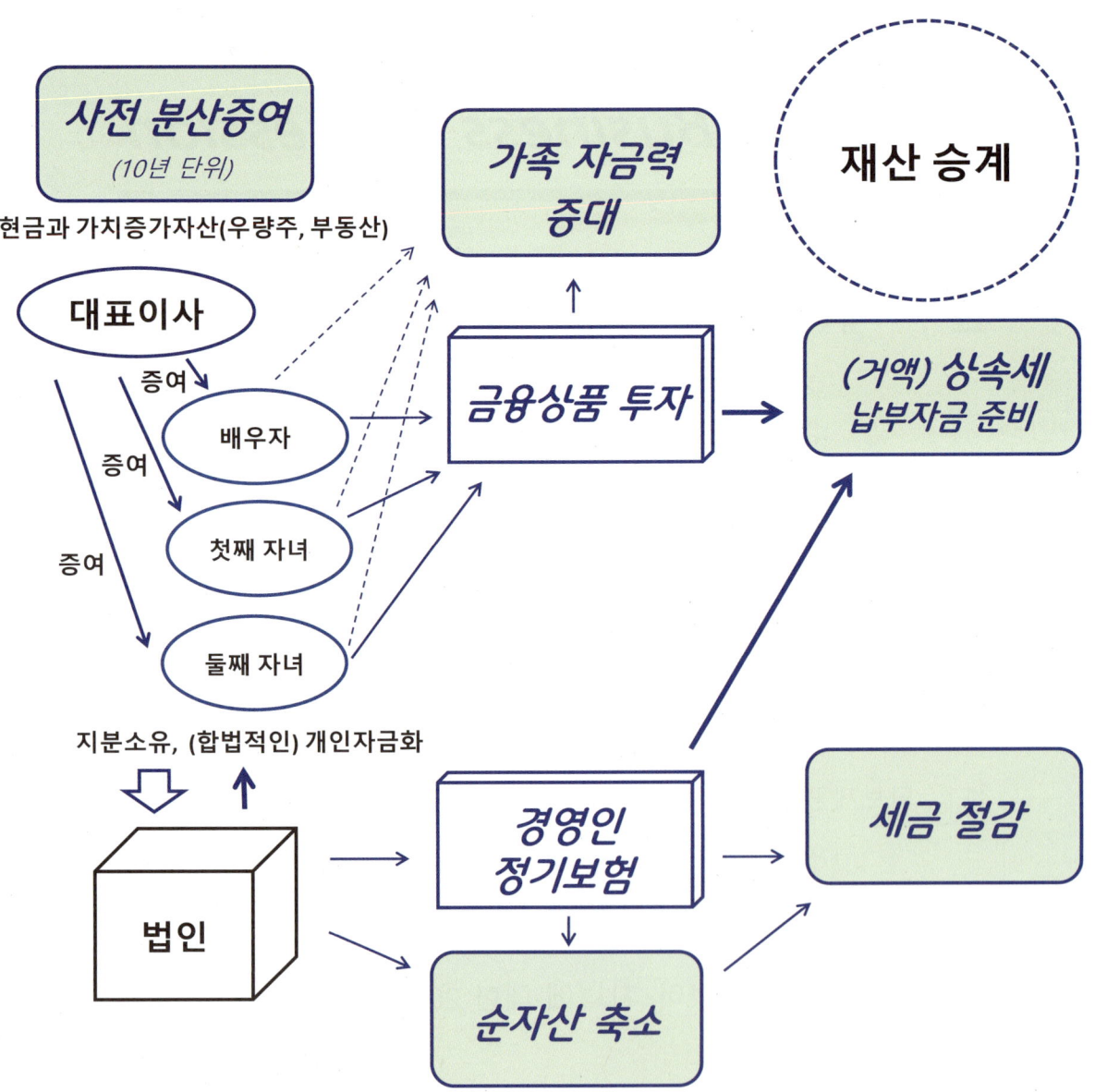

□ 가업승계 지원제도

창업자금
적용한도: 50억~100억
(-)5억공제후 (X) 10% 저세율

창업기업 → 현금성자산의 증여 → **창업자금 증여특례**
(법인, 개인) 창업하는 중소기업

가업승계주식
적용한도: 300억~600억
(-)10억공제후 (X) 10%~ 20% 저세율

가업승계기업 → 사업관련 주식의 증여 → **가업승계주식 증여특례**
(법인) 중소, 중견

담보제공, 이자부담(연 2.9%),
한 세대 연기가능

사업관련 주식의 증여 → **가업승계주식 증여세 납부유예**
(법인) 중소

선택1

담보제공, 이자부담(연 2.9%),
5년 분할납부

증여세 연부연납

가업상속재산
적용한도: 300억~600억
상속세 과세가액에서 차감

사업관련 재산의 상속 → **가업상속공제**
(법인, 개인) 중소, 중견

담보제공, 이자부담(연 2.9%),
한 세대 연기가능

사업관련 재산의 상속 → **가업상속 상속세 납부유예**
(법인, 개인) 중소

선택1

담보제공, 이자부담(연 2.9%),
10년 거치 10년 분할납부

사업관련 재산의 상속 → **가업 상속세 연부연납**

□ 가업승계 지원제도의 활용방법

선택1

1. 창업자금 증여특례
　　현금성자산
　　(50억~100억한도) △5억공제후 10% 세율 적용

| 개인사업자 | 중소기업 |
| 법인 | |

2. 가업승계주식 증여특례
　　(사업관련) 가업승계주식
　　(300억~600억한도) △10억공제후 10%(60억초과 20%) 세율 적용

| | 중소기업 |
| 법인 | 중견기업 |

3. 가업승계주식 증여세 납부유예
　　(사업관련) 가업승계주식
　　담보제공, 이자부담(연 2.9%), 한 세대 연기가능

| | 중소기업 |
| 법인 | |

선택1

4. 가업상속공제
　　(사업관련) 가업상속재산
　　(300억~600억한도) △가업상속재산공제

| 개인사업자 | 중소기업 |
| 법인 | 중견기업 |

5. 가업상속 상속세 납부유예
　　(사업관련) 가업상속재산
　　담보제공, 이자부담(연 2.9%), 한 세대 연기가능

| 개인사업자 | 중소기업 |
| 법인 | |

◇ 가업승계주식과 가업상속재산의 지원한도를 줄이는 사업무관자산 : 비사업용 토지, 조합원입주권, 분양권, 업무 미사용 부동산·자동차·선박·항공기·기타자산, 서화·골동품, 임대부동산, 대여금, 과다보유현금(5년평균 현금의 1.5배 초과분), 영업활동 무관 주식, 채권, 금융상품(만기 3개월 초과) 등

◇ 가업승계지원제도 활용의 업종 및 규모제한 : 제조업, 광업, 건설업, 음식점업(561) 등은 되고, 부동산임대업, 유흥주점업, 카페(552303) 등은 안됨. 중소기업은 총자산 5천억 미만, 중견기업은 3년평균매출 5천억 미만 등에 해당하는 경우에 적용함

6. 증여세 연부연납
담보제공, 이자부담(연 2.9%), 5년 분할납부 — 수증자

7. 일반재산 상속세 연부연납
담보제공, 이자부담, 10년 분할납부 — 상속인

8. 가업재산 상속세 연부연납
담보제공, 이자부담, 10년 거치 10년 분할납부 — 상속인

□ 가업승계지원제도를 활용하는 최적의 시나리오

회사의 현황파악 및 사전준비 → **개인사업자의 법인전환 또는 통합**
가업승계지원제도 적용조건과 사후조건 확인, 　　법인의 가지급금 발생 및
증여, 지분조정, 사업무관자산 축소, 자녀법인 검토 등　순자산 증가에 주의

→ **가업승계주식 증여특례**
[300~600억까지 10억공제후 주식증여액 X 10%(20%) 저율의 증여세율]
(주식증여액 고정됨 → 향후 가치가 증가해도 고정금액이 상속재산에 가산되므로 유리)
**(사업관련 주식증여액 등 사전 적용요건 준비 및
①가업, ②지분 유지의 5년간 사후관리요건 충족)**

→ **가업상속공제**
[300~600억까지 가업상속재산 공제후 X (10~50%) 일반 상속세율]
**(사업관련 주식증여액 등 사전 적용요건 준비 및
①자산, ②가업, ③지분, ④고용유지의 5년간 사후관리요건 충족)**

◇ 성장기업이 가업승계를 빨리 시작하는 이유 : 현재 낮은 주가로 증여하면 증여한 주식의 주가상승분이 절세됨

◇ 가업상속재산이 6백억이상이고 성장중인 대기업으로 가업승계지원제도로 다 해결이 안되는 기업, 부동산임대
　법인 등 가업승계지원제도가 적용 불가능한 기업 : 자녀법인 성장, 현금·주식의 사전 증여와 금융상품 적립 등 활용

CEO Tip 008 자녀에게 100억까지 저세율로 현금증여하는 '창업자금 증여특례'?

□ 증여세의 계산구조와 증여재산과세특례

(1). 증여재산가액
　(+) 합산대상 재차증여재산가액(10년내, 상속인외 5년내)

(2). 총 증여재산가액
　(-) 증여특례가액
　　△Min **창업자금 증여세 과세가액**
　　[①증여받은 창업자금, ②(50억원~100억원)] → 5억공제후 특례세율 적용

　　△Min **가업승계주식 증여세 과세가액**
　　[①사업관련 증여주식가액, ②(300억원~600억원)] → 10억공제후 특례세율 적용

　(-) 비과세 증여재산가액
　(-) 과세가액 불산입
　(-) 과세가액 공제액(증여인의 증여재산 담보채무 등)

(3). 증여세 과세가액
　(-) 증여공제액(인적공제)
　　△Max 인적 증여재산공제 (10년내)
　　　배우자 증여재산공제 [수증자가 배우자, 6억원 한도]
　　　직계존속 증여재산공제 [수증자가 만 19세이상 성년자녀 5천만원, 미성년자녀 2천만원]
　　　직계비속 증여재산공제 [수증자가 부모, 5천만원]
　　　기타친족 증여재산공제 [수증자가 6촌이내혈족·4촌이내인척, 1천만원]

　(-) 감정평가수수료

(4). 증여세 과세표준
　　　　　　　　　　　(별도) 창업자금 증여세 과세가액에서 5억 공제후
　　　　　　　　　　　　　　창업자금 증여특례세율 10% 적용
　　　　　　　　　　　(별도) 가업승계주식 증여세 과세가액에서 10억 공제후
　일반세율(10%~50%) 적용　　　　가업승계주식 증여특례세율 10%(과표 60억초과 20%) 적용

(5). 증여세 산출세액
　(+) 세대생략 할증과세액(30%, 미성년자로 증여재산가액이 20억원 초과 40%)

(6). 증여세 총산출세액
　　△기납부세액공제
　　△신고세액공제(3%)

(7). 증여세 차가감 납부세액

[증여세가 없는 경우(10년단위)] *(증여특례와 무관)*
- 미성년자녀 2명과 배우자가 있음: 6억 4천
- 배우자만 있음: 6억
- 미성년자녀 2명만 있음: 4천

* 조특법 제30조의5, 동법 시행령 제27조의5, 상증세법 제13조, 제53조

○ 창업자금 증여특례(중소기업, 법인과 개인사업자에 적용)는 2023년부터 그 특례적용 금액이 증액(30억원→50억원, 10명이상 신규고용시 50억→100억)되는 등 가업승계 지원제도로서 유용성을 높였다. 요건이 충족되면 가업상속공제와 중복 적용할 수 있다.

○ 창업자금 증여특례란 부모가 자녀에게 현금성자산을 증여하는 경우에 우선 5억원공제를 한 후 50억원에서 100억원까지 10% 저율로 증여세를 부과하여 세부담을 경감시켜 자녀의 창업을 지원한 후, 잔여 증여세는 상속세 부과시 과세하도록 이연하는 것이다.

○ 법인을 설립하거나 사업자등록을 한 후에 창업자금을 증여받으면 창업자금 증여특례가 적용이 안된다. 즉, 창업전(법인설립전, 사업자등록전)에 자금을 증여를 받아야 한다.

○ 또한 창업자금 증여특례는 2년내 창업, 4년내 전액 목적사용, 10년내 휴업·폐업금지, 10년내 사업외 용도 사용금지(창업으로 인한 가치증가분 포함) 등 '10년 사후관리절차'가 중요하다. 사후관리요건을 위반하면 증여세와 이자상당액(연 8.03%)이 추징된다.

□ 창업자금 증여특례의 개요(법인 또는 개인사업자인 중소기업에 적용)

▣ 창업하는 자녀에게 자금증여 → 5억공제와 10%세금부과 → 상속시 창업자금 Fix 합산

○ 창업자금 증여특례(창업자금 증여세 과세특례)란 18세 이상인 거주자가 특정 업종을 영위하는 중소기업을 창업할 목적으로 60세 이상의 부모로부터 토지·건물 등 양도소득세 과세대상재산을 제외한 재산을 증여받는 경우에는 해당 증여받은 재산의 가액 중 일정 창업자금에 대해서는 증여세 과세가액에서 5억원을 공제하고 세율을 10%로 하여 증여세를 부과하는 것이다.

○ 창업자금 증여세 과세특례는 자녀가 미래성장기업을 창업하도록 지원하여 젊은 세대로의 부의 조기 이전과 경제활성화를 도모할 목적으로 세제를 지원하는 간접승계제도이다.

○ 창업자금은 창업자금 증여세 과세가액 50억원(창업을 통하여 10명 이상을 신규 고용한 경우에는 100억원)을 한도로 한다. 자녀가 창업자금을 2회 이상 증여받거나 부모로부터 각각 증여받는 경우에는 각각의 증여세 과세가액을 합산하여 적용한다.

○ 세금혜택을 주는 증여대상은 양도소득세 과세대상인 토지·건물 등의 부동산, 비상장주식 등을 제외한 현금예금, 소액주주 상장주식, 채권 등의 현금성자산이다.

[창업자금 증여특례] 자녀에게 현금증여(비과세 5억+저세율 45억~95억)

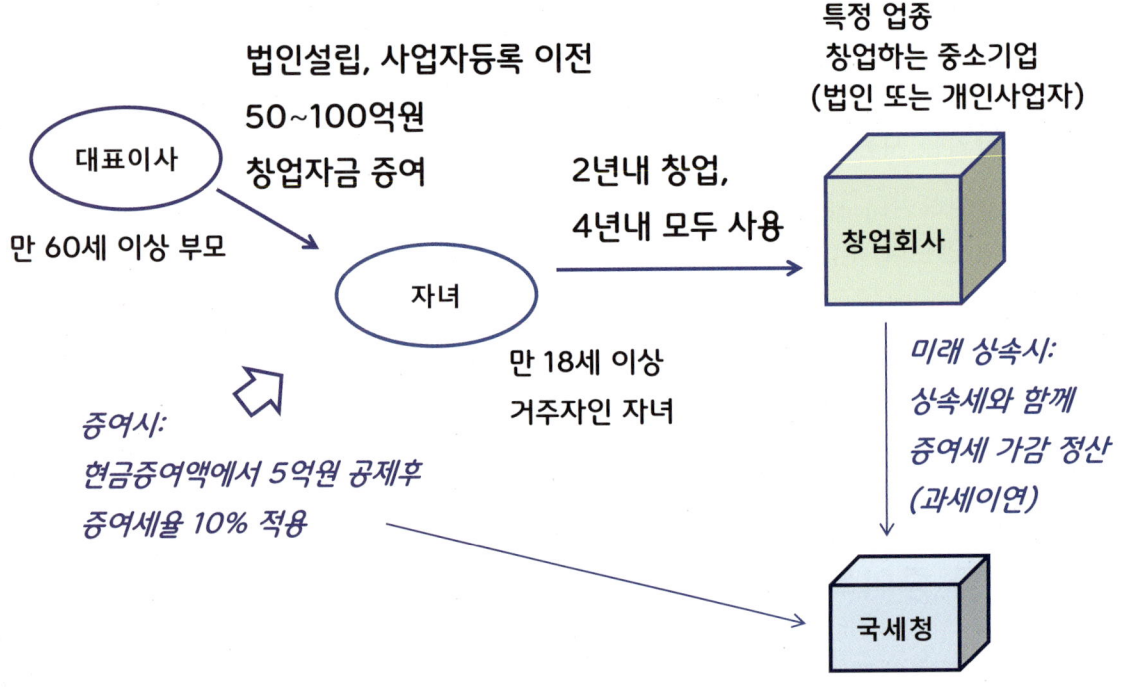

⇨ **10년 사후관리**(10년: 자금·기업, 5년: 고용)
 : 10년간 창업자금 용도외 사용금지, 휴업·폐업금지, 창업 중소기업 업종 경영,
   50억초과 창업자금 증여시 5년간 신규고용근로자수 10명이상 유지

○ 창업자금 증여세 과세가액(현금증여액)
   = Min ① 증여받은 창업자금
          ② 한도액: 50억원(10인 이상 신규고용시 100억원)

○ 창업자금의 미래 상속시 정산 :
   창업자금(고정)을 상속세 과세가액에 가산 → 일반 상속세율을 적용하여 상속세 산출세액 산출
   → 창업자금에 대한 증여세액(고정)을 공제

○ 창업자금 증여특례는 회사 대표가 자녀에게 창업자금을 증여할 때 세금을 줄여주고, 상속개시시까지 과세를 이연해주는 간접적인 재산승계방법의 하나로, 창업초기 증여세 부담을 줄여 주므로, 자녀가 사업을 하고자 할 때 유용한 제도이다. 가업승계전략으로 창업자금 증여특례와 가업상속공제나 자녀법인 성장전략 등을 동시에 활용할 수 있다.

○ 창업자금 증여시 우선 5억원을 공제하므로 자녀에게 5억원을 비과세로 현금증여하는 효과가 있다.

○ 창업자금 증여특례를 통해 대표(부모)는 창업자금으로 자녀 1명에게 50억원(창업으로 10명 이상 신규 고용하면 100억원)까지 현금을 증여할 수 있다. 대표(부모)에게 현금성 자산이 많을 경우 자녀 수대로 증여가 가능하다.

◇ 가업승계전략

→ 회사의 현황파악 및 사전준비
   → 창업자금 증여특례 적용후 가업상속공제 활용
   → 창업자금 증여특례 적용후 자녀법인 성장전략 등 활용

[예시] 일반 현금증여와 창업자금 증여특례 현금증여의 비교

○ 자녀 1명에게 일반 현금증여 50억원

(금액단위: 만원)

수증자	증여가액	증여재산공제	증여세 과세표준	증여세 (50%구간) 3%신고공제	세후 증여금액
자녀 1명	500,000	-5,000	495,000 만원	195,455 만원	304,545 만원
실질세율		39.1%	증여세	19.5 억원	

○ 자녀 1명에게 창업자금 증여특례에 의한 현금증여 50억원

수증자	증여가액	증여재산공제	증여세 과세표준	증여세 (10%적용) 신고공제없음	세후 증여금액
자녀 1명	500,000	-50,000	450,000 만원	45,000 만원	455,000 만원
실질세율		9.0%	증여세	4.5 억원	
			(-)절세액	-15.0 억원	

▫ 창업자금의 처리 → 상속재산에 가산, 증여세액을 공제, 다른 증여재산과 별도계산

o 창업자금은 상속재산에 가산하는 증여재산으로 본다. 창업자금은 증여받은 날부터 상속개시일까지의 기간과 관계없이 상속세 과세가액에 가산한다.

o 창업자금에 대한 증여세액을 상속세 산출세액에서 공제한다. 이 경우 공제할 증여세액이 상속세 산출세액보다 많은 경우 그 차액에 상당하는 증여세액은 환급하지 아니한다.

o 증여일 전 10년 이내 동일인(그 배우자를 포함)으로부터 증여받은 창업자금 외의 다른 증여재산의 가액은 창업자금에 대한 증여세 과세가액에 가산하지 아니한다.

o 창업자금에 대한 증여세 과세표준을 신고하는 경우에 신고세액공제를 적용하지 아니한다.

* 조특법 제30조의5 ⑧⑨⑩⑪

○ 향후 상속세를 계산할 때 창업자금(고정)은 상속재산에 가산하고 창업자금 증여세액(고정)은 상속세 산출세액에서 공제하여 증여세를 정산하게 된다. 실질적으로 사후관리를 제대로 하면 창업자금은 고정되어 상속재산가액에 포함되고, 창업자금에 의한 가치증가분은 제외(비과세)되며, 창업자금 이외 증여재산에 대해서는 별도로 상속재산에 가산되어 상속세로 납부하게 되는 것이다.

○ 즉, 요건을 충족한다면 창업자금 증여특례를 받고, 상속세 계산시 가업상속공제를 또 받은 후, 사후관리를 잘하면 증여세와 상속세를 대폭 절감할 수 있다. 자녀가 창업후 회사를 크게 키울 경우에도 창업자금만큼 상속재산에 가산되고 자녀가 창업자금으로 가치를 증가시킨 나머지 재산은 아무리 큰 금액이 되더라도 상속재산에서 제외되어 상속세가 비과세된다는 이점이 있다.

○ 다만, 창업자금증여특례의 사후관리 요건에는 10년내 휴업·폐업금지, 10년내 창업자금(창업으로 인한 가치증가분 포함)의 사업용도외 사용금지, 창업자금 50억원 초과 증여시 5년간 신규 고용자수 10명이상 유지 등 엄격한 제약요건이 있다.

○ 대표(부모)가 창업자금과는 별도로 부동산을 증여하면 일반 증여세가 별도로 부과된다.

---

* 조특법 제30조의5⑧

☐ 창업자금 증여특례의 적용 요건

○ '창업자금 증여세 과세특례'를 적용받기 위해서는 다음과 같은 조건이 필요하다. 이를 위반한 경우에는 상속세 또는 증여세와 이자상당액(1일 0.022%, 연 8.03%) 또는 가산세가 부과된다.

(1) 적용대상 기업(법인 or 개인사업자인 중소기업):

☐ **조특법 제6조제3항 각 호에 따른 업종을 영위하는 창업중소기업(법인 or 개인사업자)**
- 제조업, 광업, 건설업, 수도, 하수 및 폐기물 처리, 원료 재생업, 통신판매업, 물류산업, 음식점업
- 정보통신업(비디오물 감상실 운영업, 뉴스제공업, 블록체인 기반 암호화자산 매매 및 중개업 제외)
- 금융 및 보험업(정보통신을 활용하여 금융서비스를 제공하는 업종)
- 전문, 과학 및 기술 서비스업(변호사업, 변리사업, 법무사업 등 제외)
- 예술, 스포츠 및 여가관련 서비스업(오락장 운영업, 수상오락 서비스업, 사행시설 관리 및 운영업 등 제외)
- 개인 및 소비용품 수리업, 이용 및 미용업
- 관광숙박업, 국제회의업, 유원시설업, 관광객 이용시설업

...
[예: 음식점업(561)은 되고, 커피전문점업 카페(552303), 부동산임대업, 유흥주점업은 안됨]

(2) 증여자

☐ **나이 요건: 만 60세 이상의 부모**

○ 창업자금 증여특례에서 현금성자산의 증여자는 60세 이상의 부모로 하되, 증여 당시 아버지나 어머니가 작고한 경우에는 그 아버지나 어머니의 부모를 포함한다.

(3) 수증자

☐ **나이와 거주자 요건 : 만 18세 이상의 거주자인 자녀**
창업 요건 : 2년내 중소기업 창업
4년내 창업자금 모두 사업목적에 사용

* 조특법 제30조의5①②④⑤, 동법 시행령 제27조의5⑨, 제11조의2⑨2

○ 창업자금증여특례를 적용받기 위해서는 법인 또는 개인사업자도 가능하지만 창업하는 중소기업이어야 하고, 공제가능한 업종이어야 한다.

○ 창업자금증여특례가 적용되는 창업중소(벤처)기업 업종에는 업종 전체가 특례적용되는 업종[제조업, 광업, 건설업, 통신판매업, 음식점업(카페 제외) 등]과 업종내 일부만 특례적용되는 업종[물류산업, 정보통신업, 금융보험업, 전문과학및기술서비스업 등]이 있다.

○ 공제가능한 업종인지 상세하게 확인한 후, 증여세 신고기한(증여일이 속하는 달의 말일부터 3개월)내에 세무서에 증여세신고서와 창업자금특례신청서를 제출하여야 한다.

○ 2년내 중소기업 창업, 4년내 창업자금 모두 사업목적에 사용, 4년간 사용명세 제출 등의 창업요건(사후관리요건)을 준수하지 않으면 이자상당액(연 8.03%) 또는 창업자금 사용명세서 미제출가산세(0.3%)가 추징된다.

○ 창업자금 증여특례는 현금성자산의 수증자(자녀)가 다음 각 요건을 모두 갖춘 경우에만 적용한다.

　1. 수증자가 만 18세 이상의 거주자(국내에 주소를 두거나 183일 이상의 거소를 둔 개인, 즉, 국내에서 1년의 절반이상을 거주한 개인)인 자녀이어야 한다.

　2. 창업자금을 증여받은 수증자는 증여받은 날부터 2년 이내에 중소기업을 창업하여야 한다.

　3. 창업자금을 증여받은 수증자는 증여받은 날부터 4년이 되는 날까지 창업자금을 모두 해당 목적에 사용하여야 한다.

　4. 창업자금을 증여받은 수증자가 창업하는 경우에는 창업일이 속하는 연도부터 4년 이내 연도까지 창업자금 사용명세(증여받은 창업자금이 50억원초과시 고용명세 포함)를 증여세 납세지 관할 세무서장에게 제출하여야 한다.

* 성년나이는 만 19세이상이지만, 가업승계지원(창업자금증여특례,가업승계주식증여특례,가업상속공제) 적용은 만 18세이상임
* 조특법 제6조③, 제30조의5①②④⑤, 소득세법 제1조의2

(4) 창업자금과 창업

▣ **증여하는 창업자금은 현금성자산**

○ 증여하는 창업자금은 부동산 등 양도소득세 과세대상(소득세법 제94조 제1항)이 아닌 현금성자산으로, 현금예금, 소액주주 상장주식, 회사채 등의 채권을 포함한다.

▣ **창업은 '신규사업, 사업확장, 종전자산 30%이하 동종사업 승계'를 포함**

○ 다음 각각의 어느 하나에 해당하는 경우는 창업으로 본다.

1. 소득세법, 법인세법, 부가가치세법상 각각 납세지 관할 세무서장에게 사업자 등록하는 경우(신규사업)

2. 사업을 확장하는 경우로서 사업용자산을 취득하거나 확장한 사업장의 임차보증금 및 임차료를 지급하는 경우(사업확장)

3. 종전의 사업에 사용되던 자산을 인수 또는 매입하여 같은 종류의 사업을 하는 경우로서 인수 또는 매입한 자산가액의 합계액이 사업용자산의 총 가액에서 차지하는 비율이 30% 이하인 경우(종전자산 30%이하 동종사업 승계)

▣ **창업은 '합병 등에 의한 동종사업 승계, 종전자산 30%초과 동종사업 승계, 법인전환, 폐업후 재개업, 업종추가, 기존사업용 자금사용'을 제외**

○ 다음 각각의 어느 하나에 해당하는 경우는 창업으로 보지 아니한다.

1. 합병·분할·현물출자 또는 사업의 양수를 통하여 종전의 사업을 승계하여 같은 종류의 사업을 하는 경우

2. 종전의 사업에 사용되던 자산을 인수 또는 매입하여 같은 종류의 사업을 하는 경우로서 인수 또는 매입한 자산가액의 합계액이 사업용자산의 총 가액에서 차지하는 비율이 30%를 초과하는 경우

3. 거주자가 하던 사업을 법인으로 전환하여 새로운 법인을 설립하는 경우

4. 폐업 후 사업을 다시 개시하여 폐업 전의 사업과 같은 종류의 사업을 하는 경우

5. 다른 업종을 추가하는 경우 등 새로운 사업을 최초로 개시하는 것으로 보기 곤란한 경우

6. 창업자금을 증여받기 이전부터 영위한 사업의 운용자금과 대체설비자금 등으로 사용하는 경우

○ 창업자금 과세특례에서 창업자금은 양도소득세 과세대상이 아닌 현금성 자산이다.

○ 창업에는 사업을 확장하는 경우로서 사업용자산을 취득하거나 확장한 사업장의 임차보증금 및 임차료를 지급하는 경우를 포함하지만, 자녀가 기존 하던 사업과 같은 종류의 사업을 계속하거나 다른 업종을 추가하는 것만으로는 창업에 해당하지 아니한다.

○ 다만, 합병, 현물출자 등에 의한 동종사업 승계나 종전자산 30%초과 동종사업 승계가 아니고, 대표(부모)의 매출처를 승계하지 않는다면 대표(부모)가 하던 사업과 같은 사업을 자녀가 창업을 해도 창업자금 증여특례가 적용된다. 즉, 종전 사업용자산의 30%이하를 인수하여 동종사업을 승계하는 경우에도 창업자금 증여특례가 적용된다.

○ 2년내 창업, 4년내 창업자금 전액 사업목적 사용, 4년간 사용명세 제출, 10년내 창업자금(창업으로 인한 가치 증가분 포함)의 사업용도외 사용금지, 10년내 휴업·폐업금지 및 창업자금으로 타업종 경영금지, 창업자금 50억원 초과 증여시 5년간 신규 고용자수 10명이상 유지 등 사후관리 요건을 준수해야 한다.

☐ 창업자금 증여세 과세특례의 사후관리(10년)

○ 다음과 같은 사후관리요건을 준수하지 않으면 이자(연 8.03%) 또는 가산세가 추징된다.

1. 창업자금을 증여받은 수증자는 증여일로부터 2년이내에 중소기업을 창업하여야 한다.
2. 창업자금을 증여받은 수증자는 창업자금으로 조특법 제6조 제3항의 창업중소기업 업종 외의 다른 업종을 경영하여서는 안된다.
3. 창업자금을 증여받은 수증자는 증여받은 날부터 4년이 되는 날까지 창업자금을 모두 해당 목적에 사용하여야 한다.
4. 창업자금 50억원 초과시 5년간 창업으로 신규고용한 근로자수가 10명이상이어야 한다
5. 창업자금을 증여받은 수증자가 창업하는 경우에는 창업일이 속하는 연도부터 4년 이내 연도까지 창업자금 사용명세(증여받은 창업자금이 50억원초과시 고용명세 포함)를 증여세 납세지 관할 세무서장에게 제출하여야 한다.
6. 증여받은 후 10년 이내에 창업자금(창업으로 인한 가치증가분을 포함)을 해당 사업 용도 외의 용도로 사용하여서는 안된다.
7. 창업 후 10년 이내에 해당 사업을 폐업하거나 휴업(실질적 휴업을 포함)하여서는 안된다. 다만 부채가 자산을 초과하여 폐업하는 경우와 최초 창업 이후 영업상 필요 또는 사업전환을 위하여 1회에 한하여 2년이내의 기간동안 휴업하거나 폐업하는 경우는 제외한다.

* 조특법 제30조의5, 동법 시행령 제27조의5

CEO Tip 009 자녀에게 600억까지 저세율로 주식 증여하는 '가업승계주식 증여특례'?

□ 증여세의 계산구조와 증여재산과세특례

(1). 증여재산가액
　(+) 합산대상 재차증여재산가액(10년내, 상속인외 5년내)

(2). 총 증여재산가액
　(-) 증여특례가액
　　△Min 창업자금 증여세 과세가액
　　[①증여받은 창업자금, ②(50억원~100억원)] → 5억공제후 특례세율 적용

　　△Min 가업승계주식 증여세 과세가액
　　[①사업관련 증여주식가액, ②(300억원~600억원)] → 10억공제후 특례세율 적용

　(-) 비과세 증여재산가액
　(-) 과세가액 불산입
　(-) 과세가액 공제액(증여인의 증여재산 담보채무 등)

(3). 증여세 과세가액

　(-) 증여공제액(인적공제)　　　　　　　　　(증여특례와 무관)
　　△Max 인적 증여재산공제 (10년내)
　　　배우자 증여재산공제 [수증자가 배우자, 6억원 한도]
　　　직계존속 증여재산공제 [수증자가 만 19세이상 성년자녀 5천만원, 미성년자녀 2천만원]
　　　직계비속 증여재산공제 [수증자가 부모, 5천만원]
　　　기타친족 증여재산공제 [수증자가 6촌이내혈족·4촌이내인척, 1천만원]

　[증여세가 없는 경우(10년단위)]
　• 미성년자녀 2명과 배우자가 있음: 6억 4천
　• 배우자만 있음: 6억
　• 미성년자녀 2명만 있음: 4천

　(-) 감정평가수수료

(4). 증여세 과세표준
　　(별도) 창업자금 증여세 과세가액에서 5억 공제후
　　　　　창업자금 증여특례세율 10% 적용
　　(별도) 가업승계주식 증여세 과세가액에서 10억 공제후
　일반세율(10%~50%) 적용　　가업승계주식 증여특례세율 10%(과표 60억초과 20%) 적용

(5). 증여세 산출세액
　(+) 세대생략 할증과세액(30%, 미성년자로 증여재산가액이 20억원 초과 40%)

(6). 증여세 총산출세액
　△기납부세액공제
　△신고세액공제(3%)

(7). 증여세 차가감 납부세액

＊ 조특법 제30조의6, 동법 시행령 제27조의6, 상증세법 제13조, 제53조

○ 가업승계주식 증여특례도 2023년부터 그 조건을 완화하여 가업승계 지원제도로서 유용성을 높였다. 가업상속공제와 동시에 적용할 수 있으므로, 가업승계주식 증여특례와 가업상속공제를 잘 활용하면 가업승계 중소법인은 상속세를 크게 줄일 수 있다.

○ 가업승계주식 증여특례는 10년이상 계속 경영한 법인이 가업주식을 증여하는 경우에 그 주식가액에 대해 최고 600억까지 일반 증여세율보다 낮은 세율(10%, 60억초과 20%)을 적용하여 증여세 부담을 경감시켜주는 제도로, 현재 고정된 주식금액이 향후 상속시 합산된다는 장점이 있으므로 3년내 자녀를 각자대표나 공동대표에 취임시킬 수 있으면 하는 것이 좋다. 이를 위해 '사업무관자산의 처리'와 "5년 사후관리'가 중요하다.

○ 가업승계주식 증여특례를 위해 자녀에게 증여하는 주식가액 중 법인의 사업무관자산 비율에 해당하는 금액은 낮은 특례세율이 아닌 일반 증여세율(10~50%)을 적용하므로 가업승계주식 증여특례의 효과을 최대화하기 위해서는 사전에 사업무관자산을 처리하거나 수증자인 자녀에게 이전한 다음 가업승계증여특례를 받는 것이 좋다.

□ 가업승계주식 증여특례의 개요(법인인 중소기업과 중견기업에 적용)

○ 가업승계주식 증여특례(가업승계 증여세 과세특례)란 중소·중견기업 경영자의 고령화에 따라 자녀의 '계획적인 가업의 사전상속'을 지원하기 위하여 10년이상 계속 경영한 가업주식 등을 증여하는 경우 300억원에서 600억원을 한도로 '가업승계주식 증여세 과세가액'을 정하고, 여기에서 10억원을 공제한 후 10%(과세표준이 60억원을 초과하는 경우 그 초과금액에 대해서는 20%)의 세율로 증여세를 산출하여 법인의 가업승계에 따른 증여세 부담을 경감시켜주는 제도이다.

○ 가업승계주식 증여세 과세가액(주식증여액)

= Min ① 사업관련 주식증여액 = 가업승계주식 증여가액 X (1 - 사업무관자산비율)
                        = 가업승계주식 증여가액 X [1 - (사업무관자산가액 / 법인의 총자산가액)]

② 한도액 = 300억원(10년이상 가업영위)
          400억원(20년이상 가업영위)
          600억원(30년이상 가업영위)

◇ 가업승계주식과 가업상속재산의 지원한도를 줄이는 사업무관자산 : 비사업용 토지, 조합원입주권, 분양권, 업무 미사용 부동산·자동차·선박·항공기·기타자산, 서화·골동품, 임대부동산, 대여금, 과다보유현금(5년평균 현금의 1.5배 초과분), 영업활동 무관 주식, 채권, 금융상품(만기 3개월 초과) 등

* 조특법 제30조의6①,⑤,⑥, 동법 시행령 제27조의6⑨,⑩, 상증세법 시행령 제15조⑤2

[가업승계주식 증여특례] 자녀에게 주식증여(비과세 10억+저세율 290억~590억)

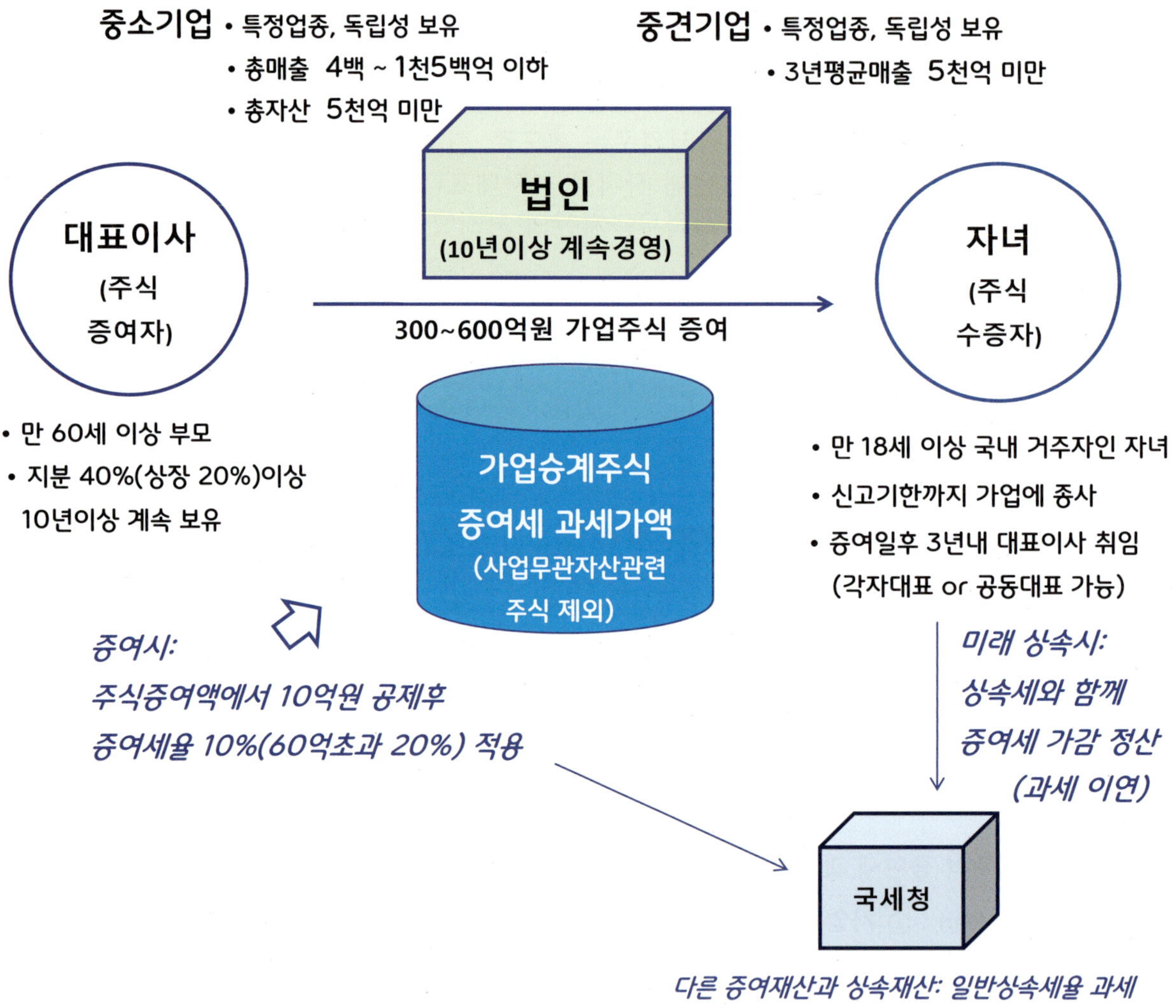

중소기업
- 특정업종, 독립성 보유
- 총매출 4백 ~ 1천5백억 이하
- 총자산 5천억 미만

중견기업
- 특정업종, 독립성 보유
- 3년평균매출 5천억 미만

법인 (10년이상 계속경영)

대표이사 (주식 증여자)
- 만 60세 이상 부모
- 지분 40%(상장 20%)이상 10년이상 계속 보유

300~600억원 가업주식 증여

자녀 (주식 수증자)
- 만 18세 이상 국내 거주자인 자녀
- 신고기한까지 가업에 종사
- 증여일후 3년내 대표이사 취임 (각자대표 or 공동대표 가능)

가업승계주식 증여세 과세가액 (사업무관자산관련 주식 제외)

증여시:
주식증여액에서 10억원 공제후
증여세율 10%(60억초과 20%) 적용

미래 상속시:
상속세와 함께 증여세 가감 정산
(과세 이연)

국세청

다른 증여재산과 상속재산: 일반상속세율 과세

 5년 사후관리(가업, 지분)
: 대표이사(자녀의 배우자도 가능) 유지, 1년이상 휴업·폐업금지, 대분류내 업종변경가능, 지분유지

○ 가업승계주식의 미래 상속시 정산 :
가업승계주식(고정)을 상속세 과세가액에 가산 → 일반 상속세율을 적용하여 상속세 산출세액 산출
→ 가업승계주식에 대한 증여세액(고정)을 공제

○ [예시]에서 보듯이 가업승계주식 증여특례에 의할 경우 증여세가 대폭 감소한다. 물론 사후관리요건을 충족하여야 증여세와 이자(1일 0.022%, 연 8.03%)가 추징되지 않는다.

○ 가업승계주식을 증여받고 사후관리요건을 충족한 후, 상속이 개시되어 상속세를 계산하는 경우에는 가업승계주식 증여가액이 10년 단위와 같은 기간구분이나 증여시기에 관계없이 상속세 과세가액에 가산되나, (고정된)증여재산과 증여세가 가감되고, 가업상속요건을 모두 갖춘 경우에는 △가업상속공제(△300~600억원)도 받을 수 있어 가업승계법인은 상속세를 크게 줄일 수 있다.

○ 따라서, 가업승계전략으로 가업승계주식 증여특례와 가업상속공제나 자녀법인 성장전략 등을 동시에 활용할 수 있다.

◇ 가업승계전략

→ 회사의 현황파악 및 사전준비
 → 가업승계주식 증여특례 적용후 가업상속공제 활용
 → 가업승계주식 증여특례 적용후 자녀법인 성장전략 등 활용

[예시] 일반 주식증여와 가업승계주식 증여특례 주식증여의 비교

○ 자녀 1명에게 일반 주식증여 300억원

(금액단위: 만원)

수증자	증여가액	증여재산공제	증여세 과세표준	증여세 (50%구간) 3%신고공제	세후 증여금액
자녀 1명	3,000,000	-5,000	2,995,000 만원	1,407,955 만원	1,592,045 만원
실질세율		46.9%	증여세	140.8 억원	

○ 자녀 1명에게 가업승계주식 증여특례에 의한 주식증여 300억원

수증자	증여가액	증여재산공제	증여세 과세표준	증여세 (20%적용) 신고공제없음	세후 증여금액
자녀 1명	3,000,000	-100,000	2,900,000 만원	520,000 만원	2,480,000 만원
실질세율		17.3%	증여세	52.0 억원	
			(-)절세액	-88.8 억원	

* 증여세 특례세율 : 과표 60억이하 10%, 60억초과 20%

☐ 가업승계주식 증여특례의 적용 요건

(1) 적용대상 기업(법인): 가업상속공제의 가업을 승계하는 중소기업 or 중견기업과 동일

▫ 자산총액 5천억 미만, 총매출액 400~1,500억 이하, 10년이상 계속 경영한 중소기업

○ 가업상속공제대상 중소기업은 상속개시일이 속하는 소득세 과세기간 또는 법인세 사업연도의 직전 소득세 과세기간 또는 법인세 사업연도 말 현재 다음 각각의 요건을 모두 갖춘 기업으로, 피상속인이 10년 이상 계속하여 경영한 중소기업을 말한다.

1. 제조업 전체, 도·소매업 전체, 건설업 전체 등 상증세법 시행령 별표에 따른 업종을 주된 사업으로 영위할 것[예: 음식점업(561)은 되고, 커피전문점업 카페(552303)는 안됨]

2. 매출액이 업종별로 중소기업기준 이내(400~1,500억원 이하)이고, 공시대상기업집단에 속하거나 그 국내 계열회사에 해당하지 아니하고 실질적인 독립성이 있을 것

3. 자산총액이 5천억원 미만일 것

▫ 3년 평균매출액 5천억 미만, 10년이상 계속 경영한 중견기업

○ 가업상속공제대상 중견기업은 상속개시일이 속하는 소득세 과세기간 또는 법인세 사업연도의 직전 소득세 과세기간 또는 법인세 사업연도 말 현재 다음 각각의 요건을 모두 갖춘 기업으로, 피상속인이 10년 이상 계속하여 경영한 중견기업을 말한다.

1. 제조업 전체, 도·소매업 전체, 건설업 전체 등 상증세법 시행령 별표에 따른 업종을 주된 사업으로 영위할 것

2. 중소기업이 아니어야 하고, 상호출자제한기업집단에 속하거나 그로부터 30%이상 출자를 받지 아니하고 소유와 경영의 실질적인 독립성이 있을 것

3. 상속개시일의 직전 3개 소득세 과세기간 또는 법인세 사업연도의 매출액의 평균금액이 5천억원 미만인 기업일 것

○ 가업의 승계 후 가업의 승계 당시 최대주주 등(가업의 승계 당시 해당 주식등의 증여자 및 해당 주식등을 증여받은 자는 제외)으로부터 가업주식 등을 증여받는 경우에는 가업승계주식 증여특례를 적용하지 아니하다.

○ 가업승계주식 증여특례의 혜택을 받기 위해서는 기업요건, 증여자 요건, 수증자 요건, 가업승계주식 증여세 과세가액 요건을 모두 충족해야 한다.

○ 가업승계주식 증여특례와 가업상속공제가 적용되는 중소(중견)기업 업종에는 업종 전체가 특례적용되는 업종[제조업, 광업, 건설업, 하수·폐기물처리 원료재생업, 음식점업(카페 제외), 도·소매업 등]과 업종내 일부만 특례적용되는 업종[정보통신업, 교육서비스업, 전문과학 및 기술서비스업 등]이 있다.

▫ 주식증여액의 처리 → 상속재산에 가산, 증여세액을 공제, 다른 증여재산과 별도계산

○ 주식증여액(=가업승계주식 등 증여가액=가업자산상당액에 대한 증여세 과세가액)은 상속재산에 가산하는 증여재산으로 본다. 주식증여액은 증여받은 날부터 상속개시일까지의 기간과 관계없이 상속세 과세가액에 가산한다.

○ 주식증여액에 대한 증여세액을 상속세 산출세액에서 공제한다. 이 경우 공제할 증여세액이 상속세 산출세액보다 많은 경우 그 차액에 상당하는 증여세액은 환급하지 아니한다.

○ 증여일 전 10년 이내 동일인(그 배우자를 포함)으로부터 증여받은 주식증여액 외의 다른 증여재산의 가액은 주식증여액에 대한 증여세 과세가액에 가산하지 아니한다.

○ 주식증여액에 대한 증여세 과세표준을 신고하는 경우에 신고세액공제를 적용하지 아니한다.

---

* 조특법 제30조의6①④, 상증세법 제18조의2①, 동법 시행령 제15조①② [별표]가업상속공제를 적용받는 중소·중견기업의 해당업종

(2) 증여자

🔲 ① 나이 요건 + ② 지분보유 요건

① 만 60세 이상의 부모
② 지분 40%(상장법인 20%) 이상을 10년 이상 계속 보유

○ 가업승계주식 증여특례는 주식 증여자(대표)가 다음 각 요건을 모두 갖춘 경우에만 적용한다.

1. 증여자는 60세 이상의 부모로 하되, 증여 당시 아버지나 어머니가 작고한 경우에는 그 아버지나 어머니의 부모를 포함한다.

2. 중소기업 또는 중견기업의 최대주주등인 경우로서, 피상속인과 그의 특수관계인의 주식등을 합하여 해당 기업의 발행주식총수등의 40%(상장법인이면 20%) 이상을 10년 이상 계속하여 보유할 것

(3) 수증자

🔲 ① 나이와 거주자 요건 + ② 재직 요건

① 만 18세 이상의 거주자인 자녀
② 신고기한까지 가업종사 개시 + 증여일 후 3년내 대표취임

○ 가업승계주식 증여특례는 주식 수증자(자녀)가 다음 각 요건을 모두 갖춘 경우에만 적용한다.

1. 수증자가 증여일 현재 18세 이상의 거주자인 자녀일 것

2. 수증자 또는 그 배우자가 증여세 과세표준 신고기한까지 가업에 종사하고 증여일부터 3년 이내에 대표이사에 취임할 것(5년에서 3년으로 강화됨, 각자대표 or 공동대표 가능)

🔲 **가업승계주식 증여특례 적용시 창업자금 증여특례, 증여세 납부유예 적용배제**

○ 가업승계주식 증여특례를 적용받는 거주자는 창업자금 증여특례와 가업승계 증여세 납부유예를 적용하지 아니한다. 단, 증여세 특례대상인 주식 등을 증여받은 후 상속이 개시되는 때에 가업상속요건을 모두 갖춘 경우에는 가업상속공제를 또 받을 수 있다.

* 조특법 제30조의6①,⑥, 제30조의7①2, 동법 시행령 제27조6①,⑨, 상증세법 시행령 제15조③

○ 가업승계주식 증여특례를 받기 위해서, 주식 증여자(대표)의 과거 10년 이상 40%(상장법인은 20%)이상 지분보유 요건 및 주식 수증자(자녀)의 국내 거주자 요건과 신고기한 내 가업종사(회사 근무) 개시, 3년내 대표이사 취임요건(각자대표 또는 공동대표도 가능, 자녀의 배우자도 대표이사 취임가능) 등을 미리 준비하여야 한다.

○ 그리고 증여특례적용 가업승계주식가액은 사업무관자산이 많을 경우 적용금액이 축소되고 사업무관자산 평가는 증여일 현재를 기준으로 하기 때문에 증여일 이전에 미리 사업무관자산을 정리하는 것이 세제효과를 높이기 위해 유리하다.

○ 이처럼 가업승계주식 증여특례는 먼저 업종과 규모가 적용가능한 지를 확인한 후, 미리 사전에 지분요건, 재직요건 등의 충족과 사업무관자산의 축소 등을 준비하여야 하고, 그 다음 주가가 낮은 시기에 주가의 감정평가를 실시하며, 가업승계주식 증여특례 적용 후에는 가업유지, 지분유지 등 5년간 사후관리요건을 준수하여야 한다.

○ 가업승계주식 증여특례[1]는 창업자금 증여특례나 가업승계 증여세 납부유예를 동시 적용할 수 없으나, 가업상속공제[2]와 가업상속 연부연납특례[3]는 동시적용할 수 있다.

☐ 가업승계주식 증여특례의 사후관리(5년)

o 가업승계주식 증여특례를 받은 수증자(주식 등을 증여받은 자)가 가업을 승계하지 아니하거나, 가업을 승계한 후 주식등을 증여받은 날부터 5년 이내에 정당한 사유 없이 가업이나 지분을 유지하지 아니하게 된 경우에는 그 주식등의 가액에 대하여 증여세와 이자(1일 0.022%, 연간 8.03%)를 부과한다.

(1) 가업 유지

▫ **5년간 주식수증자의 대표이사직 유지, 1년이상 휴·폐업 금지, 대분류내 업종변경 가능**

- 5년 내에 주식 수증자가 가업에 종사하지 아니하거나 가업을 휴업·폐업 → 일반증여세와 이자 부과

  1. 수증자(또는 수증자의 배우자)가 대표이사직을 유지하지 아니하는 경우
  2. 가업의 주된 업종을 변경하는 경우(한국표준산업분류상 대분류 내에서의 업종변경과 (지방)국세청 평가심의위원회의 심의와 승인을 거친 업종변경은 제외)

     ⇒ 즉, 대분류내에서의 업종변경은 가능함

     대분류(예): A 농업, 임업 및 어업, B 광업, C 제조업, F 건설업, G 도매 및 소매업…
     제조업의 중분류(예): 식료품, 섬유제품, 목재및나무제품, 화합물및화학제품…

  3. 가업을 1년 이상 휴업(실적이 없는 경우를 포함)하거나 폐업하는 경우

(2) 지분 유지

▫ **5년간 주식 수증자의 지분 유지**

- 5년 내에 주식 수증자의 지분이 감소 → 일반 증여세와 이자 부과

* 조특법 제30조의6③, 동법 시행령 제27조6⑤⑥, 제11조의2⑨2

○ 가업승계주식 증여특례를 받은 후에, 상속개시일부터 5년간 그 사후관리를 제대로 하지 않으면 공제받은 금액에 대해서 증여세와 이자(8.03%)가 추징된다.

○ 주식수증자(또는 그 배우자)의 대표이사직 5년유지, 1년이상 휴업·폐업 금지, 대분류 내 업종변경, 주식수증자의 지분 5년유지 등 사후관리요건을 준수하여야 한다.

○ 자녀에 대한 가업승계, 재산승계, 법인의 과잉 순자산이나 가지급금 해소, 합법적인 법인자금 출금, 부동산 투자와 절세방안, 자금리스크 대비방안 등에 대해서는 전문가 그룹(보험회사·증권회사·은행의 세무법무팀, 전문 세무사 그룹 등)의 도움을 받는 것이 좋다.

CEO Tip 010 자녀에게 600억까지 가업상속재산 공제를 해주는 '가업상속공제'?

☐ 상속세의 계산구조와 가업상속공제

(1). 상속재산가액
  (+) 간주상속재산가액(보험금, 퇴직금, 신탁재산)
  (+) 추정상속재산(용도 불분명금액)

(2). 총 상속재산가액
  (-) 비과세 상속재산가액
  (-) 과세가액 불산입
  (-) 과세가액 공제액(채무, 공과금 등)
  (-) 증여재산가액(10년내 or 상속인외 5년내)

(3). 상속세 과세가액
  (-) 상속공제액(인적공제)
    △Max 인적 상속공제
      [자녀가 있는 경우 ①일괄공제 5억원, ②(기초공제 2억원+인적공제)]
    △Min 배우자 상속공제   (배우자 상속공제의 최소는 5억원, 최대 30억원임)
      [실제 상속을 받은 경우 ①실제 상속받은 금액, ②(상속재산X법정지분-10년내 증여재산) ③30억원]
  (-) 상속공제액(물적공제)
    △Min 금융재산 상속공제
      [금융재산이 있는 경우 ①2억원, ②(순금융재산X20%)]
    △Min **가업상속공제**
      [가업상속공제 대상기업인 경우 ①가업상속재산, ②(300억원~600억원)]
    △영농 상속공제
    △동거주택 상속공제
  (-) 감정평가수수료

(4). 상속세 과세표준
  세율(10%~50%)

(5). 상속세 산출세액
  (+) 세대생략 할증과세액(30%, 미성년자로 상속재산가액이 20억원 초과 40%)

(6). 상속세 총산출세액
  △증여세액공제
  △신고세액공제(3%)

(7). 상속세 차가감 납부세액

[상속세가 없는 경우]
• 자녀와 배우자가 있음: 10억
• 배우자만 있음: 7억
• 자녀만 있음: 5억
  (금융재산이 있으면 최대 2억이 추가)

* 상증세법 제13조, 제18조, 제19조~제22조

○ 가업상속은 국가경제에 이바지 하는 바가 커지만, 지금까지 가업상속공제 제도는 그 유지(사후관리)조건의 준수가 어려워 상속세 절감효과가 큼에도 많이 활용할 수 없었다.

○ 그러나 2023년부터 가업상속공제의 공제한도가 확대되고 그 유지조건이 완화되어 가업승계 지원제도로서 유용성이 높아졌다.

□ 가업상속공제의 개요

○ 가업상속공제란 중소기업, 중견기업 등의 원활한 가업승계를 지원하기 위하여 거주자인 피상속인이 10년 이상 영위한 중소기업, 중견기업 등을 상속인에게 정상적으로 승계(가업상속)하는 경우에 가업상속재산가액에 상당하는 금액을 300억원에서 600억원의 한도내에서 상속세 과세가액에서 공제(차감)하여 가업승계에 따른 상속세 부담을 경감시켜 주는 제도를 말한다.

○ **가업상속공제**

= Min ① 가업상속재산가액

② 한도액 = **300억원**(10년이상 가업영위)
400억원(20년이상 가업영위)
600억원(30년이상 가업영위)

○ 가업상속재산가액은 다음 각각의 구분에 따라 가업상속인이 받거나 받을 상속재산의 가액으로 한다.

- 소득세법을 적용받는 기업(개인사업자)
상속재산 중 가업에 직접 사용되는 토지, 건축물, 기계장치 등 사업용 자산의 가액에서 해당 자산에 담보된 채무액을 뺀 가액

- 법인세법을 적용받는 기업(법인)
상속재산 중 가업에 해당하는 법인의 주식등의 가액
X [1 - (사업무관자산가액/법인의 총자산가액)]

* 상증세법 제18조의2①, 동법 시행령 제15조⑤

[가업상속공제] 자녀에게 비과세로 300억~600억 가업상속재산을 상속

중소기업
- 특정업종, 독립성 보유
- 총매출 4백 ~ 1천5백억 이하
- 총자산 5천억 미만

중견기업
- 특정업종, 독립성 보유
- 3년평균매출 5천억 미만
- 가업외 상속재산이 상속세의 2배이내

대표이사 (피상속인) → 상속 개시 → **법인 or 개인사업자 (10년이상 계속경영)** → **자녀 (상속인)**

- 지분 40%(상장 20%)이상 10년이상 계속 보유
- 5년~10년이상 재직요건 충족

가업상속재산 (사업무관자산 제외)

- 만 18세 이상 자녀
- 상속개시전 2년이상 가업에 종사 (피상속인 65세 이하시 제외)
- 신고기한까지 임원에 취임
- 신고기한후 2년내 대표이사 취임

상속세 신고시 △가업상속공제
= Min[①가업상속재산, ②(300억원~600억원)]

국세청

가업상속공제후 금액을 다른 상속재산과 합산하여 일반상속세율 과세

⇨ **5년 사후관리**(자산, 가업, 지분, 고용)
: 가업용자산 40%이상 처분금지, 대표이사(자녀의 배우자도 가능) 유지, 1년이상 휴업·폐업금지, 대분류내 업종변경가능, 지분유지, 5년 통산 직원수와 총급여액을 직전2년평균의 90%이상 유지

○ 가업승계주식 증여특례 적용 및 사후관리요건 충족후 상속세 계산시 가업상속공제를 받으면 상속세로 납부할 금액을 크게 줄일 수 있다.

○ 즉, 가업승계주식을 증여받은 후 상속이 개시된 경우에는 가업승계주식 증여가액을 10년 단위와 같은 기간구분이나 증여시기에 관계없이 상속세 과세가액에 가산하나, (고정된)증여재산과 증여세가 가감되고 가업상속요건을 모두 갖춘 경우에는 가업상속공제도 받을 수 있어 가업승계 법인은 상속세가 대폭 축소될 수 있다.

◇ 가업승계전략

→ 회사의 현황파악 및 사전준비
  → 창업자금 증여특례 적용후 가업상속공제 활용
  → 가업승계주식 증여특례 적용후 가업상속공제 활용

* 가업상속공제 적용불가시에는 자녀법인 성장전략, 현금·주식의 사전 증여와 금융상품 적립 등을 활용

[예시] 일반 재산상속과 가업 재산상속에 의한 상속세 비교

○ 배우자와 자녀 1명인 경우 일반 재산상속 700억(금융재산상속공제 2억, 30년이상 경영)

상속재산 가액	상속 공제	상속세 과세표준	상속세 (50%구간) 3%신고공제	세후 상속금액
7,000,000	-370,000	6,630,000 만원	3,170,930 만원	3,829,070 만원
실질세율	45.3%	상속세	317.1 억원	

*상속공제 = 일괄공제 5억원+배우자상속공제 30억원+금융재산상속공제 2억원 = 37억원

○ 배우자와 자녀 1명인 경우 가업 재산상속 700억(금융재산상속공제 2억, 30년이상 경영)

상속재산 가액	상속 공제	가업 상속공제	상속세 과세표준	상속세 (50%구간) 3%신고공제	세후 상속금액
7,000,000	-370,000	-6,000,000	630,000 만원	260,930 만원	6,739,070 만원
실질세율		3.7%	상속세	26.1 억원	
			(-)절세액	-291.0 억원	

☐ 가업상속공제의 적용 요건

(1) 적용대상 기업(법인, 개인사업자)

◘ 자산총액 5천억 미만, 총매출액 400~1,500억 이하, 10년이상 계속 경영한 중소기업

○ 가업상속공제대상 중소기업은 상속개시일이 속하는 소득세 과세기간 또는 법인세 사업연도의 직전 소득세 과세기간 또는 법인세 사업연도 말 현재 다음 각각의 요건을 모두 갖춘 기업으로, 피상속인이 10년 이상 계속하여 경영한 중소기업을 말한다.

  1. 제조업 전체, 도·소매업 전체, 건설업 전체 등 상증세법 시행령 별표에 따른 업종을 주된 사업으로 영위할 것[예: 음식점업(561)은 되고, 커피전문점업 카페(552303)는 안됨]

  2. 매출액이 업종별로 중소기업기준 이내(400~1,500억원 이하)이고, 공시대상기업집단에 속하거나 그 국내 계열회사에 해당하지 아니하고 실질적인 독립성이 있을 것

  3. 자산총액이 5천억원 미만일 것

◘ 3년 평균매출액 5천억 미만, 10년이상 계속 경영한 중견기업

○ 가업상속공제대상 중견기업은 상속개시일이 속하는 소득세 과세기간 또는 법인세 사업연도의 직전 소득세 과세기간 또는 법인세 사업연도 말 현재 다음 각각의 요건을 모두 갖춘 기업으로, 피상속인이 10년 이상 계속하여 경영한 중견기업을 말한다.

  1. 제조업 전체, 도·소매업 전체, 건설업 전체 등 상증세법 시행령 별표에 따른 업종을 주된 사업으로 영위할 것

  2. 중소기업이 아니어야 하고, 상호출자제한기업집단에 속하거나 그로부터 30%이상 출자를 받지 아니하고 소유와 경영의 실질적인 독립성이 있을 것

  3. 상속개시일의 직전 3개 소득세 과세기간 또는 법인세 사업연도의 매출액의 평균금액이 5천억원 미만인 기업일 것

○ 가업이 중견기업에 해당하는 경우로서 가업을 상속받거나 받을 상속인의 가업상속재산 외에 받거나 받을 상속재산의 가액이 해당 상속인이 상속세로 납부할 금액의 2배를 초과하면 해당 상속인이 받거나 받을 가업상속재산에 대해서는 가업상속공제를 적용하지 아니한다.

  * 상증세법 제18조의2, 동법 시행령 제15조와 별표, 조특법 시행령 제2조①1,3, 제9조④1,3, 중소기업기본법 시행령 제3조①1,2와 별표1, 중견기업성장촉진특별법 시행령 제2조②1

○ 가업상속공제는 일단 적용대상이 되는 업종에 속하는지를 상증세법 시행령 제15조의 별표로 확인하고, 총자산 5천억원 미만(중소기업) 또는 3년평균매출 5천억원 미만(중견기업)인지를 체크한다. 가업상속공제는 그 공제금액이 큰 만큼, 공제혜택을 받기 위해서는 기업요건, 피상속인 요건, 상속인 요건, 5년 사후관리 요건을 모두 충족해야 한다.

○ 가업승계주식 증여특례와 가업상속공제가 적용되는 중소(중견)기업 업종에는 업종 전체가 특례적용되는 업종[제조업, 광업, 건설업, 하수·폐기물처리 원료재생업, 음식점업(카페 제외), 도·소매업 등]과 업종내 일부만 특례적용되는 업종[정보통신업, 교육서비스업, 전문과학 및 기술서비스업 등]이 있다.

○ 또한, 가업상속공제 적용 가업상속재산가액은 사업무관자산이 많을 경우 적용금액이 축소되고 사업무관자산 평가는 상속개시일 현재를 기준으로 하기 때문에 상속개시일 이전에 미리 사업무관자산을 정리하는 것이 세제효과를 높이기 위해 유리하다.

○ 만약 회사가 가업상속공제의 적용대상 업종과 규모에 해당한다면 미리 사전에 지분요건, 재직요건 등의 충족과 사업무관자산의 축소 등을 준비하여야 하고 적용후에는 자산, 가업, 지분, 고용유지 등 5년간 사후관리요건을 준수하여야 한다. 사후관리요건을 제대로 준수하지 않으면 공제받은 금액에 대해서 일반 상속세와 이자(연 2.9%)가 추징된다.

○ 가업요건만 충족되면, 가업상속공제는 가업승계주식 증여특례와 가업상속 연부연납 특례를 동시에 적용할 수 있다.

(2) 피상속인

❑ ① 지분보유 요건 + ② 재직기간 요건

> ① 지분 40%(상장법인 20%) 이상을 10년 이상 계속 보유
> ② 전체기간의 50%이상 or 10년이상 재직후 상속인이 대표승계 or 직전10년중 5년이상 재직

o 가업상속은 피상속인(대표)이 다음 각 요건을 모두 갖춘 경우에만 적용한다.

1. 중소기업 또는 중견기업의 최대주주등인 경우로서, 피상속인과 그의 특수관계인의 주식등을 합하여 해당 기업의 발행주식총수등의 40%(상장법인이면 20%) 이상을 10년 이상 계속하여 보유할 것

2. 가업의 영위기간[상증세법 시행령 별표에 따른 업종으로, 한국표준산업분류상 동일한 대분류 내의 다른 업종으로 주된 사업을 변경하여 영위한 기간은 합산] 중 다음의 어느 하나에 해당하는 기간을 대표이사(개인사업자인 경우 대표자)로 재직할 것

   - 50% 이상의 기간
   - 10년 이상의 기간(상속인이 피상속인의 대표이사등의 직을 승계하여 승계한 날부터 상속개시일까지 계속 재직한 경우로 한정함)
   - 상속개시일부터 소급하여 10년 중 5년 이상의 기간

(3) 상속인

❑ 18세이상 자녀 + 2년이상 가업종사 + 신고기한까지 임원취임 + 2년내 대표취임

o 가업상속은 상속인(자녀)이 다음 각 요건을 모두 갖춘 경우에만 적용한다. 이 경우 상속인의 배우자가 각 요건을 모두 갖춘 경우에는 상속인이 그 요건을 갖춘 것으로 본다.

1. 상속개시일 현재 18세 이상일 것

2. 상속개시일 전에 가업의 영위기간 중 2년 이상 직접 가업에 종사하였을 것 (상속인의 병역의무의 이행, 질병의 요양, 취학상 형편 등 정당한 사유가 있는 경우와 피상속인이 65세 이전에 상속이 개시되거나 천재지변, 인재 등 부득이한 사유로 상속이 개시되는 경우는 예외)

3. 상속세과세표준 신고기한까지 임원으로 취임하고, 상속세 신고기한부터 2년 이내에 대표이사등(자녀의 배우자도 대표취임 가능)으로 취임할 것

* 상증세법 시행령 제15조③1, 2, ⑧2다, 동법 시행규칙 제6조

○ 가업상속공제를 받기 위해서, 피상속인(부모)의 과거 10년이상 40%(상장법인 20%) 이상 지분보유요건과 5년~10년이상 재직기간 요건 그리고 상속인(자녀)의 과거 2년 이상 가업 종사(회사 근무, 예외규정 있음), 신고기한내 임원취임, 2년내 대표취임 (자녀의 배우자도 대표취임 가능)요건 등을 준비하여야 한다. 미리 준비하지 않으면 공제를 못 받을 수도 있다.

○ 즉, 가업상속공제를 받기 위해서 미리 사전에 피상속인(부모)의 지분요건과 재직요건의 충족과 상속인(자녀)의 2년 근무요건, 신고기한내 임원취임과 2년내 대표취임요건의 충족 및 사업무관자산의 축소 등을 준비하여야 하고, 향후 재투자가 예상되거나 지분매각이 예상되지 않는다면 이익잉여금 등의 순자산을 줄이면서 공제한도에 근접하도록 가업상속재산규모를 변동시켜야 한다.

○ 가업승계주식 증여특례와 가업상속공제가 다른 점은 가업상속공제를 위해서 ①부모의 대표 재직요건이 추가로 있고, ②자녀가 상속개시일 2년전부터 가업에 종사(회사에 근무) 해야 한다는 점과, ③자녀가 신고기한내에 직원이 아닌 임원으로 취임해야 하고, ④자녀의 대표취임(자녀의 배우자도 가능)시기가 상속개시일로부터 2년이내로 1년이 더 빠르다는 점, 5년 사후관리요건 중 ⑤자산유지조건과 ⑥고용유지조건이 추가된다는 점 등으로, 가업승계주식 증여특례 조건보다 가업상속공제 조건이 더 엄격하다는 것을 알 수 있다.

다만, 가업상속공제는 피상속인(부모)의 60세 이상 나이조건과 상속인(자녀)의 거주자 조건은 없다.

☐ 가업상속공제의 사후관리(5년)

o 가업상속공제를 받은 상속인이 상속개시일부터 5년 이내에 정하는 정당한 사유 없이 자산, 가업, 지분, 고용 등을 유지하지 아니하게 되면 공제받은 금액을 상속개시 당시의 상속세 과세가액에 산입하여 상속세와 이자(2023.03.20이후 1.2%→2.9%)를 부과한다.

(1) 자산 유지

▫ **5년간 가업용 자산의 40% 이상 처분 제한**

- 해당 가업용 자산의 40% 이상을 처분한 경우 → 일반 상속세와 이자 부과

(2) 가업 유지

▫ **5년간 상속인의 대표이사직 유지, 1년이상 휴·폐업 금지, 대분류내 업종변경 가능**

- 해당 상속인이 가업에 종사하지 아니하게 된 경우 → 일반 상속세와 이자 부과

  1. 상속인(상속인의 배우자가 상속인의 요건을 갖춘 경우에는 상속인의 배우자)이 대표이사 등으로 종사하지 아니하는 경우
  2. 가업의 주된 업종을 변경하는 경우(한국표준산업분류상 대분류 내에서의 업종변경과 (지방)국세청 평가심의위원회의 심의와 승인을 거친 업종변경은 제외)
     ⇒ 즉, 대분류내에서의 업종변경은 가능함

     대분류(예): A 농업, 임업 및 어업, B 광업, C 제조업, F 건설업, G 도매 및 소매업...
     제조업의 중분류(예): 식료품, 섬유제품, 목재및나무제품, 화합물및화학제품...

  3. 해당 가업을 1년 이상 휴업(실적이 없는 경우를 포함)하거나 폐업하는 경우

(3) 지분 유지

▫ **5년간 주식 등을 상속받은 상속인의 지분 유지**

- 주식 등을 상속받은 상속인의 지분이 감소한 경우 → 일반 상속세와 이자 부과
  (상속인이 상속세 물납으로 지분이 감소한 경우는 제외하되, 이 경우에도 상속인은 최대주주나 최대출자자에 해당하여야 한다)

○ 가업상속공제의 5년 사후관리요건으로 5년간 자산 40%유지, 대표이사직 5년재직(자녀의 배우자도 가능), 1년이상 휴업·폐업금지, 대분류내 업종변경가능, 상속인의 지분 5년 유지, 5년평균 정규직원수와 총급여 90%유지 등을 준수하여야 한다.

○ 한편, 가업요건을 충족하면 △가업승계주식 증여특례(법인만 적용)와 △가업상속공제를 받은 다음, 가업상속 연부연납 특례제도를 통해 상속세를 거치기간 포함 최장 20년간 나눠서 납부할 수 있다. 다만, 가업상속 연부연납은 담보를 제공하고, 연기된 기간에 대한 가산금(연 2.9%)를 부담하여야 한다.

(4) 고용 유지

□ **5년 통산 정규직 근로자수와 총급여액이 90% 이상 유지**

- 상속개시일부터 5년간 정규직근로자 수의 전체 평균이 상속개시일이 속하는 연도의 직전 2개 연도의 정규직근로자 수의 평균의 90%에 미달하고,(And)
상속개시일부터 5년간 총급여액의 전체 평균이 상속개시일이 속하는 연도의 직전 2개 연도의 총급여액의 평균의 90%에 미달하는 경우 → 상속세 부과

* 상증세법 제18조의2⑤, 동법 시행령 제15조 제11항, 제16항 3, 국기법 시행령 제43조의3②, 동법 시행규칙 제19조의3(연 2.9%)

□ 가업상속의 연부연납 특례

○ 가업상속재산에 대한 상속세는 거치기간 포함 최장 20년으로 일반상속재산의 연부연납 기간보다 더 장기적으로 운영하여 가업승계를 지원하고 있다.

세 목		연부연납기간
상속세	**가업상속재산**	**20년간 분할납부(10년 거치 가능)**
	일반상속재산	10년간 분할납부(거치기간 없음)
증여세		5년간 분할납부(거치기간 없음)

○ 상속세 또는 증여세 납부세액이 2천만원을 초과하는 경우에 납세의무자가 담보를 제공하고 하고 가산금(연기된 납부기간별 연 2.9%)을 부담하고 신청을 하여 연부연납을 할 수 있다.

* 상증세법 제71조, 제72조, 동법 시행령 제67조, 제68조, 제69조, 국기법 시행규칙 제19조의3(연 2.9%), 국세청-국세신고안내-가업승계지원제도

CEO Tip 011 담보제공하고 이자만 납부하는 '가업승계 증여세·상속세 납부유예'?

☐ 가업승계주식 증여세 납부유예(법인인 중소기업에 적용)

- 가업승계주식 증여세 납부유예(가업승계 증여세 납부유예)란 창업자금 증여세 과세특례나 가업승계 증여세 과세특례를 받지 아니한 거주자(자녀)가 중소기업의 가업의 승계를 목적으로 해당 가업의 주식등을 증여받고, 양도, 상속, 증여 등 일정 시점까지 증여세의 납부유예를 신청하는 경우에 일정금액의 납부유예를 허가하는 제도이다.

- 납부유예기간동안에 재직유지, 지분유지, 고용유지(5년 평균직원수와 평균총급여가 증여직전 2년간 평균의 70%이상 유지) 등의 사후관리요건을 준수하여야 한다.

- 가업승계주식 증여세 납부유예를 받기 위해서는 담보를 제공하고 납부유예기간에 대한 이자상당액(연 2.9%)을 부담해야 한다.

- 즉, 가업승계주식 증여세 납부유예란 창업자금 증여세 과세특례나 가업승계주식 증여세 과세특례를 받지 않고 증여세를 확정하며, 담보를 제공하고 이자를 부담하면서 그 납부기간만 연기하는 것으로, 담보제공과 이자부담능력이 있다면 최대한 한 세대동안 증여세 납부를 연기할 수 있는 제도이다.
  (창업자금 과세특례, 가업승계주식 과세특례, 증여세 납부유예의 중복 적용이 안됨)

☐ 가업승계주식 증여세 납부유예의 사후관리(납부유예기간)

- 가업승계목적으로 가업주식 등을 증여받은 수증자인 거주자가 정당한 사유없이 다음 각각의 어느 하나에 해당하는 경우 납부유예 허가를 취소하거나 변경하고, 증여세액과 이자상당액을 징수한다.

    1. 주식등을 증여받은 거주자가 가업에 종사하지 아니하게 된 경우

    2. 주식등을 증여받은 거주자의 지분이 감소한 경우

    3. 증여일부터 5년간 정규직 근로자수의 전체 평균이 증여일이 속하는 사업연도의 직전 2개 사업연도의 정규직근로자 수의 평균의 70%에 미달하고,(And)
       증여일부터 5년간 총급여액의 전체 평균이 증여일이 속하는 사업연도의 직전 2개 사업연도의 총급여액 평균의 70%에 미달하는 경우

    4. 해당 거주자의 유고로 상속이 개시되는 경우

    * 조특법 제30조의7①②③, 동법 시행령 제27조의7 ⑭, 국기법 시행령 제43조의3②, 동법 시행규칙 제19조의3(연 2.9%)

○ 가업승계주식 증여세 납부유예와 가업상속 상속세 납부유예는 2023년에 신설되었다.

○ 가업승계주식 증여세 납부유예는 사업무관자산이 많아 가업승계주식 증여특례 적용금액이 작은 경우, 대표(부모)가 10년이상 계속 경영하지 않거나 10년이상 40%이상 지분을 보유하지 않은 경우와 총자산이 5천억원이상인 중소법인 또는 기타 업종제한이나 규모제한 등에 해당되어 가업승계주식 증여특례를 적용할 수 없는 경우에 적용할 수 있다.

○ 즉, 가업승계주식 증여세 납부유예는 가업승계주식 증여특례를 적용할 수 없는 가업주식 수증자가 증여세 납부부담을 단기간동안 지연할 목적으로 활용하거나, 납부유예시 증여세가 고정되므로 담보를 제공하고 이자부담액(연 2.9%)이 증가하더라도 향후 증여세가 크게 증가할 것으로 예상되는 중소법인 등이 활용할 수 있다.

○ 가업승계주식 증여세 납부유예는 창업자금 증여세 과세특례와 가업승계주식 증여세 과세특례와 중복적용이 안되는데, 가업승계주식 증여세 납부유예는 사업무관자산이 많아 증여되는 사업관련 가업주식 등의 가액(가업승계주식 증여특례 적용금액)이 적은 경우에 적용할 수 있고, 금액의 제한없이 사전 확정된 증여세에 대한 납부 자체를 현재가 아닌 한세대 뒤로, 미래로 미룰 수 있다는 장점이 있다.

또한, 과세된 증여재산에 대해서는 증여세가 증가하지 않는다는 점과 사후관리 요건에 가업종사, 지분유지조건이 있으나, 고용유지가 90%가 아닌 70%로 완화된다는 점이 좋은 점이다.

○ 반면, 가업승계주식 증여세 납부유예는 개인사업자와 중견기업에는 적용할 수 없고, 중소법인에만 적용할 수 있으며, 향후 증여세 계산시 5억원 또는 10억원 특례공제를 못 받고 10%(20%)의 저세율이 아닌 일반세율(10%~50%)이 적용된다는 점과 납부유예 신청시 담보를 제공한다는 점, 또한 납부유예기간 동안의 이자상당액(연 2.9%)을 부담해야 한다는 단점이 있다.

이자가 연 2.9%라고 하더라도 기간이 장기일 경우 이자가 거의 증여세 부담액 이상의 거액으로 커질 수도 있다(20년일 경우 총 58%).

◇ 가업승계관련 과세특례와 증여세 납부유예의 비교(택1)

구분	창업자금증여특례(현금)	가업승계주식증여특례(주식)	증여세 납부유예(주식)
적용대상기업	**법인, 개인사업자**	**법인**	**법인**
	중소기업 (창업하는 중소기업)	**중소기업** 10년이상경영 (자산 5천억미만) **중견기업** 10년이상경영 (매출 5천억미만)	**중소기업** (가업승계목적 주식 수증) (증여특례 미적용) 사업무관자산이 많거나 증여특례 요건에 해당되지 않는 기업, 향후에 증여세가 크게 증가할 기업 등에 적용
	* 업종 및 규모 제한	* 업종 및 규모 제한	
증여자	만 60세이상 부모	만 60세이상 부모 40%이상 10년이상 지분보유	-
수증자	만 18세이상 거주자인 자녀 현금성 자산을 증여받고 창업 2년내 창업 4년내 창업자금 모두 사업에 사용	만 18세이상 거주자인 자녀 가업주식등을 증여받고 가업승계 신고기한까지 가업에 종사 3년내 대표이사에 취임	증여특례를 받지 않고 가업주식등을 증여받은 거주자
일정금액 공제	(-)5억원	(-)10억원	-
세율	10%	10% or (과표 60억초과) 20%	-
증여특례적용한도 (저율과세적용)	50억(10인이상고용시 100억)	300억, 400억, 600억 (가업영위기간별 10, 20, 30년~) (사업관련 가업주식등 가액)	-
납부유예대상	-	-	증여받은 주식등 관련 증여세
사후관리기간	10년 (고용유지는 5년)	5년	납부유예기간동안(한 세대) (고용유지는 5년)
자산 유지	10년간 용도외 창업자금사용금지	-	-
가업 유지	창업 중소기업 업종을 경영 10년간 휴업·폐업 금지	5년간 대표이사직 유지 5년간 대분류내 업종변경가능 5년간 1년이상 휴업·폐업금지	가업에 종사
지분 유지	-	5년간 지분유지	지분유지
고용 유지	창업자금 50억원 초과시 5년간 신규고용근로자수가 10명이상	-	5년 평균직원수, 평균총급여가 증여전 2년평균의 70%이상유지
담보 제공	-	-	담보를 제공함(○)
기간이자 부담	사후관리 위반시 이자(연 8.03%)부담	사후관리 위반시 이자(연 8.03%)부담	기간이자(연 2.9%)를 부담함(○)

☐ 가업상속 상속세 납부유예(법인 또는 개인사업자인 중소기업에 적용)

o 가업상속 상속세 납부유예란 가업상속공제를 받지 아니한 상속인(자녀)이 중소기업의 가업을 상속받고, 양도, 상속, 증여 등 일정시점까지 상속세의 납부유예를 신청하는 경우에 일정금액의 납부유예를 허가하는 제도이다.

o 납부유예기간동안에 자산유지(개인사업자 40% 자산유지), 재직유지, 지분유지, 고용유지(5년평균 직원수와 평균급여가 70%이상 유지) 등의 사후관리요건을 준수하여야 한다.

o 가업상속 상속세 납부유예를 받기 위해서는 담보를 제공하고 납부유예기간에 대한 이자상당액을 부담해야 한다.

o 즉, 가업상속 상속세 납부유예란 가업상속공제를 받지 않고 상속세를 확정하며, 담보를 제공하고 이자(연 2.9%)를 부담하면서 그 납부기간만 연기하는 것으로, 담보제공과 이자부담능력이 있다면 최대한 한 세대동안 상속세 납부를 연기할 수 있는 제도이다. (가업상속공제와 상속세 납부유예는 중복 적용이 안됨)

☐ 가업상속 상속세 납부유예의 사후관리(납부유예기간)

o 중소기업의 가업을 상속받은 상속인이 정당한 사유 없이 다음 각각의 어느 하나에 해당하는 경우 납부유예 허가를 취소하거나 변경하고, 상속세액과 이자상당액을 징수한다.

  1. 개인사업자의 가업을 상속받은 경우로서 가업용 자산의 40% 이상을 처분한 경우

  2. 가업을 상속받은 상속인이 가업에 종사하지 아니하게 된 경우

  3. 주식등을 상속받은 상속인의 지분이 감소한 경우

  4. 상속개시일부터 5년간 정규직 근로자수의 전체 평균이 상속개시일이 속하는 연도의 직전 2개 연도의 정규직근로자 수의 평균의 70%에 미달하고,(And)
     상속개시일부터 5년간 총급여액의 전체 평균이 상속개시일이 속하는 연도의 직전 2개 연도의 총급여액 평균의 70%에 미달하는 경우

  5. 해당 상속인의 유고로 상속이 개시되는 경우

   * 상증세법 제72조의2①②③, 동법 시행령 제69조의3⑦, 국기법 시행령 제43조의3②, 동법 시행규칙 제19조의3(연 2.9%)

○ 가업상속 상속세 납부유예는 사업무관자산이 많아 가업상속공제 적용금액이 작은 경우, 대표(부모)가 10년이상 계속 경영하지 않거나 10년이상 40%이상 지분을 보유하지 않은 경우와 총자산이 5천억원이상인 중소기업 또는 기타 업종제한이나 규모제한 등에 해당되어 가업상속공제를 적용할 수 없는 경우에 적용할 수 있다.

○ 즉, 가업상속 상속세 납부유예는 가업상속공제를 적용할 수 없는 가업상속재산 상속인이 상속세 납부부담을 단기간동안 지연할 목적으로 활용하거나, 납부유예시 상속세가 고정되므로 담보를 제공하고 이자부담액(연 2.9%)이 증가하더라도 향후 상속세가 크게 증가할 것으로 예상되는 중소기업(개인, 법인) 등이 활용할 수 있다.

○ 가업상속 상속세 납부유예는 가업상속공제와 중복적용이 안되는데, 가업상속 상속세 납부유예는, 사업무관자산이 많아 가업상속공제금액이 적은 경우에 적용할 수 있고, 금액의 제한없이 사전 확정된 상속세에 대한 납부 자체를 현재가 아닌 한세대 뒤로, 미래로 미룰 수 있다는 장점이 있다.

또한, 과세된 상속재산에 대해서는 상속세가 증가하지 않는다는 점과, 사후관리요건에 자산유지(개인사업자), 가업종사, 지분유지조건이 있으나, 고용유지가 90%가 아닌 70%로 완화된다는 점이 좋은 점이다.

○ 반면, 가업상속 상속세 납부유예는 중견기업에는 적용할 수 없고, 상속세 계산시 가업상속공제와 같은 300~600억원내의 공제를 못받는다는 점과 납부유예 신청시 담보를 제공해야 하고 납부유예기간 동안의 이자상당액(연 2.9%)을 부담해야 한다는 단점이 있다.

이자가 연 2.9%라고 하더라도 기간이 장기일 경우 이자가 거의 상속세 부담액 이상의 거액으로 커질 수도 있다(20년일 경우 총 58%).

◇ 가업상속공제와 상속세 납부유예의 비교(택1)

구분	가업상속공제	상속세 납부유예
적용대상기업	**법인, 개인사업자** **중소기업** 10년이상경영 (자산 5천억미만) **중견기업** 10년이상경영 (매출 5천억미만) * 업종 및 규모 제한	**법인, 개인사업자** **중소기업** (가업을 상속받음) (가업상속공제 미적용) 사업무관자산이 많거나 가업상속공제 요건에 해당되지 않는 기업, 향후에 상속세가 크게 증가할 기업 등에 적용
피상속인(부모)	10년이상 40%이상 지분보유 재직기간요건 충족	
상속인(자녀)	만 18세이상인 자녀 상속전 2년이상 가업에 종사 신고기한까지 임원에 취임 2년내 대표이사등에 취임	가업상속공제를 받지 않고 중소기업의 가업을 상속받은 상속인
상속공제적용한도	300억, 400억, 600억 (가업영위기간별 10, 20, 30년~) (사업관련 가업상속재산가액)	
세율	일반 상속세율(10%~50%)	일반 상속세율(10%~50%)
납부유예대상	-	가업관련 상속세(고정)
사후관리기간	5년	납부유예기간동안(한 세대) (고용유지는 5년)
자산 유지	5년간 가업용자산 40%이상처분금지	가업용자산 40%이상처분금지(개인)
가업 유지	5년간 대표이사직 유지 5년간 대분류내 업종변경가능 5년간 1년이상 휴업·폐업 금지	가업에 종사 - -
지분 유지	5년간 지분유지	지분유지
고용 유지	5년 평균직원수, 평균총급여가 상속전 2년평균의 90%이상유지	5년 평균직원수, 평균총급여가 상속전 2년평균의 70%이상유지
담보 제공	-	담보를 제공함(○)
기간이자 부담	사후관리 위반시 이자(연 2.9%)부담	기간이자(연 2.9%)를 부담함(○)

* 가업상속공제에서 피상속인의 대표이사등(대표이사 또는 대표자) 재직기간요건이란
  (① 가업영위기간의 50%이상 재직, ② 상속개시전 10년중 5년이상 재직, ③ 10년이상 재직후 상속인이 승계) 중 하나에 해당하는 경우를 말함

CEO Tip 012 가업승계지원 없이, 자녀에 대한 200억 재산승계의 시나리오?

☐ 사전증여와 금융상품 적립을 통한 200억원 재산승계

(1) 현재 200억원 재산을 분산증여하는 경우 증여세

[예시1]

[가정] 가족구성   대표(부)   50세   증여일   현재
                       모   45세
                       첫째 자녀   21세
                       둘째 자녀   19세

증여재산   200억원
증여공제   첫째 성년자녀 증여재산공제 5천만원(법적상속지분 1만큼 증여)
              둘째 성년자녀 증여재산공제 5천만원(법적상속지분 1만큼 증여)
              배우자 증여재산공제 6억원(법적상속지분 1.5만큼 증여)

[풀이] 수증자: 첫째 자녀

증여재산가액	증여재산공제	증여세 과세표준	증여세(50%구간)	증여세(신고공제3%후)
571,429 만원	-5,000 만원	566,429 만원	237,214 만원	230,098 만원

수증자: 둘째 자녀

증여재산가액	증여재산공제	증여세 과세표준	증여세(50%구간)	증여세(신고공제3%후)
571,429 만원	-5,000 만원	566,429 만원	237,214 만원	230,098 만원

수증자: 배우자

증여재산가액	증여재산공제	증여세 과세표준	증여세(50%구간)	증여세(신고공제3%후)
857,143 만원	-60,000 만원	797,143 만원	352,571 만원	341,994 만원

증여세 합계   802,190 만원

예상 증여세: 80억원

○ 근로소득세율, 사업소득세율이 높지만 상속세와 증여세가 없는 스웨덴, 노르웨이와 150억원(1,200만달러, 2025년부터 600만달러)까지 상속세와 증여세가 없는 미국처럼 세금이 없다면 재산승계는 현금예금 계좌이체, 주식 계좌이체나 명의변경, 부동산 명의변경 등으로 모든 절차는 끝난다. 그런데 우리나라의 상속세와 증여세율은 일본과 함께 세계 최고수준이다. 이것이 국내 고액자산가들이 투자이민, 절세이민을 가는 이유이다.

○ 따라서 국내에서의 재산승계에는 증여세와 상속세라는 세금이 있기 때문에 이러한 ① 2가지 세금을 줄이고, ② 2가지 세금을 납부하는 자(수증자, 피상속인)가 세금납부 자금을 준비하는 것이 재산승계의 주요 절차가 된다.

○ 예시에서 현재 200억원을 증여할 때 증여세가 80억원이고, 40년뒤 200억원을 상속할 때 상속세가 75억원이 산출된다. 물론 40년 뒤 상속개시 당시 75억원의 현금이 있으면 200억원 재산 승계에 문제가 없으나, 일시에 유출되는 세금이 커서 쉽지 않다.

○ [예시2]처럼, 10년마다 수증자별로 증여재산공제를 받고, 40년뒤 상속시 적용되는 세율인 40%~50%보다 낮은 저세율로 여러 사람에게 미리 사전증여하고 금융상품에 투자하면, 40년간 재산이 증가해도 상속세를 줄이면서 상속세 납부자금을 준비할 수 있다.

---

(2) 40년뒤 상속재산이 200억원인 경우 상속세

[예시2]   가업승계지원제도를 적용하지 않고 사전증여와 금융상품 적립을 활용

[가정] 가족구성

대표(부)	50세	대표(부) 연봉	7억 5천만원
모	45세	퇴직금 배수	2배수
첫째 자녀	21세		
둘째 자녀	19세	예적금 금리 2% 가정	

상속재산 200억원   상속개시 40년 뒤
상속공제 일괄공제 5억원, 배우자공제 30억원, 금융재산공제 2억원
         상속공제 합계 37억원

[풀이]

상속재산가액	10년내 증여재산가액	상속세 과세가액	상속공제액
2,000,000 만원	0 만원	2,000,000 만원	-370,000 만원
상속세 과세표준	상속세(50%구간)	증여세액공제	상속세(신고공제3%후)
1,630,000 만원	769,000 만원	0 만원	745,930 만원

* 10년내 증여재산가액과 증여세액공제는 없다고 가정함

예상 상속세: 75억원

☐ 상속세 75억원기준 사전증여

대표 개인자금 사전증여 (증여플랜) (1년차~40년차)	구분		1년간	10년간	40년간
	대표 개인자금	첫째자녀 증여액	10,500 만원	10억 5천만원	42억원
		둘째자녀 증여액	10,500	10억 5천만원	42억원
		배우자 증여액	10,500	10억 5천만원	42억원
		합계	31,500 만원	31억 5천만원	126억원

매월 증여액: 2,625만원(첫째 875만원, 둘째 875만원, 배우자 875만원)

☐ 상속세 75억원 확보를 위한 예적금·보험 가입(자녀, 배우자, 법인)

금융상품가입1 (상속세 플랜1) (1년차~20년차)	구분		1년간	10년간	20년간(01~20년)
	대표 개인자금 증여액	첫째 정기적금 등	6,000 만원	6억원	12억원
		둘째 정기적금 등	6,000	6억원	12억원
		배우자 정기적금 등	6,000	6억원	12억원
	법인자금	경영인정기보험	24,000	24억원	48억원
		합계	42,000 만원	42억원	84억원

* 정기적금 등은 이자율 2%를 가정하며, 정기예적금, 우량주, ETF, 우량 후순위채권와 신종자본증권 등을 포함.

매월 정기적금 등 납입: 1,500만원(증여받은 금액으로 각자 매월 500만원씩)

매월 경영인정기보험 납입(20년납): 2천만원(법인비용으로 처리, 절세효과+1회납이후 60억 보장)

20년뒤 상속세 납부자금 준비완료 총 84억+이자(3명 정기적금 36억+ 해지환급금 48억+이자)

20년뒤 경영인정기보험 해지후, 해지환급금 48억으로 정기예금 적립

금융상품가입2 (상속세 플랜2) (21년차~40년차) 추가 적립	구분		1년간	10년간	20년간(21~40년)
	대표 개인자금 증여액	첫째 정기적금 등	6,000 만원	6억원	12억원
		둘째 정기적금 등	6,000	6억원	12억원
		배우자 정기적금 등	6,000	6억원	12억원
		합계	18,000	18억원	36억원

40년뒤 적립액 총 120억+이자(3명 정기적금 72억+ 해지환급금 정기예금 48억+이자)

40년뒤 상속세 납부(75억원)

○ 재산승계를 원활히 하려면 상속개시 당시 상속세 75억원이라는 목돈이 있어야 한다. 그러나 현금부자가 아닌 이상 목돈을 급히 마련하기 어렵다. 부동산을 매각하여 세금을 마련하려면 급매로 저가에 팔아야 하고, 세금을 내기 위해 대출을 받는 것도 쉽지 않다.

○ 경영인 정기보험은 미리 일정 비용으로 처음부터 상속세 납부자금인 75억원(예시에서는 60억원)만큼 보장을 받으면서, 매년 법인세의 환급효과(법인세 환급효과 감안시 약 10년뒤 100%환급)와 해지환급금의 활용효과(보통 약 20년뒤에 최고 환급금에 도달)가 있으므로 상속세 납부자금으로 적합하다.

○ 수증자인 배우자와 자녀들의 금융상품 가입으로 정기적금이 아닌 종신보험(자부자 또는 모부모)에 가입할 경우에는 비과세로 상속세 납부자금을 추가로 마련할 수도 있다.

○ 자부자 종신보험이란 계약자(납입자)-피보험자-수익자가 자녀-부친-자녀인 종신보험을 말하고, 모부모 종신보험이란 계약자(납입자)-피보험자-수익자가 모친-부친-모친인 종신보험을 말한다. 자부자와 모부모는 돈을 낸 사람과 돈을 받는 사람이 동일하므로 돈을 낸 사람(상속인)의 고유재산이고, 피상속인의 (간주)상속재산이나 증여재산이 아니다. 개인의 자부자 종신보험료는 일종의 가사경비로 비용인정이 안되지만, 보험금은 △비과세된다.

○ 반면, 경영인 정기보험의 보험료는 전액 △비용처리하고 만기환급금(자산)이 없으므로 보험금은 자산의 회수가 아닌 전액 잡이익으로서 (+)익금산입된다.

○ 자부자 종신보험과 모부모 종신보험은 △비과세상품이면서 한정승인이나 상속포기인 경우에도 수령이 가능하고, 압류할 수 없으며, 유류분 청구대상이 아니라는 장점이 있다.

○ 하지만, 보험은 장기상품이므로 단기 해지시 환급금이 소액이므로 장기간 유지(일부 종신보험은 20년 유지시 환급금 100%, 1회납이후 보험금 보장)해야 혜택을 볼 수 있다.

○ [예시2와 관련] 상속세 플랜1과 상속세 플랜2

> ⇒ 대표의 개인재산이 사전증여를 통해 배우자와 자녀 2명에게 이전되는 효과
> ⇒ 자녀 2명에게 세전기준 각각 매월 875만원씩, 배우자에게 매월 875만원씩 재산이전 (22.9% 저율의 증여세 납부와 재산이전으로 상속세 감소효과)
> ⇒ 경영인정기보험 보험료 1회납 직후부터 20년간 매일 60억원이상 보장되는 효과
> ⇒ 20년뒤 정기적금 36억원과 경영인정기보험 해지환급금 48억원 등으로 상속세 준비완료
> ⇒ 40년뒤 정기적금과 정기예금 등으로 75억원 상속세 납부

* 상증세법 제8조, 제34조, 법규법인2013-397(2013.10.24), 서면법규과-1539(2012.12.27), 대법원 2003다29463판결(2004.7.9)

* 본 도서의 경영인 정기보험 관련 자료는 정보제공 목적이며, 보험사별 상품의 종류(일반형, 체증형 등), 피보험자의 연령, 건강상태, 납입기간, 보장내용 등 상황에 따라 월보험료와 보장금액, 회계처리와 세무처리 등에 차이가 발생할 수 있으므로, 상품가입여부는 보험회사 전문가들과 상의를 한 후, 본인 책임하에 결정하길 바랍니다.

☐ 첫째 자녀의 현금흐름(상속세 75억 중 일부재원 및 개인자금 마련)

(금액단위: 만원)

자녀 나이	대표 개인자금			증여금액의 배분					장점 사전증여
	증여금액	증여세	실수령액	현금	정기적금1	정기예금	정기적금2	합계	
21세	10,500	2,400	8,100	2,100	6,000			8,100	가족자금력 증대
22세	10,500	2,400	8,100	2,100	6,000			8,100	& 22.9% 저세율 활용
23세	10,500	2,400	8,100	2,100	6,000			8,100	
24세	10,500	2,400	8,100	2,100	6,000			8,100	
25세	10,500	2,400	8,100	2,100	6,000			8,100	
26세	10,500	2,400	8,100	2,100	6,000			8,100	
27세	10,500	2,400	8,100	2,100	6,000			8,100	
28세	10,500	2,400	8,100	2,100	6,000			8,100	
29세	10,500	2,400	8,100	2,100	6,000			8,100	
30세	10,500	2,400	8,100	2,100	6,000			8,100	
10년계	105,000	24,000	81,000	21,000	60,000			81,000	
...	...								
40세	10,500	2,400	8,100	2,100	6,000			8,100	
10년계	105,000	24,000	81,000	21,000	60,000			81,000	
41세	10,500	2,400	8,100	2,100		122,400	6,000	130,500	
42세	10,500	2,400	8,100	2,100		124,848	6,000	132,948	
43세	10,500	2,400	8,100	2,100		127,345	6,000	135,445	
44세	10,500	2,400	8,100	2,100		129,892	6,000	137,992	
45세	10,500	2,400	8,100	2,100		132,490	6,000	140,590	
46세	10,500	2,400	8,100	2,100		135,139	6,000	143,239	
47세	10,500	2,400	8,100	2,100		137,842	6,000	145,942	
48세	10,500	2,400	8,100	2,100		140,599	6,000	148,699	
49세	10,500	2,400	8,100	2,100		143,411	6,000	151,511	
50세	10,500	2,400	8,100	2,100		146,279	6,000	154,379	
10년계	105,000	24,000	81,000	21,000		146,279	60,000	227,279	
...	...								
60세	10,500	2,400	8,100	2,100		178,314	6,000		
10년계	105,000	24,000	81,000	21,000		178,314	60,000	259,314	
40년계	420,000	96,000	324,000	84,000		178,314	120,000	382,314	

* 매년 증여세는 계산의 단순화를 위해 10년치 합산계산액의 10%로 함.
* 실질 증여세율 : 10년기준 2억4천만원(증여세)/10억5천만원(대표의 개인자금 증여금액) = 22.9%

☐ 둘째 자녀의 현금흐름(상속세 75억 중 일부재원 및 개인자금 마련)

(금액단위: 만원)

자녀 나이	대표 개인자금			증여금액의 배분					장점 보험금
	증여금액	증여세	실수령액	현금	정기적금1	정기예금	정기적금2	합계	
19세	10,500	2,400	8,100	2,100	6,000			8,100	가족자금력 증대
...	...								& 22.9% 저세율 활용
58세	10,500	2,400	8,100	2,100		178,314	6,000		
10년계	105,000	24,000	81,000	21,000		178,314	60,000	259,314	
40년계	420,000	96,000	324,000	84,000		178,314	120,000	382,314	

○ 가업승계지원제도를 미리 준비하면서 사전증여와 예적금·보험 적립을 통해 자녀의 자금력을 키워주고 자금위험에 대비하여야, 가업승계지원제도가 적용하기 어려워지는 비상상황의 경우에도 승계작업을 원활하게 진행할 수 있다.

[재산승계와 40년뒤 상속재산 200억에 대한 상속세 75억 납부 시나리오]

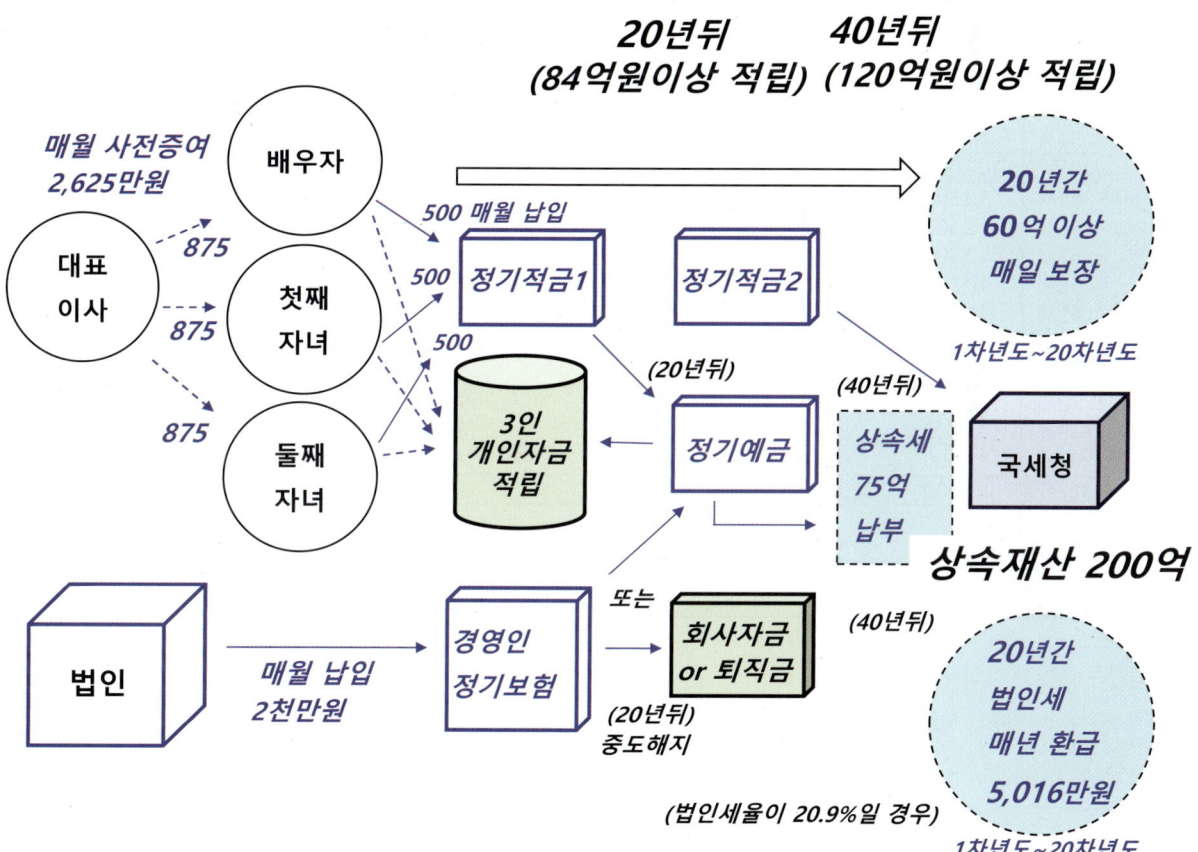

20년 뒤 상속세 준비완료
40년 뒤 상속세 75억 납부

□ 배우자의 현금흐름(상속세 75억 중 일부재원 및 개인자금 마련)

(금액단위: 만원)

배우자 나이	대표 개인자금			증여금액의 배분					장점 사전증여
	증여금액	증여세	실수령액	현금	금융상품1	정기예금	금융상품2	합계	
45세	10,500	800	9,700	3,700	6,000			9,700	가족자금력 증대
46세	10,500	800	9,700	3,700	6,000			9,700	& 6억 비과세 활용
47세	10,500	800	9,700	3,700	6,000			9,700	
48세	10,500	800	9,700	3,700	6,000			9,700	
49세	10,500	800	9,700	3,700	6,000			9,700	
50세	10,500	800	9,700	3,700	6,000			9,700	
51세	10,500	800	9,700	3,700	6,000			9,700	
52세	10,500	800	9,700	3,700	6,000			9,700	
53세	10,500	800	9,700	3,700	6,000			9,700	
54세	10,500	800	9,700	3,700	6,000			9,700	
10년계	105,000	8,000	97,000	37,000	60,000			97,000	
...	...								
64세	10,500	800	9,700	3,700	6,000			9,700	
10년계	105,000	8,000	97,000	37,000	60,000			97,000	
65세	10,500	800	9,700	3,700		122,400	6,000	132,100	
66세	10,500	800	9,700	3,700		124,848	6,000	134,548	
67세	10,500	800	9,700	3,700		127,345	6,000	137,045	
68세	10,500	800	9,700	3,700		129,892	6,000	139,592	
69세	10,500	800	9,700	3,700		132,490	6,000	142,190	
70세	10,500	800	9,700	3,700		135,139	6,000	144,839	
71세	10,500	800	9,700	3,700		137,842	6,000	147,542	
72세	10,500	800	9,700	3,700		140,599	6,000	150,299	
73세	10,500	800	9,700	3,700		143,411	6,000	153,111	
74세	10,500	800	9,700	3,700		146,279	6,000	155,979	
10년계	105,000	8,000	97,000	37,000		146,279	60,000	243,279	
...	...								
84세	10,500	800	9,700	3,700		178,314	6,000		
10년계	105,000	8,000	97,000	37,000		178,314	60,000	275,314	
40년계	420,000	32,000	388,000	148,000		178,314	120,000	446,314	

40년간 가족의 매월 자금적립과 운용

○ 상속재산이 200억이고 상속세가 75억으로 많은 금액이지만, 가업승계지원제도를 활용하지 않는다고 가정할 경우, 법인 대표가 패밀리에 대해 사전 분산증여하고 정기예적금과 경영인 정기보험을 적립하면 상속이 40년뒤에 있더라도 20년뒤에 이미 상속세 재원 75억원을 모두 준비할 수 있게 된다.

□ **법인의 현금흐름(상속세 75억 재원 및 법인자금 마련+법인세 환급)**

(금액단위: 만원)

대표 나이	법인자금 정기보험1	정기예금	합계	장점 절세효과	보험금
50세	24,000		24,000	5,016	보장 60억이상
51세	24,000		24,000	5,016	& 매년 법인세 환급
52세	24,000		24,000	5,016	
53세	24,000		24,000	5,016	
54세	24,000		24,000	5,016	
55세	24,000		24,000	5,016	
56세	24,000		24,000	5,016	
57세	24,000		24,000	5,016	
58세	24,000		24,000	5,016	
59세	24,000		24,000	5,016	
10년계	240,000		240,000	50,160	
...					
69세	24,000		24,000	5,016	
10년계	240,000		240,000	50,160	상속세 75억 납부자금 준비완료(보험금, 적금 감안)
70세		389,314	389,314		20년뒤 해지환급금 48억원, 익금산입(20.9%세율), 2%금리가정
71세		397,100	397,100		
72세		405,042	405,042		
73세		413,143	413,143		
74세		421,406	421,406		
75세		429,834	429,834		
76세		438,430	438,430		
77세		447,199	447,199		
78세		456,143	456,143		
79세		465,266	465,266		
10년계		465,266	465,266	0	
...					
89세		567,156	567,156		
10년계		567,156	567,156	0	
40년계		567,156	567,156	100,320	

20년간 법인세 총 환급액: 10억원
20년간 매일 총 보장액: 60억원 이상

제3부　CEO의 가디언스

CEO's Guardians

제3부 CEO의 가디언스
CEO's Guardians

Ⅲ. '절세'의 세계

◇ *절세의 5원칙*

13. 중대재해처벌법 시행후, 사고위험에 대한 대비책은?
14. 1석3조로 대표이사 퇴직금을 준비하는 방법은?

◇ *퇴직소득금액과 퇴직소득세의 계산*

15. 법인의 가지급금이 무슨 문제?
16. 법인의 가지급금을 제거하는 방법은?

◇ *주식발행초과금의 감액배당*
◇ *주주균등 액면감자소각*
◇ *자기주식의 양도목적 또는 일시보유목적 양도*
◇ *배우자로부터 증여받은 자기주식의 이익소각*
◇ *개인소유 특허권의 감정평가후 양도*

17. 주발초가 많으면 비과세 현금배당(감액배당)을 받자.

◇ *비상장주식의 평가*

18. 대표이사의 연봉과 배당을 얼마로 할 것인가?
19. 장수하려면 좋은 공기, 물과 함께 열을 가까이 하자.

Ⅲ. '절세'의 세계

□ 절세의 5원칙(순자산 축소, 저세율 전환, 분산, 초기증여, 현재적립)

(1) 비상장법인 순자산의 축소 → 합법적인 개인자금화
　　　　　　　　　　　　　 → 상속세 대상자산 축소

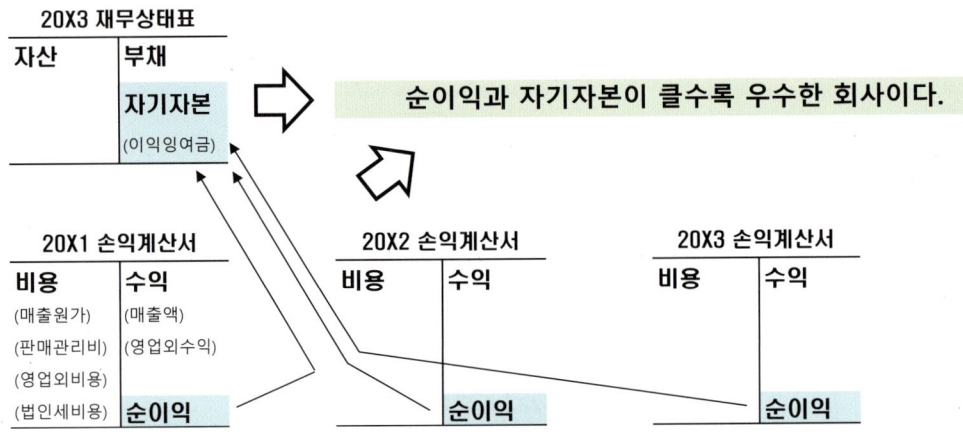

(But) 순이익과 자기자본이 클수록 미래 세금이 많다.
⇒ 비용처리와 자금수취로 과도한 자기자본(순자산)을 줄인다.
⇒ 적자가 연속될 때 비상장주식의 일부를 자녀에게 사전증여한다.

순자산 축소  　　적자 연속시 주식 증여

(2) 고세율→저세율 전환　　　　　　　　　　　　　　(지방소득세 제외)

개인소득 종합과세(6~45%)　 　법인세, 분리과세(원천징수),
상속세·증여세(10~50%)　　　　　(9~24%) (이자·배당 14%, 기타소득 20% 등)
중과세　　　　　　　　　　　　　퇴직소득세, 과세특례·공제 활용
　　　　　　　　　　　　　　　　(0%~30% 등)

(3) **증여세 10년단위 합산과세 및 △공제액 재계산 → 10년단위로 증여 법인을 설립 → 과세대상을 '1인과세'에서 '여러명 과세와 법인과세'로**

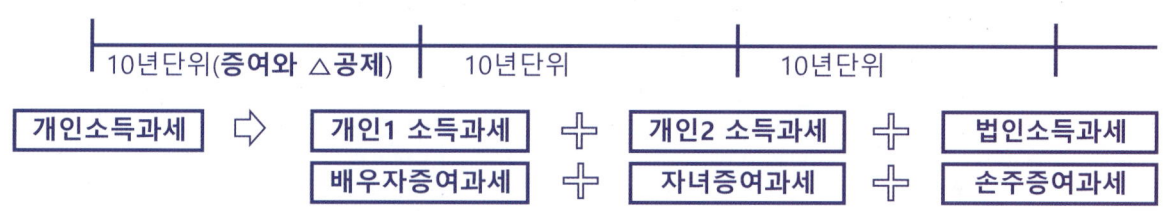

- 배우자증여공제 △6억원, 성년자녀공제 △5천만원 등을 10년마다 사용할 수 있다.
- 10년단위로 증여소득이 분산된다. 소득은 분산되어야 세금이 작다.
- 손주증여(세대생략증여)는 증여세가 30%(증여가액이 20억원 초과시 40%) 증액 되지만 2번 증여세 낼 것을 1번으로 줄여주고, 5년단위 합산과세되며, 금액이 Fix되고, 수증자별 과세원칙에 따라 증여세가 분산되어 자녀에게 상당한 자산을 물려준 경우에 유효하다.

(4) **주식, 부동산과 같은 가치증가자산을 초기에 증여한다.**
    → 초기에 증여금액이 작아 증여세가 작다(+가치증가분 비과세)

초기 증여(합산금액과 세금 Fix)
가치 상승전 ────────────→ 우량한 국내외 주식, 부동산(가치증가자산)

- 자녀가 받은 주식과 부동산은 초기세금만 부담하면 점차 큰 금액으로 부의 이전이 된다.

(5) **미래세금(미래자금위험) 사전준비**

현재 매출·이윤 추구 + 재원적립
(현재 고소득, 미래 저소득)
현재 개인 적립 → △연말정산시 소득공제
현재 법인 비용처리 → △법인세 절감

  미래 저세율 연금상품 준비
                        (3~5%)
거액세금대비 보험상품 준비
                        (40~50%)

* 상증세법 제13조①

□ 절세의 방법

(지방소득세 제외)

현실 속의 고세율

소득세 과세표준(종합, 퇴직, 양도)	세율	누진공제액
1,400만원 이하	6%	0원
1,400만원 초과 ~ 5,000만원 이하	15%	**126만원**
5,000만원 초과 ~ 8,800만원 이하	24%	**576만원**
8,800만원 초과 ~ 1억5천만원 이하	35%	**1,544만원**
1억5천만원 초과 ~ 3억원 이하	38%	**1,994만원**
3억원 초과 ~ 5억원 이하	40%	**2,594만원**
5억원 초과 ~ 10억원 이하	42%	**3,594만원**
10억원 초과	45%	**6,594만원**

소득세 종합과세 :

소득이 3억원 초과하면

세율이 40% 이상

상속세·증여세 과세표준	세율	누진공제액
1억원 이하	10%	0원
1억원 초과 ~ 5억원 이하	20%	1천만원
5억원 초과 ~ 10억원 이하	30%	6천만원
10억원 초과 ~ 30억원 이하	40%	1억 6천만원
30억원 초과	50%	4억 6천만원

상속세·증여세 :

소득이 10억원 초과하면

세율이 40% 이상

소득세 6%~45%
상속세 및 증여세 10%~50%

의제 배당
취득세와 양도세의 중과세
단기보유후 양도시 고세율

증여 의제
대주주의 상장주식 장내거래 양도세 과세
최대주주의 비상장주식 1.2배 할증평가
기한 등 법규 미준수시 가산세

합법적인 절세란?

저율 과세로 전환

법인세 9%~24%

이자소득세, 배당소득세(2천만원이하)
원천징수 14%

기타소득세 원천징수 20%(3백만원이하)
(연금소득의 연금외수령 15%)
(3억원초과 복권당첨소득 30%)

주식양도세: 3억기준 20%, 25%

퇴직소득세: 0%~30%내외
연금소득세: 3%~5%

창업자금 증여특례: 10%
가업승계주식 증여특례: 10% or 20%

**+ 순자산 축소, 분산,
초기 증여, 현재 적립**

비용(경비) 공제, 세금공제, 감면, 비과세, 특례, 이월과세 등의 활용

의제배당소득세: (감자대가 등 - **취득가액**) X 세율
양도소득세: (양도가액 - **취득가액**) X 세율
기타소득세: **필요경비공제**(특허권 60%, 서화 90% or 80%)

장기보유특별공제[15년 30%, 1세대1주택(고가) 10년 80%]
배우자증여공제 6억원, 배우자상속공제 30억원 활용

**통합투자세액공제, 통합고용세액공제,
연금계좌세액공제, 창업중소기업 세액감면** 등 활용

창업자금증여특례(50~100억원) 활용
가업승계주식 증여특례(300~600억원) 활용
가업상속공제(300~600억원 가업상속재산) 활용

공동명의(1주택 고가주택 양도세, 1주택 종부세) 활용

감정평가후 3억 저가양도 활용

상속·증여세보다 **소득세(+건보료)** 부담후 조기이전

주식발행초과금의 배당(감액배당) 비과세
수입배당금의 익금불산입(30%, 80%, 100%)

특수관계자간 증여 부동산 양도차익 10년 이월과세
(10년뒤 팔면 증여가액=취득가액 → 양도차익 축소)
중소기업간 통합시 양도세 이월과세

이월결손금공제(15년) 일반기업 80%, 중소기업100%

CEO Tip 013 중대재해처벌법 시행후, 사고위험에 대한 대비책은?

☐ 중대재해처벌법의 정의와 적용

중대재해처벌법은 사업 또는 사업장, 공중이용시설 및 공중교통수단을 운영하거나 인체에 해로운 원료나 제조물을 취급하면서 안전·보건 조치의무를 위반하여 인명피해를 발생하게 한 사업주, 경영책임자, 공무원 및 법인의 처벌 등을 규정함으로써 중대재해를 예방하고 시민과 종사자의 생명과 신체를 보호함을 목적으로 한다.

중대재해란 중대산업재해와 중대시민재해를 말한다.

중대산업재해란 산업재해 중 다음 중 어느 하나에 해당하는 결과를 야기한 재해를 말한다.
① 사망자가 1명 이상 발생
② 동일한 사고로 6개월 이상 치료가 필요한 부상자가 2명 이상 발생
③ 동일한 유해요인으로 급성중독 등 직업성 질병자가 1년 이내에 3명 이상 발생

중대산업재해관련 규정의 적용범위는 상시 근로자가 5명 이상인 사업 또는 사업장의 사업주(개인사업주에 한정) 또는 경영책임자등에게 적용한다

이 법은 2022년 1월 27일부터부터 시행한다. 다만, 이 법 시행 당시 개인사업자 또는 상시 근로자가 5명 이상 50명 미만인 사업 또는 사업장(건설업의 경우에는 공사금액 50억원 미만의 공사)에 대해서는 2024년 1월 27일부터 시행한다.

[중대재해처벌법 적용범위와 적용시기]

상시 근로자 50명 이상 사업 또는 사업장 : 2022년부터 적용
  (건설업의 경우에는 공사금액 50억원 이상의 공사)

상시 근로자 5명 이상 50명 미만 사업 또는 사업장 : 2024년부터 적용
  (건설업의 경우에는 공사금액 50억원 미만의 공사)

상시 근로자 5명 미만 사업 또는 사업장 : 미적용(중처법 제3조)

○ 사업주와 경영책임자등은 종사자의 안전·보건상 유해 또는 위험을 방지하기 위하여 재해예방에 필요한 안전보건관리체계를 구축·이행하고, 안전·보건 관계 법령에 따른 의무이행에 필요한 관리상의 조치 등을 하여야 한다.

○ 사업주와 경영책임자등의 안전 및 보건 확보의무와 제3자에 대한 도급, 용역, 위탁 등 관계에서의 안전 및 보건 확보의무를 위반하여 중대산업재해에 이르게 한 경우에는 징역 또는 벌금과 징벌적 손해배상금의 처벌을 받는다.

○ 그룹이 아닌 단일업체로서 실질적인 경영책임자인 사업주가 별도로 있는 경우에는 전문경영인인 대표이사가 있더라도 사업주가 책임을 질 가능성이 높으므로 주의해야 한다.

□ 사업주와 경영책임자등의 의무

○ 사업주와 경영책임자등의 안전 및 보건 확보의무

사업주 또는 경영책임자등은 사업주나 법인 또는 기관이 실질적으로 지배·운영·관리하는 사업 또는 사업장에서 종사자의 안전·보건상 유해 또는 위험을 방지하기 위하여 그 사업 또는 사업장의 특성 및 규모 등을 고려하여 다음 각각에 따른 조치를 하여야 한다.

1. 재해예방에 필요한 인력 및 예산 등 안전보건관리체계의 구축 및 그 이행에 관한 조치
2. 재해 발생 시 재발방지 대책의 수립 및 그 이행에 관한 조치
3. 중앙행정기관·지방자치단체가 관계 법령에 따라 개선, 시정 등을 명한 사항의 이행에 관한 조치
4. 안전·보건 관계 법령에 따른 의무이행에 필요한 관리상의 조치

○ 제3자에 대한 도급, 용역, 위탁 등 관계에서의 안전 및 보건 확보의무

사업주 또는 경영책임자등은 사업주나 법인 또는 기관이 제3자에게 도급, 용역, 위탁 등을 행한 경우에는 제3자의 종사자에게 중대산업재해가 발생하지 아니하도록 위와 같은 조치를 하여야 한다.

다만, 사업주나 법인 또는 기관이 그 시설, 장비, 장소 등에 대하여 실질적으로 지배·운영·관리하는 책임이 있는 경우에 한정한다.

*중대재해처벌법 제1조~제8조, 부칙 제1조, 동법 시행령 제6조

□ 안전보건관리체계의 구축 및 이행 조치

사업주 또는 경영책임자등은 종사자의 안전·보건상 유해 또는 위험을 방지하기 위하여 다음과 같은 재해예방에 필요한 인력 및 예산 등 안전보건관리체계의 구축 및 그 이행에 관한 조치를 하여야 한다.

1. 사업 또는 사업장의 안전·보건에 관한 목표와 경영방침을 설정할 것

2. 안전관리자 등의 인력이 총 3명 이상이고 ① 상시근로자 수가 500명 이상인 사업 또는 사업장 or ② 시공능력순위 200위 이내인 건설사업자(토목건축공사업)의 사업 또는 사업장인 경우에는 안전·보건에 관한 업무를 총괄·관리하는 전담 조직을 둘 것

3. 사업 또는 사업장의 특성에 따른 유해·위험요인을 확인하여 개선하는 업무절차를 마련하고, 해당 업무절차에 따라 유해·위험요인의 확인 및 개선이 이루어지는지를 반기 1회 이상 점검한 후 필요한 조치를 할 것

4. 재해 예방을 위해 필요한 안전·보건에 관한 인력, 시설 및 장비의 구비, 유해·위험요인의 개선 등을 이행하는 데 필요한 예산을 편성하고 그 편성된 용도에 맞게 집행할 것

5. 안전보건관리책임자등이 각각의 업무를 각 사업장에서 충실히 수행할 수 있도록 안전보건관리책임자등에게 해당 업무 수행에 필요한 권한과 예산을 주고, 해당 업무에 대한 업무수행 평가기준을 마련하고, 그 기준에 따라 반기 1회 이상 평가·관리할 것

6. 산업안전관리법에 따라 정해진 수 이상의 안전관리자 등을 배치할 것

7. 사업 또는 사업장의 안전·보건에 관한 사항에 대해 종사자의 의견을 듣는 절차를 마련하고, 그 절차에 따라 의견을 들어 재해 예방에 필요하다고 인정하는 경우에는 개선 방안을 마련하여 이행하는지를 반기 1회 이상 점검한 후 필요한 조치를 할 것

8. 사업 또는 사업장에 중대산업재해가 발생하거나 발생할 급박한 위험이 있을 경우를 대비하여 ① 작업 중지, 근로자 대피, 위험요인 제거 등 대응조치, ② 중대산업재해를 입은 사람에 대한 구호조치, ③ 추가 피해방지를 위한 조치에 관한 매뉴얼을 마련하고, 해당 매뉴얼에 따라 조치하는지를 반기 1회 이상 점검할 것

*중대재해처벌법 제4조①1, 동법 시행령 제4조

○ 2022년부터 50명 이상 사업장과 50억원 이상 건설공사업체는 중처법이 적용되고 있고, 2024년부터는 5명 이상 사업장과 모든 건설공사업체에 대해 중처법이 적용된다.

○ 기본적으로 3명 이상의 안전관리자 필요하고, 500명 이상 사업장과 시공능력순위 200위 이상 토목건축공사업체는 안전보건관리 전담조직(안전보건업무 전담인력 2명 이상)을 추가로 갖추어야 하므로 산업안전보건법만 적용될 때보다 책임부담이 증가한다.

○ 또한, 중처법 적용대상 회사들은 안전보건관리 관련 예산 편성이 요구되므로 회사의 자금부담도 증가한다.

---

9. 제3자에게 업무의 도급, 용역, 위탁 등을 하는 경우에는 종사자의 안전·보건을 확보하기 위해 ① 도급, 용역, 위탁 등을 받는 자의 산업재해 예방을 위한 조치 능력과 기술에 관한 평가기준·절차, ② 도급, 용역, 위탁 등을 받는 자의 안전·보건을 위한 관리비용에 관한 기준, ③ 건설업 및 조선업의 경우 도급, 용역, 위탁 등을 받는 자의 안전·보건을 위한 공사기간 또는 건조기간에 관한 기준과 절차를 마련하고, 그 기준과 절차에 따라 도급, 용역, 위탁 등이 이루어지는지를 반기 1회 이상 점검할 것

☐ 안전·보건 관계 법령에 따른 의무이행에 필요한 관리상의 조치

사업주 또는 경영책임자등은 종사자의 안전·보건상 유해 또는 위험을 방지하기 위하여 다음과 같은 안전·보건 관계 법령에 따른 의무이행에 필요한 관리상의 조치를 하여야 한다. 안전·보건 관계 법령이란 해당 사업 또는 사업장에 적용되는 것으로서 종사자의 안전·보건을 확보하는 데 관련되는 법령을 말한다.

1. 안전·보건 관계 법령에 따른 의무를 이행했는지를 반기 1회 이상 점검하거나 or 점검 결과를 보고받을 것

2. 안전·보건 관계 법령에 따른 의무가 이행되지 않은 사실이 확인되는 경우에는 인력을 배치하거나 예산을 추가로 편성·집행하도록 하는 등 해당 의무 이행에 필요한 조치를 할 것

3. 의무적으로 실시해야 하는 유해·위험한 작업에 관한 안전·보건에 관한 교육이 실시되었는지를 반기 1회 이상 점검하거나 or 점검 결과를 보고받을 것

4. 점검 또는 보고 결과 실시되지 않은 교육에 대해서는 지체 없이 그 이행의 지시, 예산의 확보 등 교육 실시에 필요한 조치를 할 것

*중대재해처벌법 제4조①4, 동법 시행령 제5조

○ 대표는 안전보건관련 시스템을 구축해야 한다. 즉, 안전보건관련 조직구성과 운영, 매뉴얼 작성, 이행점검, 안전보건관리책임자 등의 업무수행 평가, 직원 안전보건교육 등에 대한 담당 직원들의 보고를 받고 조치를 취하며, 관련 미팅에 참석하여야 한다.

○ 또한 이러한 점검, 평가, 교육, 예산과 인력 배치 등의 실행사실, 보고내용, 보고일정 등을 확인하고, 모두 문서화하여 향후 문제발생에 대비하며, 안전보건관련 예산을 신속히 편성·집행(항목을 세분화하여 편성, 예산집행을 확인)하여야 한다.

○ 위험성 평가(연 2회)결과 발생 횟수나 발생가능성이 낮더라도 중요한 위험에 대해서는 반드시 개선조치를 취하여야 하고, 잦은 재해 발생, 같은 재해 반복시에는 무거운 처벌을 받을 수 있으므로 사고 발생시에는 사고가 반복되지 않도록 예방조치를 하여야 한다.

[사업주 또는 경영자 ⇒ 안전 및 보건 확보의무]

1. 인력과 예산 투입 → 안전보건관리 시스템 구축 및 이행

　　500명 이상 업체(시공능력순위 200위이상 공사업체) → 안전보건 전담조직(2명 이상)
　　　　　　　　　　　　　　　　　　　　　　　　　　　　　　　＋ 안전관리자 3명 이상

　　500명 미만 업체　　　　　　　　　　　　　　　　　　　→ 안전관리자 3명 이상

- 위험성평가(위험요인 개선 및 위험대응 포함) 매뉴얼, 위험성평가 점검표 등 작성, 반기 1회 이상 점검(문서화, 이하 내용도 문서화)
- 안전보건관리책임자를 배치, 권한과 예산을 부여, 반기 1회 이상 평가
- 안전관리자를 (업종, 상시근로자수, 공사금액별) 산업안전보건법상 인원수 이상 배치
- 종사자 의견청취, 개선방안 마련, 반기 1회 이상 점검

2. 재해발생 → 재발방지대책

3. 시정명령 → 이행

4. 법령상 의무 → 이행

- 법령상 의무이행, 반기 1회 이상 점검, 결과 보고를 청취(문서화, 이하 내용도 문서화)
- 안전보건교육 실시, 반기 1회 이상 점검

* 법무법인 세종TV 중대재해 대응 설명회 자료 참조

☐ 대표이사의 안전보건교육 이수의무(과태료)

○ 안전보건교육 이수의무

중대산업재해가 발생한 법인 또는 기관의 경영책임자등은 총 20시간의 범위에서 한국산업안전보건공단 등으로부터 통보받은 안전보건교육을 이수하여야 한다.

○ 안전보건교육을 정당한 사유 없이 이행하지 아니한 경우에는 5천만원 이하의 과태료를 부과한다.

* 중대재해처벌법 제8조

☐ 안전·보건확보의무 위반시 처벌규정(징역형, 벌금, 징벌적 손해배상금)

○ 사업주와 경영책임자등의 안전 및 보건 확보의무와 제3자에 대한 도급, 용역, 위탁 등 관계에서의 안전 및 보건 확보의무를 위반하여 ① 사망자 1명 이상 발생의 중대산업재해에 이르게 한 사업주 또는 경영책임자등은 1년 이상의 징역 또는 10억원 이하의 벌금에 처한다. 이 경우 징역과 벌금을 병과할 수 있다.

○ 사업주와 경영책임자등의 안전 및 보건 확보의무와 제3자에 대한 도급, 용역, 위탁 등 관계에서의 안전 및 보건 확보의무를 위반하여 ② 6개월이상 치료 부상자 2명이상 발생 또는 ③ 급성중독 등 직업성 질병자가 1년 이내 3명 이상 발생의 중대산업재해에 이르게 한 사업주 또는 경영책임자등은 7년 이하의 징역 또는 1억원 이하의 벌금에 처한다.

○ 법인 또는 기관의 경영책임자등이 그 법인 또는 기관의 업무에 관하여 위와 같은 위반행위를 하면 그 행위자를 벌하는 외에 그 법인 또는 기관에 ① 사망자 1명 이상 발생의 중대산업재해의 경우 50억원 이하의 벌금형을 과하고, ② 6개월 이상 치료 부상자 2명 이상 발생 또는 ③ 급성중독 등 직업성 질병자가 1년 이내 3명 이상 발생의 중대산업재해의 경우 10억원 이하의 벌금형을 과한다.

다만, 법인 또는 기관이 그 위반행위를 방지하기 위하여 해당 업무에 관하여 상당한 주의와 감독을 게을리하지 아니한 경우에는 그러하지 아니하다.

○ 사업주 또는 경영책임자등이 고의 또는 중대한 과실로 중처법에서 정한 의무를 위반하여 중대재해를 발생하게 한 경우 해당 사업주, 법인 또는 기관이 중대재해로 손해를 입은 사람에 대하여 그 손해액의 5배를 넘지 아니하는 범위에서 배상책임을 진다.

다만, 법인 또는 기관이 해당 업무에 관하여 상당한 주의와 감독을 게을리하지 아니한 경우에는 그러하지 아니하다.

* 중대재해처벌법 제6조, 제7조, 제15조

○ 중대산업재해가 발생한 법인 또는 기관의 경영책임자 등은 총 20시간의 범위에서 한국산업안전보건공단 등으로부터 통보받은 안전보건교육을 이수하여야 한다.

○ 중대재해 예방과 안전·보건을 위해 인력·시설·장비를 구비하고 관련 예산을 편성·집행하며, 선제적 예방조치를 하고 대응매뉴얼을 마련하는 등 안전·보건 확보업무에 주의와 감독을 지속적으로 충실하게 하여야 처벌규정을 면할 수 있다.

○ 특히, 중견기업 이상의 규모가 큰 회사는 외부전문가로부터 안전보건교육과 산업안전보건진단을 정기적으로 받는 것 이외에, 외부전문가와 내부직원으로 구성된 안전관리위원회를 구성해서 외부전문가의 도움을 받아 재해사고 발생이전에 안전관리기능을 강화하는 것이 좋다.

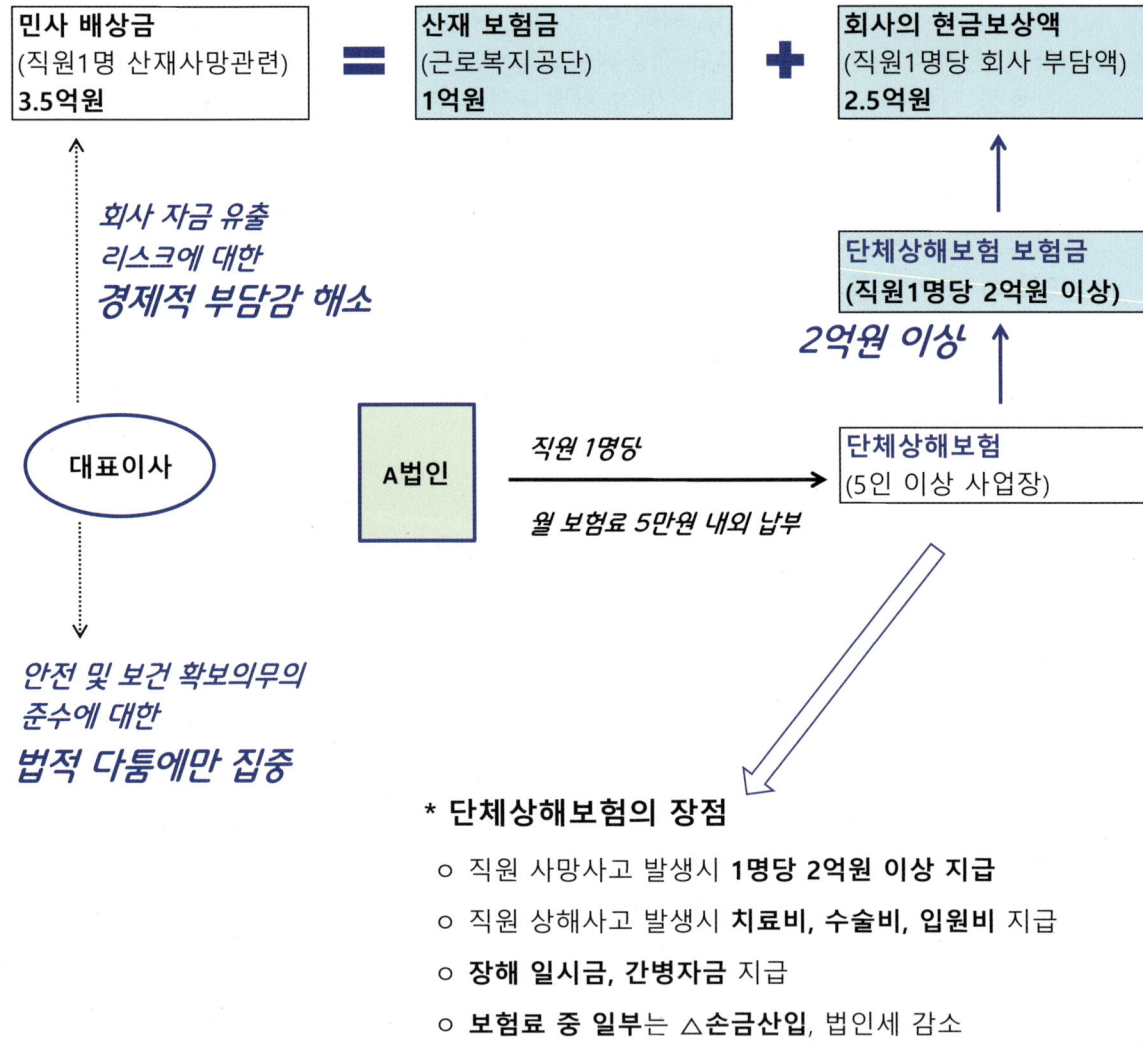

○ 중대재해처벌법 시행으로 업무중 종업원 사고에 대한 대표이사의 책임은 더욱 가중되었다. 종업원 사고 발생시 대표이사가 사고발생을 예방하는 안전 및 보건 확보의무를 모두 준수하였는지 여부는 법적으로 다툴 문제이다. 그러나 중처법 처벌조항(징역 또는 벌금, 징벌적 손해배상금, 과태료 등)과는 별개로 사고가 발생한 종업원에 대한 보상조치(민사배상금)를 하여야 하고 회사의 자금유출이 수반된다.

○ 5인 이상 사업장에 적용되는 단체상해보험은 이와 같은 종업원 사고로 인한 일시 거액(민사배상금)의 자금유출 문제를 해결해 준다.

즉, 단체상해보험은 회사 돈으로 종업원 1명당 월 5만원 내외의 보험료로 2억원이상의 보험금을 받아 산재보험금으로 부족한 부분을 보충할 수 있다. 상품종류별로 차이는 있지만, 상해사고시에는 치료비, 수술비, 입원비 및 간병자금도 받을 수 있으며, 보험료 중 일부금액은 △손비처리될 수 있고, 5년뒤 해지 및 재가입시에는 납입한 보험료의 40% 내외의 일시현금을 환급받을 수도 있다.

○ 종업원 사고위험이 큰 회사에서 단체상해보험 가입은 큰 도움이 될 수 있다. 만약 실제 종업원 사고가 발생한다면 대표이사는 이미 가입된 단체상해보험으로 회사 자금유출 리스크에 대한 부담감을 덜어 버리고, 오로지 안전 및 보건 확보의무의 준수여부에 대한 법적 다툼에만 집중할 수 있을 것이다.

○ 회사의 자금유출과 관련하여 ① 사망자 1명 이상 발생의 경우 통상적으로 1명당 민사배상금은 약 3억5천만원이 소요되고 산재 보험금으로 약 1억원을 수령하게 되더라도 회사의 순수 자금유출이 2억 5천만원이 발생하게 된다고 한다.

국내 제조업 평균 순이익률 5.0%를 가정할 경우 사고를 당한 종업원 1명당 보상비 마련을 위해서는 연매출 50억원을 추가로 더 달성해야 된다는 것과 같다.

○ 단체상해보험과 함께 임원배상책임보험도 도움이 될 수 있다.

CEO Tip 014 1석3조로 대표이사 퇴직금을 준비하는 방법은?

☐ 법인세를 줄이면서 대표이사의 퇴직금 준비

o 직원들의 퇴직금은 기존 퇴직금제도나 퇴직연금제도(DB, DC, IRP)를 통해 의무적으로 적립되는 데 반해, 임원 퇴직금의 적립에 대해서는 법적으로 강제조항이 없다.

하지만 정관이나 정관이 지정하는 임원퇴직금규정 또는 소득세법과 법인세법상에서 규정한 한도내에서 지급하여야 하므로 직원 퇴직금제도나 퇴직연금제도에 같이 가입하여 그 재원을 기업내부나 외부에 적립할 수도 있다.

o 그런데 대표이사 퇴직금은 미래에 일시적으로 유출되는 비용이 크고 매년 적립액의 손금처리를 위해서도 기업내부보다는 외부에 매년 적립할 필요가 있으며, 여기에다 갑작스런 상속 리스크도 동시에 준비할 필요가 있다.

o 대표이사의 갑작스런 유고 발생시에는 매입처의 대금 독촉, 매출처의 채권 회수지연, 연대보증 부재로 대출금 연장곤란, 보유주식의 상속으로 인한 상속세 부담, 거래처와 대표와의 거래 단절과 회사 내부 경영능력 부재로 인한 경영의 어려움 등의 유고 리스크가 발생할 수 있다.

특히, 보유주식 등의 상속으로 인한 상속세 부담은 과거 농우바이오, 유니더스, 쓰리세븐 등의 업체처럼 경영권 매각의 원인이 되기도 하고 한진그룹, 세아제강, 나이스그룹, 삼성, LG, 롯데, 넥슨 등의 업체처럼 수 년간의 큰 자금부담으로 작용하기도 한다.

* 서면-2020-법인-3181(2020.08.14), 서면-2018-법인-1779(2018.7.18), 법인세법 시행령 제44조의2

○ 경영인 정기보험은 보험료 납입시 비용처리로 법인세 절감효과가 있고, 1회 보험료 납입시부터 경영위험 및 자금위험에 대비한 거액의 보장효과가 있으며, 퇴직시 퇴직금 재원이나 필요시 회사자금으로도 활용할 수 있는 장점이 있어 1석 3조의 효과가 있다.

[경영인 정기보험의 효과] (만 50세, 20년납, 월 240만원 납부를 가정)

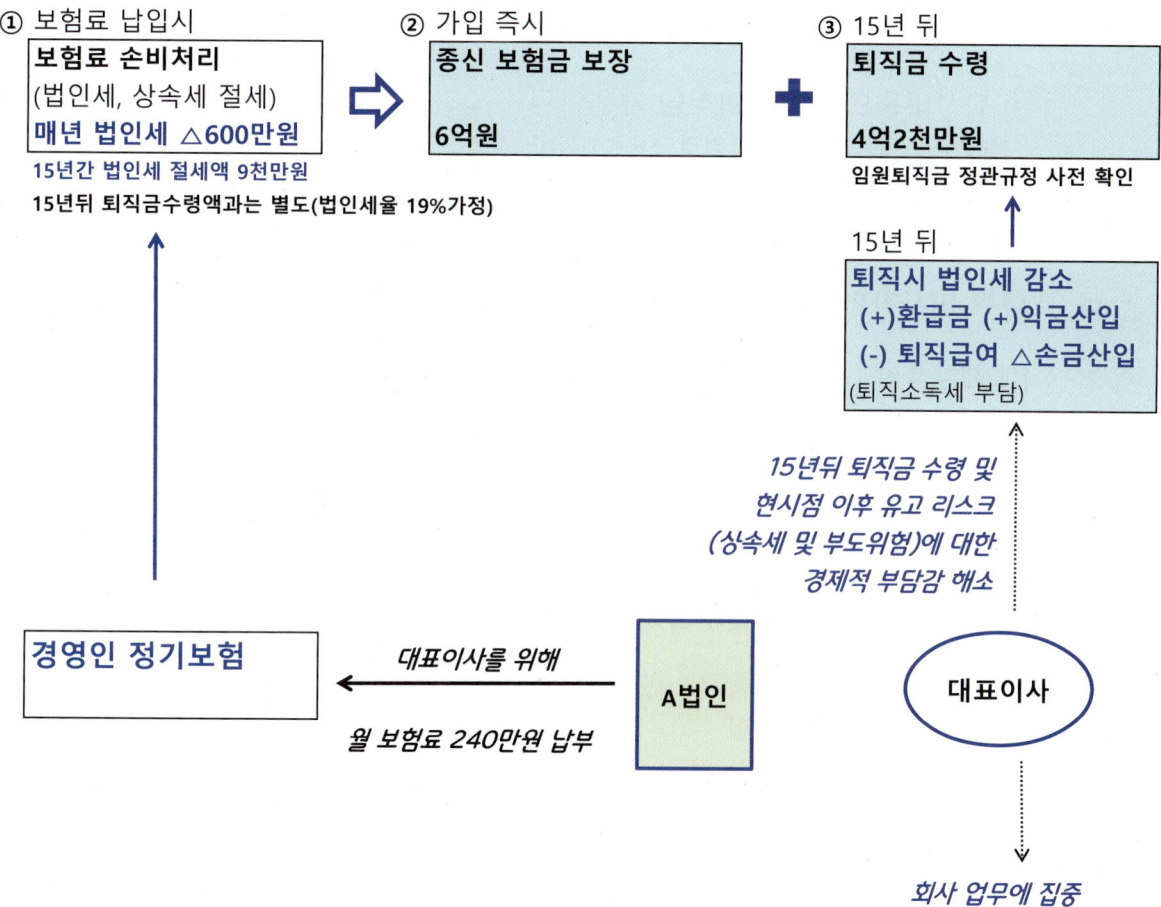

* 본 도서의 경영인 정기보험 관련 자료는 정보제공 목적이며, 보험사별 상품의 종류(일반형, 체증형 등), 피보험자의 연령, 건강상태, 납입기간, 보장내용 등 상황에 따라 월보험료와 보장금액, 회계처리와 세무처리 등에 차이가 발생할 수 있으므로, 상품가입여부는 보험회사 전문가들과 상의를 한 후, 본인 책임하에 결정하길 바랍니다.

(1) 경영인 정기보험의 특징   (만 50세, 20년납 월 240만원 납부를 가정)

▫ 납입시 법인세절세, 1회납후 6억 보장, 퇴직금재원 마련 등 1석3조 효과

① 보험료 납입시 △손금산입 법인세절세, 15년간 절세액 9천만원
 (퇴직금수령액과는 별도, 법인세율 19%가정)

② 가입즉시 종신보험금으로 유고 리스크 방지

③ 회사비용으로 임원퇴직금 재원마련
 [정관(임원퇴직금과 퇴직위로금규정) 정비: 경영인 정기보험 수령가능조항 추가]

- 보험료 △비용처리, 순자산 감소로 **상속세 절세**

▫ 15년뒤 퇴사하면 법인세 부담액 감소

[해약환급금 (+)익금산입, 퇴직급여 △손금산입]

(임원 퇴직시 퇴직소득세 부담)

- 체증형은 보험료가 증가하면서 보험금이 6억원에서 점차 증가

▫ 유고시 상속세 발생, 배당소득세 미발생(상속세는 보험금으로 납부)

절차
① 회사가 종신보험금 수령(법인세 익금산입, 보험료 납부자=수익자=회사)
② 자기주식을 평가함
③ 유족이 자기주식을 상속
④ 회사는 유족의 자기주식을 수취(평가액만큼) ↔ 보험금을 지급
⑤ 회사는 자기주식을 소각(감자)
⑥ 감자시 의제배당이 아님(유족의 자기주식 처분대가=취득금액)
⑦ 유족은 종신보험금으로 상속세 납부

○ 경영인 정기보험은 '계약자-피보험자-수익자'가 '법인-대표-법인'인 보험상품으로 중도 해지환급금이 있으나 만기환급금이 없는 보장성보험으로, 만기환급금이 없어 보험회사의 손비처리내역서상 납입보험료 전액이 △소멸성 보험료로 표시된다.

○ 경영인 정기보험 가입시 이사회 의사록이나 주주총회 의사록에 퇴직연금과 비교검토한 내역과 가입목적(퇴직정년이 없는 오너만을 특별히 보장하고, 비상시 회사의 경영위기와 자금위기를 대비하면서 퇴직금재원까지 같이 마련할 수 있는 보장성 보험상품으로서, 그 업무관련성과 비교우위성을 갖는 기능상의 장점, 회사가 부담가능한 통상적인 수준의 보험료 납입 등)을 기재하고 문서로 보관하고 있어야 한다.

○ 이렇게 해야 사업관련성이 있는 비용의 특성, 퇴직연금 대비 비교우위성과 정년 퇴직시점 산정불가 및 만기환급금이 없는 보장성보험의 기능적인 특성이 강조되어 △손금산입이 인정될 수 있다.

○ 일반적인 보험료 처리방법은 저축성보험은 만기환급금와 이자수익이 있으므로 보험료 납입시 보험료를 자산처리하고, (사업관련) 보장성보험은 만기환급금이 없고 사고발생시 보험금이라는 보상을 받으므로 보험료는 소멸성 비용으로 △비용처리하고, 보험금은 (+)잡이익으로 처리하여 과세한다. 경영인 정기보험의 보험료는 △비용처리하고 만기환급금(자산)이 없으므로, 보험금은 자산의 회수가 아닌 전액 잡이익으로서 (+)익금항목이다.

○ 저축성보험과 (사업관련) 보장성보험이 결합된 보험상품은 보험회사에서 발급하는 손비처리내역서에 따라 만기환급금과 관련된 자산성보험료는 자산으로 처리하고, 소멸성 보험료만 △비용처리한다.

○ 예규에 따르면 납입보험료 중 임원의 정년퇴직시 해약환급금에 상당하는 적립보험료 상당액은 자산으로 계산하고, 기타의 부분은 △손금에 산입하되, 사전에 퇴직시점을 예상할 수 없어 (정년 퇴직시점의) 해지환급금을 산정할 수 없는 경우에는 보험료 중 만기환급금외의 보험료는 △손금에 산입하도록 하고 있다.

○ 경영인 정기보험료는 시간 경과에 따라 중도해지 환급금의 등락이 있으나, 40~50년뒤 만기가 되면 만기환급금이 없는 종신보험의 일종이다.

○ 경영인 정기보험료는 사업과 관련된 보장성 보험료로서, 퇴직시점을 예상할 수가 없어 (정년퇴직시의) 해지환급금을 산정할 수 없고 만기환급금이 없어 모든 납입보험료가 예규상 만기환급금 외의 보험료이므로 전액 △비용처리가 가능한 것이다.

* 법인 2013-397(2013.10.24), 사전-2014-법령해석법인-21934(2015.05.07), 법인46012-406(2001.02.21), 서면-2018-법인-1779(2018.7.18)
* 법인세법 제19조②

(2) 경영인 정기보험의 회계처리와 세무처리

◻ 경영인 정기보험에 가입한 경우(예시)

① 보험료 납입시(매월)

    (차) 보험료   240만원   (대) 현금및현금성자산   240만원

    [보험료 △손금 산입]
      ○ 납입시마다 법인세 절세

② 15년뒤 퇴직시(중도해약후 퇴직금 지급, 해지수수료 2.8%가정)

    (차) 현금및현금성자산   4억 2천만원   (대) 보험수익(잡이익)   4억 3,200만원
         지급수수료   1,200만원
    (차) 퇴직급여   4억 2천만원   (대) 현금및현금성자산   4억 2천만원

                                                    [해약환급금 익금산입]
                                                    [퇴직급여 △손금산입]
                                                     ○ (+) (-)금액이 동일하면 법인세 미납부

                                                     ○ 퇴직소득세는 대표(수령자)가 별도 납부

* 본 도서의 경영인 정기보험 관련 자료는 정보제공 목적이며, 보험사별 상품의 종류(일반형, 체증형 등), 피보험자의 연령, 건강상태, 납입기간, 보장내용 등 상황에 따라 월보험료와 보장금액, 회계처리와 세무처리 등에 차이가 발생할 수 있으므로, 상품가입여부는 보험회사 전문가들과 상의를 한 후, 본인 책임하에 결정하길 바랍니다.

[예시] 퇴직소득금액이 약 20억원인 경우 대표의 퇴직소득세 계산

1995년초 입사하여 2024년말에 퇴사하는 대표의 퇴직소득금액(정관에서 위임된 퇴직급여지급규정에 의하여 계산한 퇴직소득금액)이 다음표와 같은 경우 퇴직소득세는?

기간 구분	직전 3년평균 연봉	적용률	근속연수	배수	퇴직소득금액
1995~2011년	150,000,000	10%	17	5	1,275,000,000
2012~2019년	200,000,000	10%	8	3	480,000,000
2020~2024년	250,000,000	10%	5	2	250,000,000
합계			30		2,005,000,000

○ 경영인 정기보험의 보험료 납입시 정관한도(정관 규정이 없으면 세법한도)이내 적립액은 법인세법상 △손금산입되고, 정관한도 초과 적립액은 (+)손금불산입 과세한다.

○ 경영인 정기보험의 해지환급금 또는 종신보험금 수령시에는 법인세법상 (+)익금산입하고, 대표에게 퇴직금을 지급할 경우 퇴직금 지급액을 △손금산입하며, 대표는 소득세법상 퇴직소득세 또는 근로소득세(세법상 한도초과분)를 납부한다.

○ 대표가 정관상 퇴직금 설정액보다 적게 받을 경우에도 차액에 대해 법인세와 소득세가 추가 징수됨에 주의하여야 한다.

[예시 풀이]

① **임원 퇴직소득금액** = 3년평균 연봉 X 10% X 근속연수(근속월수비율) X 배수
   = 2,005,000,000

② **△근속연수공제**(표 활용) = 4천만원+[300만원 X (30년-20년)]
   = 70,000,000

③ **차감액** = 퇴직소득금액 - 근속연수공제
   = 1,935,000,000

④ **환산급여** = 차감액 X (12 /근속연수)
   = 774,000,000

⑤ **△환산급여공제**(표 활용) = 151,700,000+[(774,000,000-3억원) X 35%]
   = 317,600,000

⑥ **과세표준** = 환산급여 - 환산급여공제
   = 456,400,000

⑦ **환산산출세액**(종합소득세율표 활용) = (4억 5,640만원 X 40%) - 25,940,000
   = 156,620,000

⑧ **퇴직소득세** = 환산산출세액 X (근속연수 /12)
   = **391,550,000**   **실질세율   19.5%**

* 근속연수공제표, 환산급여공제표, 종합소득세율표는 제5부 참조

(3) 퇴직금 지급재원 준비방법

o 퇴직금은 노후자금활용목적이므로 4대보험료 미부과, 저율(보통 0%~30%) 분리과세되는 장점이 있다.

o 임원퇴직금을 미래에 받기 위해서는 임원퇴직금관련 회사 정관규정을 정비하고 다음과 같이 임원퇴직금을 받을 자금(임원퇴직금 지급재원)을 미리 준비해야 한다.

▫ 별도 예금통장에 임원퇴직금을 적립하는 방법

- 퇴직급여라는 비용으로 처리되지 않으므로 법인세 절감효과가 없다.

- 회사 자산인 별도의 예금이 누적되므로 잉여금의 감소가 없고 주당 가치의 하락이 없어 미래세금(청산소득세 or 양도소득세 or 증여세 or 상속세)이 감소하지 않는다.

- 회사의 자금사정이 어려워질 경우 임원퇴직금으로 적립된 예금을 해지하여 운영자금으로 사용할 수 있으므로 임원이 퇴직금을 받지 못할 수도 있다.

▫ 퇴직연금으로 적립하는 방법

- 매월 불입액이 퇴직급여라는 비용으로 처리되므로 법인세 절감효과가 있다.

- 회사 자산이 외부로 유출되어 적립되므로 잉여금이 감소하고 주당가치가 하락하여 미래세금이 감소한다.

- 회사내부에 자금이 부족하더라도 외부에 적립된 금액이므로 퇴직금을 받을 수 있다. 적립금 납입후에는 개인소유이다.

- 임원퇴직금을 2배수를 받는 경우라면 정관(임원퇴직금 규정)과 퇴직연금규약을 정비하고 1년마다 2배수 한도까지 적립하여야 한다.

- 향후 연금으로 수령시 연금소득세(3.3%~5.5%)가 부과된다.

▫ 경영인 정기보험(퇴직보험)으로 적립하는 방법

- 매월 불입액이 퇴직급여라는 비용으로 처리되므로 법인세 절감효과가 있다.
- 회사 자산이 외부로 유출되어 적립되므로 잉여금이 감소하고 주당가치가 하락하여 미래세금이 감소한다.
- 회사내부에 자금이 부족하더라도 외부에 적립된 금액이므로 퇴직금을 받을 수 있다. 적립금 납입후에도 법인소유이며 가입후 7년뒤 회사자금으로 사용가능하다
- 1회분 납입일부터 임원에 대한 보장성 기능이 존재하므로 비상시 회사와 임원가족의 자금 리스크(일시적인 거액의 자금부담)를 축소할 수 있다. 다만, 10년이상 장기간 유지해야 퇴직금 지급효과가 있다.
- 퇴직연금을 이미 가입한 경우에는 정관(임원퇴직금 규정, 퇴직위로금 규정)을 정비하고, 이사회 의사록을 충실히 기재하여 경영인 정기보험에 가입할 수 있다.
- 향후 일시금으로 수령하므로 수령시 퇴직소득세(보통 0%~30%)가 부과된다.

(4) 임원퇴직금 설정 한도 및 과세방법

- 정관규정이 있는 경우

법인 **정관규정에 의한 임원퇴직금 지급액(법인세법상 △손금산입)**

　　　소득세법상 배수한도: 직전 3년평균 연봉 X 1/10 X 근속연수 X 배수(무제한, 3배, 2배)

수령자　소득세법 한도내 지급액 → 퇴직소득세 계산

수령자　소득세법 한도초과 지급액 → 근로소득세 계산

법인　**정관규정을 초과하여 지급한 임원퇴직금 지급액(법인세법상 손금불산입)**

수령자　정관규정초과 지급액 → 근로소득세 계산

- 정관규정이 없는 경우(소득세는 동일)

법인　**법인세법 한도내 지급액(법인세법상 △손금산입)**

　　　법인세법상 한도: 직전 1년 연봉 X 1/10 X 근속연수

법인　**법인세법 한도초과 지급액(법인세법상 손금불산입)**

　　* 배수: 2011년까지 무제한, 2019년까지 3배수, 2020년이후 2배수(소득세법 제22조③, 동법 시행령 제42조의2⑥)
　　* 정관규정: 정관의 위임에 따른 임원퇴직급여지급규정 포함(법인세법 시행령 제44조④)

(5) 임원퇴직금규정상 배수에 따른 퇴직금 지급재원 적립방법의 선택

퇴직금규정 (2020년이후)	퇴직금 지급재원 적립방법 선택		퇴직연금	경영인 정기보험	소득구분
1배수 [세법상 한도 (2배수) 초과분은 근로소득]	선택(1)	준비	정관(퇴직금규정) 정비 퇴직연금규약 정비		연금소득
		납입	(○)		
	선택(2)	준비		정관(퇴직금규정) 정비 의사록(보험가입목적) 작성	퇴직소득 + 근로소득
		납입		(○)	
	선택(3)	준비	정관(퇴직금규정) 정비 퇴직연금규약 정비	정관(퇴직금규정) 정비 (퇴직위로금규정) 정비 의사록(보험가입목적) 작성	연금소득 + 근로소득
		납입	(○)	(○)	
2배수 [세법상 한도 (2배수) 초과분은 근로소득]	선택(1)	준비	정관(퇴직금규정) 정비 퇴직연금규약 정비 매년 2배수 적립		연금소득
		납입	(○)		
	선택(2)	준비		정관(퇴직금규정) 정비 의사록(보험가입목적) 작성	퇴직소득 + 근로소득
		납입		(○)	
	선택(3)	준비	정관(퇴직금규정) 정비 퇴직연금규약 정비 매년 2배수 적립	정관(퇴직금규정) 정비 (퇴직위로금규정) 정비 의사록(보험가입목적) 작성	연금소득 + 근로소득
		납입	(○)	(○)	
3배수 [세법상 한도 (2배수) 초과분은 근로소득]	선택(1)	준비	정관(퇴직금규정) 정비 퇴직연금규약 정비 매년 3배수 적립		연금소득 + 근로소득
		납입	(○)		
	선택(2)	준비		정관(퇴직금규정) 정비 의사록(보험가입목적) 작성	퇴직소득 + 근로소득
		납입		(○)	
	선택(3)	준비	정관(퇴직금규정) 정비 퇴직연금규약 정비 매년 3배수 적립	정관(퇴직금규정) 정비 (퇴직위로금규정) 정비 의사록(보험가입목적) 작성	연금소득 + 근로소득
		납입	(○)	(○)	

○ 회사별 정관의 임원퇴직금 (배수)규정에 따라 퇴직연금 가입, 경영인 정기보험 가입, 2상품의 결합 중에서 적절히 선택할 수 있다.

○ 2상품의 결합은 임원퇴직금 정관한도만큼 퇴직연금에 가입하고, 임원퇴직위로금 규정을 정비하여 경영인 정기보험을 추가가입하는 방식이 가능할 것이다.

○ 2상품의 결합에서 경영인 정기보험은 임원 퇴직위로금에 해당하므로 보험료 납입시 △법인세절감효과와 오너와 회사의 리스크에 대비하는 보장성의 혜택을 받는다.

그 대신 정관상의 임원 퇴직위로금규정을 정비하여야 하고, 향후 퇴직시 퇴직위로금으로 경영인 정기보험금의 수령시 근로소득세를 부담하여야 한다.

다만, 이 때에도 경영인 정기보험금이 사회통념상 타당한 범위이내이고 정관상 한도내의 퇴직위로금이면, 지급할 때 회사에서 법인세법상 △비용처리가 가능하며, 대표는 더 많은 퇴직금을 받게 되고, 유고시에는 일시적인 거액의 자금부담을 줄일 수 있다.

○ 임원 퇴직금은 근로소득세(고세율)를 부담하고 사회통념상 인정된다면, 3배수를 초과하여 설정할 수도 있다.

○ 퇴직위로금은 정관에 임원 퇴직위로금규정이 있으면 그 한도내에서 법인세법상 △손금산입이 인정된다. 그러나 정관규정을 초과하여 지급하는 임원 퇴직위로금은 (+)손금불산입으로 법인세가 부과되고, 지배주주인 대표에게 지급하는 퇴직위로금이 사회통념상 인정되는 지급액보다 과다할 경우에는 그 과다한 차액이 (+)손금불산입된다.

○ 퇴직위로금을 받는 대표의 입장에서는 퇴직소득에 포함되므로 이것이 소득세법상 임원 퇴직금 한도액(2011년까지 무제한, 2019년까지 3배수, 2020년부터 2배수)을 초과하는 경우에는 퇴직소득세(대략 0%~30%)가 아닌 근로소득세(6.6%~49.5%)가 부과된다.

* 소득세법 제22조③, 법인세법 시행령 제43조③, 제44조④

CEO Tip 015 법인의 가지급금이 무슨 문제?

☐ 가지급금의 정의

o 법인인 회사를 운영하면서 법인 통장에서 출금이 됐는데 어떠한 명목으로 나갔는지 확인이 안되거나 인건비, 접대비, 리베이트비용, 법인카드 개인사용비용 등 일부 표시하고 싶지 않은 비용지출 또는 불가피하게 발생하는 비용지출이 있을 수 있다.

o 가지급금이란 이렇게 법인의 현금지출은 있었지만 정확한 세부 금액이나 거래내용이 불분명하거나 어디에 사용했는지 증명하지 못하는 금액(장부상 '현금및현금성자산'과 실제 '현금및현금성자산'의 차이)을 말한다.

o 즉, 가지급금은 실제 현금지출은 있었지만 거래의 내용이 불분명하거나 거래가 완전히 종결되지 않아 계정과목이나 금액이 미확정이므로 그 지출액에 대해 일시적인 채권(자산)항목에 임시로 표시한 것이다.

o 이 채권항목은 일시적인 성격을 갖는 계정과목이기 때문에 결산기말까지는 그 내역을 명확히 조사하여 확정된 계정과목으로 대체시켜 주어야 한다.

o 확정된 계정과목으로 대체하지 못하고 재무상태표상 가지급금으로 남아 있는 경우에는 이를 정당한 비용처리로 인정받지 못하고, 대표이사, 임원, 주주 등 특수관계자에게 임의로 법인자금이 유출된 것으로 보아 다음과 같은 여러 가지 불이익을 받게 된다.

* 법인세법 제28조①4, 동법 시행령 제53조, 동법 시행규칙 제28조, 제44조, 홈택스 용어사전

[가지급금의 결산수정 예시]

수정전 재무상태표		수정후 재무상태표	
현금및현금성자산 단기금융상품 매출채권 ... **가지급금** ... 투자부동산 유형자산		현금및현금성자산 단기금융상품 매출채권 ... **주주임원종업원장기대여금** ... 투자부동산 유형자산	

○ 기업성장과 세금측면에서 법인사업자가 개인사업자에 비해 대부분 비교우위에 있으나, 법인사업자의 중요한 열위요소 중의 하나는 회사자금의 임의 인출불가 부분이다.

○ 개인사업자는 필요시 언제든지 입출금이 가능하고, 세무조사대상이 될 수는 있지만 부득이한 인건비, 접대비, 리베이트비용, 회사대표자카드 개인사용 등의 비용을 임의로 지급할 수 있다는 장점이 있다.

○ 그런데 법인사업자의 경우에는 법인의 대표이사가 법인자금을 임의로 사용할 경우 또는 법인의 실제 현금 유출은 있었으나 어떠한 명목으로 현금이 나갔는지 확인이 안되는 경우에는 이를 가지급금으로 처리하고, 기말까지 정확한 계정과목으로 대체 처리하지 않으면 여러 가지 불이익을 받게 된다.

○ 개인사업자가 아닌 법인의 대표가 받는 불이익 중에서 가장 큰 부분이 가지급금으로, 세법에서는 이를 업무무관 지출로 보기 때문에 기본적으로 법인대표가 갚아야 할 개인채무로 간주된다.

□ 가지급금의 일반 불이익

(1) 신용등급 하락, 금리 상승, 세무조사 등

○ 가지급금이 있는 경우에 회사 자금이 특수관계인에게 유출된 것으로 오해될 소지가 있고 가지급금이 부실자산으로 간주되어 신용평가기관의 회사신용등급이 하락하고 은행 대출금리가 상승하거나 대출한도가 축소될 수 있으며, 과세당국의 세무조사 대상자로 설정될 수 있다.

(2) 법인 대표의 개인채무 증가

결산기에 증빙서류가 없어서 정리되지 않고 남은 가지급금으로 그 귀속자가 불분명한 경우에는 대표이사에게 귀속되는 것으로 보아 대표이사의 개인채무가 증가한다.

이를 법인의 대표이사에 대한 대여금으로 미계상하고 법인의 이자수익도 미계상한 경우에는 법인세법상 가지급금인정이자만큼 법인의 미수이자를 증가시키고 대표이사의 소득(상여처분)과 미지급이자를 증가시키게 된다.

따라서, 대표이사는 소득(인정상여)의 증가에 따라 소득세와 4대 보험료가 증가하고, 미지급이자 증가분만큼 개인채무는 더욱 증가하는 악순환에 처하게 된다.

☐ 가지급금의 세금상 불이익

(1) 법인세의 증가

☐ 가지급금 인정이자 (+)익금산입   * 법인세법 시행령 제11조9, 제88조①6, 제89조③ 시행규칙 제43조①②

가지급금이 있는 법인은 특수관계자에 대한 대여금을 가지고 있는 것이므로 그 금액을 빌렸다고 간주되는 특수관계자로부터 적정한 이자를 수취해야 한다. 따라서 법인이 받아야 할 적정한 이자와 실제로 특수관계자로부터 수령한 이자와의 차이만큼을 세무상 법인의 익금으로 계상하는데, 이를 가지급금인정이자라고 한다.

이것은 대표이사가 적정이자(연 4.6%)보다 저리나 무상으로 회사자금을 빌려가서 이자 차이만큼 이득을 본 것으로 간주하는 것으로 법인세법상 부당행위계산부인의 하나이다.

법인의 관점에서 실질적인 이득이 없더라도 이익이 발생한 것으로 간주되어, 가지급금 인정이자가 익금산입되므로 그것에 법인세율을 곱한 금액만큼 법인세가 증가하게 된다.

☐ 업무무관 가지급금관련 지급이자 (+)손금불산입   * 법인세법 시행령 제53조

가지급금이 있는 회사가 차입금이 있는 경우, 차입금 중 가지급금에 상당하는 부분의 이자비용은 법인세법상 손금으로 인정받지 못하므로 "업무무관 가지급금관련 지급이자"로서 손금불산입하고, 그 금액에 법인세율 곱한 금액만큼 법인세가 증가한다.

☐ 업무무관 가지급금에 대한 대손처리 불가   * 법인세법 제19조의2②2

(2) 소득세의 증가

☐ 법인 대표이사의 소득세와 4대보험료 증가

○ 앞에서처럼 가지급금 인정이자(가지급금 X 4.6%)에 대해 대표이사가 지급하지 않을 경우에 회사는 미수이자를 계상하고 대표이사에 대한 상여로 처분하여 (+)익금산입하고 법인세를 과세한다. 이렇게 법인세법상 상여로 처분된 금액(인정상여)에 대해서는 대표이사에게 소득세가 부과되고, 보수월액 증가로 인해 4대보험료도 약 20% 증가한다.

예를 들어, 연봉 1억 2천만원의 대표의 가지급금이 10억원일 경우 상여처분액은 4천 6백만원이고, 이로 인해 소득세는 약 1천 8백만원, 4대보험료는 약 9백만원이 증가한다.

○ 법인의 가지급금으로 인해 법인의 관점에서 법인세가 증가하고, 대표이사 개인의 관점에서 개인채무와 소득세 및 4대보험료가 증가한다. 이를 상환하지 않으면 퇴사나 폐업을 하더라도 추징된다. 또한 상속세가 증가하고 가업상속공제에서 공제액이 감소한다.

○ 이외에도 업무무관지출로 가지급금이 커질 경우 세무조사대상이 되거나 주주가 다수인 경우 대표의 배임·횡령 제재가능성이 높아진다. 그리고, 대외신인도가 낮아져 자금조달이 어려워지고, 공공사업이나 입찰참여가 어려워지며, 건설업은 실질자본금 미달(가지급금은 실질자본금 계산시 차감됨)로 면허취소 가능성이 있는 등, 가지급금은 우량 중소법인과 일반 중소법인 모두에게 큰 손해를 주는 골칫거리이자 비용폭탄이다.

(3) 상속세의 증가

□ 순자산가치 증가로 비상장주식 주식가치 증가

가지급금은 비용으로 인정되지 않고 자산(특수관계인에 대한 업무무관대여금)에 해당하기 때문에 가지급금이 증가할수록 기업의 순자산가치를 상승시키고, 이에 따라 상속대상 비상장주식(비상장법인의 주식)의 가치가 상승하여 상속세가 증가한다.

□ 추정상속재산의 증가

만일 상속개시일 전 2년 이내에 인출된 일정 금액 이상의 가지급금에 대한 사용처를 소명하지 못할 경우 이 금액이 추정상속재산으로 상속재산가액에 포함된다.

피상속인(대표이사)이 재산을 처분하였거나 채무를 부담한 경우로서 피상속인이 재산을 처분하여 받은 금액이나 피상속인의 재산에서 인출한 금액이 재산종류별로 계산하여 상속개시일 전 1년 이내에 2억원이상인 경우와 상속개시일 전 2년 이내에 5억원 이상인 경우로서 용도가 객관적으로 명백하지 않은 경우에는 이 금액을 추정상속재산으로 보아 상속세 과세가액에 산입한다.

즉, 가지급금은 그 금액크기와 발생시기에 따라 추정상속재산에 포함될 수 있다.

□ 가업상속공제에서 배제

상속세 계산시 상속세과세가액에서 △가업상속공제를 차감하는데, △가업상속공제는 가업상속재산가액에 상당하는 금액으로, 가지급금은 사업무관자산으로 분류되어 이 가업상속재산가액에서 배제된다. 즉, 가지급금은 △가업상속공제 금액을 줄인다.

* 상속세및증여세법 제15조①1, 제18조의2, 동법 시행령 제11조②, 제15조⑤2나

CEO Tip 016 법인의 가지급금을 제거하는 방법은?

☐ 가지급금 제거방법

(1) 기존 가지급금을 확인하고 향후 발생을 억제

☐ (업무관련 비용) 증빙자료를 찾아 정확한 계정으로 대체

- 먼저 이중매출, 매입누락, 비용누락 등 회계처리상의 오류가 없는지를 확인하고, 해당 사항이 있으면 수정 회계처리와 부가세 정정신고를 하도록 한다.

- 그 다음 차이가 발생하는 회사장부의 비용지출에 대해 담당임원이나 실무자가 관련 서류와 증빙자료를 재무팀에 제출하여 정확한 계정과목에 최대한 기장하고, 증빙자료 파악이 불가능한 부분은 가지급금이나 주주임원종업원장기대여금으로 회계처리한다.

  이 때, 증빙자료 파악이 불가능한 부분을 최소화하여야 하고, 나머지는 대표이사 등 관련자가 회사에 입금하는 방법 등으로 상환·제거하여야 한다.

- 가지급금에서 증빙자료에 의해 주로 대체될 수 있는 계정과목으로는 여비교통비(출장비 등), 접대비, 복리후생비(회식비 등), 자재비, 인건비(상여금 등), 보증금, 선급금, 매출할인, 매출에누리, 매출환입 등이다.

- 이 방법은 월결산을 하면서 가지급금이 커지기 전에 유용하게 사용할 수 있는 방법으로, 증빙자료가 없어지기 전에 찾을 수 있어야 하고 정확한 계정을 확인할 수 있어야 한다.

☐ (증빙자료 없는 기존 가지급금) 발생원인별로 향후 발생 억제

① 법인카드의 개인적인 사용 또는 법인돈으로 개인명의 자산취득이나 가사경비 사용

- 법인대표 본인이나 배우자 또는 자녀가 법인카드를 개인적으로 사용하여 법인의 비용으로 처리할 수 없는 경우와 법인의 돈으로 대표 또는 대표 가족의 개인명의 자산을 취득하거나 가사경비로 사용한 경우로서, 세법상 부당행위계산 부인과 형법상 횡령·배임에도 해당할 수 있다.

- 이 때에는 기존 가지급금과 미지급이자를 당연히 상환하여야 하며, 향후 비슷한 사례가 발생하지 않도록 대표와 가족의 급여·상여·배당을 증액시켜 자금력을 키우고, 세금과 4대보험료를 부담하고 개인돈으로 사용하게 한다. 또한 향후에는 대표의 개인 자금력을 키워 대표의 갑작스러운 개인용도의 법인자금 출금이 없도록 하여야 한다.

○ 법인의 가지급금을 제거하기 위해서 법인설립 및 법인전환 직후 입출금 운용과 절차에 관한 시스템을 잘 구축해야 한다. 그리고 이미 가지급금을 가지고 있는 중소법인은 ① 기존 가지급금을 확인하고 향후 발생을 억제하는 방법, ② 기존 가지급금을 조금씩 제거하는 방법, ③ 기존 가지급금을 한꺼번에 상당액을 제거하는 방법을 동시 진행하여야 한다. 이 방법으로 가지급금을 적절하게 제거하여야 세금, 이자 등 불필요한 추가지출을 줄이고 자금안정성과 건전한 재무구조를 유지할 수 있다.

○ 법인의 기존 가지급금의 향후 발생을 억제하기 위해 우선 회계처리에 오류가 없는 지를 확인하고, 비용처리를 위해 증빙자료를 최대한 찾아야 하며, 발생원인에 따라 일부 상환이 가능한 부분은 대표이사 등 관련자가 회사에 상환하도록 한다.

○ 부득이하게 증빙자료가 없는 부분은 재발을 막기 위해 대표이사와 패밀리의 개인적인 자금력을 증대시키고, 회사의 기술경쟁력을 강화해서 리베이트 문화를 바꿔야 한다. 또한, 급여는 미신고자가 없이 모두 신고한 뒤에 정부의 인건비 지원 등의 고용지원 혜택을 받도록 한다.

---

② 을의 입장에 거래관행 및 영업목적상 증빙없이 지출하는 접대비나 리베이트

○ 비용 증빙자료(세금계산서, 계산서, 현금영수증, 신용카드 매출전표)를 확보해 원재료비와 접대비(아래표와 같은 법인세법상 한도내 금액)로 최대한 처리한다.

○ 정상적인 매출과 매출환입은 세금계산서를 발급해야 하고, 가공매출 계상후 리베이트 지급은 공정거래법 등 위반으로 처벌(리베이트로 인한 경제적 이익의 몰수, 벌금 또는 과징금)을 받고, 제약업은 리베이트 쌍벌제가 적용되므로 위법행위를 하지 말아야 한다.

○ 또한, 연구개발에 집중투자해서 원가절감과 품질개선으로 기술경쟁력을 키워 좀 더 우수한 제품을 싼 가격에 공급하도록 한다. 독점적 기술력을 가지면 접대와 리베이트가 없는 거래관행을 만들수 있고 리베이트를 요구하는 불량거래처를 배제할 수 있다.

[4개 기업의 법인세법상 접대비 손금인정한도 예시]

(단위: 백만원)

4개 기업 예시 (연간 매출액)	일반 매출액	특수관계 매출액	법인세법상 접대비 손금인정한도					
			기본한도	일반수입	특정수입	문화접대	연간합계	월평균한도
중소기업1(100억)	5,000	5,000	36	15	2	11	63	5
중소기업2(100억)	10,000	0	36	30	0	13	79	7
중견기업1(1천억)	50,000	50,000	12	110	2	25	148	12
중견기업2(1천억)	100,000	0	12	125	0	27	164	14

* 법인세법 제25조

③ **일용근로자, 외국인근로자 등 저임금근로자의 급여 미신고 및 인건비 미처리**

○ 과거에 급여 미신고로 누적된 가지급금을 대표이사가 모두 해소해야 하고, 향후에는 합법적으로 급여신고를 정상적으로 하고 4대보험료를 부담하도록 한다. 특히 외국인 노동자 채용은 한국산업인력공단의 외국인력 상담센터를 통해 도움을 받을 수 있다.

○ △인건비로 비용처리하면 법인세를 절감할 수 있고, 정부의 인건비 지원 등 여러 고용 지원혜택(고용촉진장려금, 청년채용특별장려금, 정규직전환장려금, 고령자고용지원금, 일자리 안정자금, 두루누리 국민연금·고용보험 지원, 창업자금증여특례 한도증가, 가업 승계시 사후관리 고용요건 충족, 통합고용세액공제 등)을 받을 수 있다.

○ 기존 급여 미신고 관행을 유지하면 가지급금과 세금증가가 또 반복될 수 밖에 없다.

④ **가공매출, 가공이익, 가공증자한 금액의 처리**

○ 흔하지는 않지만 필요에 의해 매출을 허위로 추가계상(가공매출)하거나 비용을 줄이고 이익을 과대계상(가공이익)하면서 차액으로 가지급금을 계상한 경우가 있을 수 있다. 그리고 설립시 자본금이나 증자가 필요한 경우 외부차입금으로 자본금을 납입한 후 상환한 금액(가공증자)을 가지급금으로 계상한 경우가 있을 수 있다.

○ 이 모두는 명백한 분식회계에 해당하므로 법적 처벌은 논외로 하더라도, 기존 회계 처리와 부가세 신고는 반드시 수정하고 미납된 금액은 입금하여야 하며, 향후에 재발 하지 않도록 해야 한다. 그렇게 해야 법인이 존속가능하다.

(2) 매년 조금씩 상환·제거

□ 대표의 급여 인상 또는 상여금 지급

○ 대표의 급여를 인상하거나 상여금을 지급하여 이 자금의 일부로 기존 가지급금을 매년 조금씩 상환·제거할 수 있다.

○ 대표의 급여인상이나 상여금 지급 등 인건비가 증가할 경우 근로소득세가 증가하면서 4대보험료가 (보수월액X20%)만큼 증가한다. 그 대신 △법인세 절감효과와 △근로소득 공제[총급여 1억원초과시 (1,475만원+1억원초과액의 2%)을 공제, 총 2천만원 한도] 증가효과가 있다. 이를 감안하여 급여나 상여를 부담가능한 수준으로 결정한다.

○ 임원의 보수변경을 위해서는 정관의 정비가 필요하다. 임원 보수금액을 정관으로 정하지 않은 때에는 주주총회 보통결의로 정한다.

○ 이미 가지급금을 가지고 있는 중소법인이 ① 기존 가지급금을 확인하고 향후 발생을 억제하는 방법을 실시했다면 다음은 ② 기존 가지급금을 조금씩 제거하는 방법을 실시한다. 급여 인상, 상여 지급, 배당 지급에 대한 아래 표의 특징을 확인하고 그 중 자기 회사의 실정에 맞는 하나 이상의 방법을 선택해서 가지급금을 조금씩 제거한다.

□ 배당 실시

o 비상장 중소법인의 경우에는 배당을 실시하지 않는 기업이 많다. 매년 배당을 실시하여 이 자금의 일부로 기존 가지급금을 매년 조금씩 상환·제거할 수 있다.

o 대표를 포함한 비상장법인의 주주에 대한 배당금이 지급될 경우 이자소득과 합하여 2천만원 이하일 경우에는 15.4%로 분리과세되지만 2천만원 초과일 경우에는 배당소득세가 종합과세되고 건강보험료가 (소득월액X8%)만큼 증가한다.

그러나, 그 대신 △배당 Gross-up(2천만원 초과 배당액의 11%)의 세액공제효과가 있다.

따라서, 2천만원 이하 배당을 받아 15.4%로 분리과세를 받는 방법과, 2천만원 이상 배당을 받아 배당세액공제를 받는 방법 중에 선택하여, 이 배당금으로 가지급금을 상환한다.

o 이익배당은 배당가능이익이 있어야 하고, 중간배당은 정관에 규정이 있어야 한다.

* 상법 제388조, 제462조, 제462조의3

[급여인상, 상여수령, 배당수령의 특징]

	급여 인상	상여 수령	배당 수령
(+) 소득세	총 수령액 1억5천만원 초과 ~ 3억원 이하		38% 적용
	3억원 초과 ~ 5억원 이하		40% 적용
	5억원 초과 ~ 10억원 이하		42% 적용
	10억원 초과 ~		45% 적용
(+) 4대보험료 증가 (보수월액 요율은 회사분 포함 가정치임)	익년 4대보험 증가 (보수월액*20%)	익년 4대보험 증가 (보수월액*20%)	익년 건보료 증가 (소득월액*8%)
(-) 법인세 절세효과	있음(○) 당기순이익 계산전 (인건비 비용처리)	있음(○) 당기순이익 계산전 (인건비 비용처리)	- 당기순이익 계산후 (이익잉여금 처분)
(-) 근로소득공제	있음(○)	있음(○)	-
(-) 배당 Gross-up 세액공제	-	-	있음(○)

[예시] 급여인상, 상여수령, 배당수령에 의한 가지급금 상환용 자금 마련

		기존 급여
(A)	총 수령금액	150,000,000
	(-)근로소득공제	-15,750,000
	(+)배당Gross-up	
	소득금액	134,250,000
	(-)소득공제(가정)	-20,000,000
	과세표준	114,250,000
	소득세 산출세액	24,547,500
	근로소득세액공제	-200,000
	(-)배당세액공제	
	소득세 결정세액	24,347,500
(B)	(-)소득세부담액(지방세 포함)	26,782,250
(C)	(-)4대보험료(20%가정)	30,000,000
	실제 수령금액	93,217,750
	비용부담률[(B+C)/A]	37.9%

		급여 인상	상여 수령	배당 수령	
	추가 수령금액	50,000,000	150,000,000	150,000,000	
(A)	총 수령금액	200,000,000	300,000,000	300,000,000	
	(-)근로소득공제	-16,750,000	-18,750,000	-15,750,000	
	(+)배당Gross-up			30,800,000	
	소득금액	183,250,000	281,250,000	315,050,000	
	(-)소득공제(가정)	-20,000,000	-20,000,000	-20,000,000	
	과세표준	163,250,000	261,250,000	295,050,000	
	소득세 산출세액	42,095,000	79,335,000	92,179,000	
	근로소득세액공제	-200,000	-200,000	-200,000	
	(-)배당세액공제			-30,800,000	
	소득세 결정세액	41,895,000	79,135,000	61,179,000	
(B)	(-)소득세부담액(지방세 포함)	46,084,500	87,048,500	67,296,900	
(C)	(-)4대보험료(20%가정)	40,000,000	60,000,000	30,000,000	3천초과액 익년 증가
(D)	(-)건강보험료 증가(8%가정)			12,000,000	익년 증가
(E)	(+)법인세 절감액(20.9%가정)	10,450,000	31,350,000		
	(-)세금과 4대보험료 합계	75,634,500	115,698,500	109,296,900	
	(-)세금과 4대보험료 증가액	18,852,250	58,916,250	52,514,650	
	실제 수령금액	124,365,500	184,301,500	190,703,100	
	실제 수령 증가금액	31,147,750	91,083,750	97,485,350	→ 가지급금 상환
	비용부담률[(B+C+D-E)/A]	37.8%	38.6%	36.4%	

○ 예시처럼 급여 인상, 상여 수령, 배당 수령에 의한 비용부담률과 비용부담액에 큰 차이는 없어 보인다. 급여 인상과 상여 수령은 근로소득세와 4대보험료의 (보수월액X20%)를 증가시키는 대신 △법인세 절감효과와 △근로소득공제(2천만원 한도)증가효과가 있고, 배당 수령은 배당소득세와 건강보험료의 (소득월액X8%)를 증가시키면서 법인세 절감효과가 없는 대신 △배당 Gross-up의 세액공제효과가 있다.

○ 가능한 3억 6,250만원(근로소득공제 최대한도 2천만원 적용금액) 이하의 범위내에서 급여 인상, 상여 수령을 하거나 일정 한도내에서 배당 수령을 하되, 약 35%~40%의 비용을 추가 부담하고, 약 60%~65%를 실수령해서 가지급금을 상환하게 된다.

○ 4대 보험료에는 납입 보험료 한도가 있으므로 급여 인상, 상여 수령, 배당 수령은 회사에서 국민연금공단, 국민건강보험공단, 근로복지공단 등에 급여, 상여, 배당금액 증가시 보험료 증가금액을 문의한 후, 그 비용효과를 확인하고 4대 보험료를 추가 부담가능한 범위에서 각 회사의 상황에 맞는 방법을 선택한다. 또한 급여와 상여 증가시에는 퇴직금 규모도 증가한다는 사실을 감안한다.

◦ 예를 들어 상여로 1억 5천만원을 더 받으면, 그 중 약 5천 9백만원의 세금과 4대보험료를 내고, 약 9천 1백만원을 받아 가지급금을 상환하게 되며, 익년도에 4대보험료가 증가하는 대신, △법인세절감효과와 △근로소득공제 증가효과가 있다.

◦ 한편 배당으로 1억 5천만원을 더 받으면, 그 중 약 5천 3백만원의 세금과 4대보험료를 내고, 약 9천 7백만원을 받아 가지급금을 상환하게 되며, 익년도에 건강보험료가 증가하는 대신, △배당 Gross-up의 세액공제효과가 있다.

(3) 많은 금액을 일시에 상환·제거

□ 대표가 보유한 주식의 외부양도나 부동산의 자사 양도·임대

○ 대표가 보유한 계열사 주식이나 상장투자주식이 있으면, 양도소득세(양도차익 3억원 기준 22%~25%, 상장소액주식은 비과세)를 부담하고 처분대금으로 가지급금을 일시에 상환·제거할 수 있다.

○ 대표가 회사의 사무용 건물이나 공장 등의 부동산을 보유하고 있으면 이를 회사에 팔아서 양도소득세(△15년이상보유 장특공 30%, △기본공제 250만원 공제후 6.6~49.5%)를 부담하고 양도대금을 받거나, 월세인 경우 전세로 전환하여 전세보증금을 평가해서 받고, 이를 가지급금과 상계할 수 있다.

○ 비상장법인의 경우 대표 소유 부동산을 회사에 판매하더라도 그 회사의 대주주가 대표이면 판매한 후에도 그 부동산의 관리와 처분을 통제할 수 있다.

□ 주식발행초과금의 감액배당

○ 회사에 주식발행초과금(주발초)이 많을 경우에는 대주주인 대표가 이를 재원으로 비과세 감액배당을 받고, 회사로부터 이 배당금액으로 가지급금의 상당금액을 일시에 상환·제거할 수 있다. 이것은 결국 가지급금과 주발초를 상계하는 결과를 가져오게 되는데, 이 때에는 부채비율이 증가하고 순자산 감소에 의한 미래세금 감소효과가 있으므로 주발초의 감액배당을 실시하려면 이 둘을 사전에 검토한 후에 실시한다.

○ 회사는 적립된 자본준비금 및 이익준비금의 총액이 자본금의 1.5배를 초과하는 경우에 주주총회의 결의에 따라 그 초과한 금액 범위에서 자본준비금과 이익준비금을 감액할 수 있다.

○ 자본준비금이란 기업회계기준상 자본잉여금(주식발행초과금, 감자차익, 자기주식처분이익 등)을 의미한다. 주식발행초과금의 배당은 배당소득세가 비과세된다. 다만, 개인주주와 달리 법인주주는 투자한 장부금액 한도내에서 감액배당을 받을 수 있다.

*상법 제459조①, 제461조의2, 동법 시행령 제18조, 법인세법 제18조 8

- 이미 가지급금을 가지고 있는 중소법인이 ① 기존 가지급금을 확인하고 향후 발생을 억제하는 방법과 ② 기존 가지급금을 조금씩 제거하는 방법을 실시하기로 했다면, 다음은 ③ 기존 가지급금을 한꺼번에 상당액을 제거하는 방법을 동시에 진행한다.
- 법인의 가지급금을 일시에 상당금액을 제거하기 위해서 대표의 개인소유 주식이나 부동산을 외부에 팔아서 받은 양도대금으로 가지급금을 상환하는 것은 쉽지 않다. 오히려 대표소유 부동산을 법인에 양도하거나 전세를 주는 방법이 나을 수 있다.
- 주식발행초과금의 비과세 감액배당으로 가지급금 상당액을 제거하는 방법은 부채비율이 증가하지만 법인자금을 합법적으로 개인화할 수 있고 순자산 감소에 의한 미래세금 감소효과도 있다. 법인주주는 투자한 장부금액 한도내에서 감액배당을 받을 수 있다.
- 대표의 자기주식 액면감자소각으로 가지급금 상당액을 제거하는 방법은 모든 주주에게 균등하게 진행하여야 하고 부채비율이 증가하며 순자산 감소에 의한 미래세금 감소효과도 적어 회사에 꼭 필요한 경우에만 진행하는 것이 좋다.

☐ 대표의 자기주식 액면소각(주주균등 액면감자소각)

- 회사의 자본금 액면금액이 클 경우 상법과 세법 절차를 준수하면서 대표의 자기주식 일부를 액면금액으로 소각(모든 주주가 균등하게 소각)하고, 회사로부터 받은 액면금액 소각대금으로 가지급금의 상당금액을 일시에 상환·제거할 수 있다. 이 경우에는 부채비율이 증가하고 순자산 감소에 의한 미래세금 감소효과도 적다는 단점이 있다.
- 보통 자기주식의 감정평가금액(시가)는 액면금액보다 높겠지만, 높은 시가로 자기주식을 소각할 경우에는 소각주주가 시가와 취득가액의 차이만큼 배당을 받은 것으로 보아 배당소득세가 과세된다.
- 따라서 시가보다 낮게 액면감자소각하면 배당소득세가 과세되지 않는다. 그러나 시가보다 낮은 액면감자소각시에게 모든 주주에게 균등하게 소각하여야 하며, 일부 주주에게만 시가보다 낮은 액면으로 감자소각(주주 불균등 액면감자소각)하면 저가로 소각대금이 유출되고 남아 있는 시가와 액면의 차액이 나머지 주주들(소각주주들의 특수관계인 대주주등)에게 증여되는 이익으로 보아 증여세가 과세(감자증여의제)된다.
- 한편, 시가보다 낮은 저가인 액면가액으로 소각하면, 특수관계자인 개인으로부터의 유가증권 저가매입시 매입차액에 대한 익금산입문제와 법인의 저가매입에 의한 양도소득 부당행위계산부인문제가 이슈가 될 수 있으나, 양도후 바로 소각되므로 익금산입과 △손금산입이 동시에 일어나 세무조정이 불필요하고, 부당행위계산은 법인의 저가매입이 아닌 고가매입이 해당되므로 전체적으로 문제가 없다.

* 상증세법 제39조의2

☐ 대표의 자기주식을 양도 또는 일시보유 목적으로 회사에 양도

○ 회사가 대표의 자기주식을 양도 또는 일시보유 목적으로 취득하는 경우에 대표가 받은 양도대금으로 가지급금의 상당금액을 일시에 상환·제거할 수 있다. 이 경우에는 자기주식이 소각되는 것이 아니라 회사가 제3자에게 재양도하거나 취득목적에 맞게 활용한다. 회사의 부채비율은 대표의 자기주식 취득시에 증가하나, 회사가 취득한 자기주식을 재판매하거나 자산으로 전환할 경우에는 부채비율이 다시 제자리로 하락할 수 있다.

○ 대표의 회사에 대한 자기주식 이전이 양도로 인정되면 대표에게 저세율의 주식양도소득세(과표 3억 기준 22% 또는 27.5%)가 부과되며, 소각으로 인정되면 배당소득세(6.6~49.5%)가 부과된다.

◘ 자기주식 취득전 사전검토 :

○ 자기주식 취득은 모든 주주에게 사전에 통지 또는 공고하고 각 주주가 가진 주식 수에 따라 균등한 조건으로 취득하며 주주총회 결의 또는 (이사회 결의로 이익배당가능 정관규정이 있는 경우) 이사회 결의를 하는 등 상법상의 절차를 준수하여야 한다

○ 자기주식의 취득한도는 이익배당가능액 한도 이내이어야 한다.

이익배당가능액이란 다음과 같이 직전 결산기의 대차대조표상의 순자산액에서 자본금의 액, 그 결산기까지 적립된 자본준비금과 이익준비금의 합계액, 그 결산기에 적립하여야 할 이익준비금의 액, 미실현이익(자산 및 부채에 대한 평가로 인하여 증가한 대차대조표상의 순자산액으로서, 미실현손실과 상계하지 아니한 금액)을 차감한 금액이다.

○ 회사가 자기주식을 취득하면 현금과 자기자본이 감소하여 회사의 부채비율이 높아지므로, 은행대출 등을 고려할 때 어느 정도까지 허용할 수 있는지 확인한다.

○ 자기주식이 감자소각되어 자본금이 감소하는 경우에 건설업은 등록기준 미달에 해당하여 영업정지, 등록말소, 시공능력 저평가 등의 불이익이 발생할 수 있으므로, 업종별로 자본금 유지의 의무규정이 있는 지를 미리 확인해야 한다.

○ 자기주식에 대한 감정평가를 실시해서 자기주식 양도대가로 사용할 시가를 결정한다.

* 상법 제341조, 동법 시행령 제9조, 건설산업기본법 제10조, 동법 시행령 제13조 [별표2]

○ 대표의 자기주식 양도는 ① 법률과 정관상 절차, 요건, 취득목적의 준수, ② 회사(주주, 채권자 포함)의 이익 침해금지, ③ 주주에 대한 균등기회 부여, ④ 주주의 주주권 행사, ⑤ 경제적 실질의 양도자 귀속의 원칙이 적용되어야 양도로 인정되고, 의제배당 과세 없이 양도대금을 양도자인 대표의 가지급금 제거 등 개인적인 용도로 사용할 수 있다.

○ 소각목적 이외, 대표의 자기주식 양도는 그 절차와 요건 등을 엄격히 준수하면 높은 배당소득세율(6.6%~49.5%)보다 낮은 주식양도세율 부담(3억 기준 22% 또는 27.5%)으로 가지급금 제거효과를 단기간에 볼 수 있는 방안이지만, 세무당국에서 가장 주의해서 관찰하고 있는 항목 중의 하나이다.

▫ (양도로 인정되기 위한) 자기주식 취득목적의 결정

○ 보유후 제3자 매각, 투자유치, 경영권 안정, 임직원 스톡옵션, 임직원 스톡그랜트(주식보상), 사내근로복지기금 출연, 상장법인의 주가안정 등

▫ 자기주식의 양도로 인정이 안되는 경우

○ 회사가 자기주식 취득과 관련한 상법상의 절차를 준수하지 않거나 자기주식 취득후 실제 취득목적에 맞는 실행(처분)을 하지 않은 상태에서 대표가 자기주식 양도대금으로 수 개월내에 가지급금을 상환·제거한 경우에는 자기주식의 소각으로 간주된다.

○ 예를 들어, 제3자 매각, 투자유치, 경영권 안정 등의 경우 구체적으로 진행하여야 하고 그 설명자료와 증빙자료가 있어야 하는데, 이에 대한 아무런 절차없이 빠른 시간내에 가지급금 상계·제거절차만 하고 회사가 자기주식을 계속 보유하고 있으면 양도가 아닌 자기주식의 소각으로 간주될 수 있다.

○ 회사가 자기주식 취득한 후에 실제 취득목적에 맞는 실행(처분)을 하려 했으나, 예상대로 되지 않아 자기주식을 소각한 경우에는 자기주식의 소각으로 간주될 수 있다.

⇒ 자기주식 소각으로 간주되면 대표의 최초 취득가액과 양도가액의 차액에 대하여 의제배당에 의한 배당소득세(6.6%~49.5%)가 과세되며, 세금납부 지연기간동안 양도가액은 업무무관가지급금으로 간주된다.

[대표의 자기주식을 양도 또는 일시보유 목적으로 회사에 양도]

- 주주총회 결의 or (정관 지정) 이사회 결의
  → 자기주식 취득 결정

- 모든 주주에게
  → 자기주식의 취득 통지 or 공고

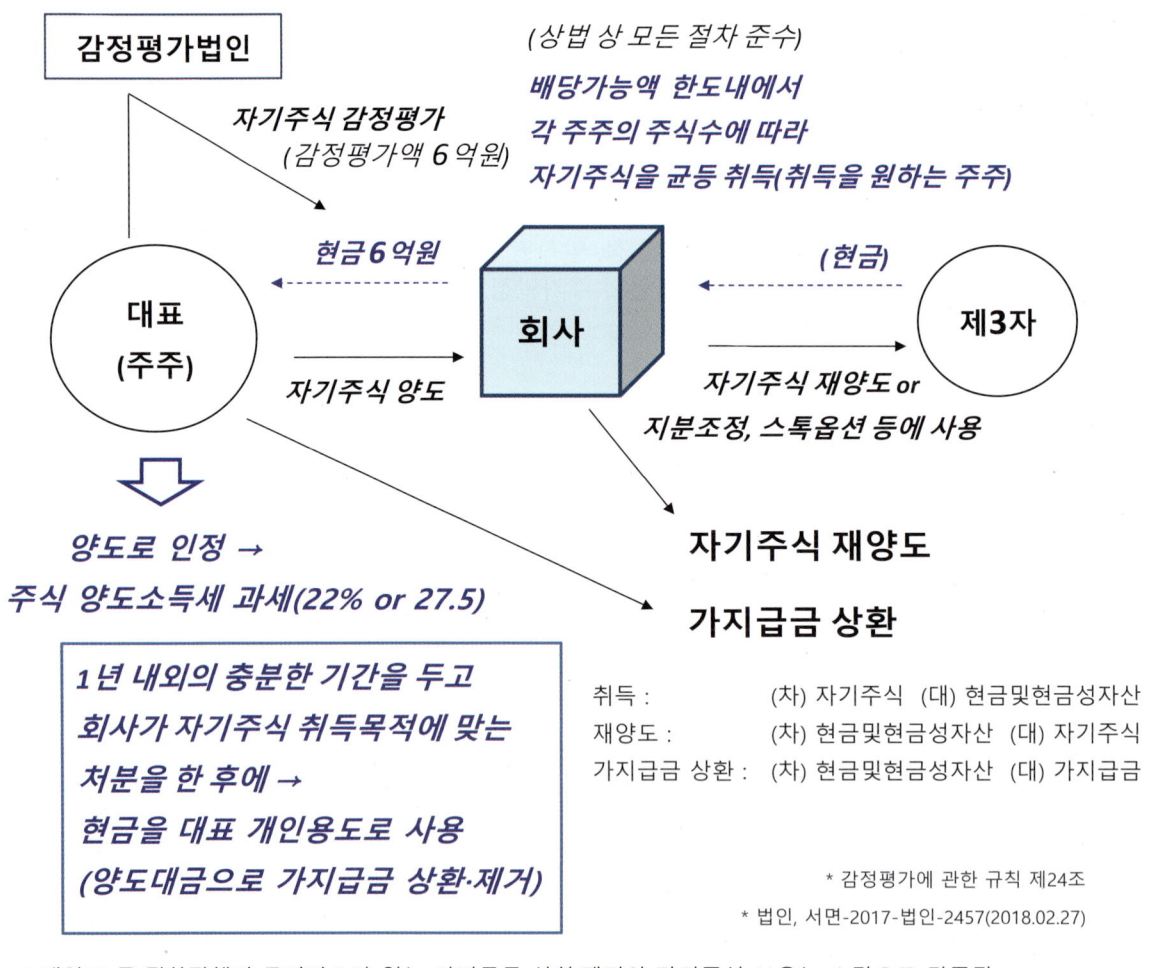

* 감정평가에 관한 규칙 제24조
* 법인, 서면-2017-법인-2457(2018.02.27)

* 재양도 등 절차진행과 근거자료가 없는 가지급금 상환·제거와 자기주식 보유는 소각으로 간주됨

○ 내국법인이 주주(대표)에게 우회적으로 자금을 지원할 목적이 없이 주주(대표)로부터 자기주식을 취득하면서 취득대금을 지급한 것이 사실로 판단이 되면, 이 취득대금은 법인의 업무무관가지급금에 해당하지 아니한다.

○ 즉, 회사가 자기주식 취득후 실제 취득목적[보유후 제3자 매각, 투자유치, 경영권 안정, 임직원 스톡옵션, 임직원 스톡그랜트, 사내근로복지기금 출연 등]에 맞게 구체적인 절차를 진행하여 자기주식을 실행(처분)하고 그에 대한 설명자료와 증빙자료를 갖고 있으면 자기주식의 양도로 인정될 수 있다. 취득목적에 맞는 절차의 진행이나 증빙없이 자기주식을 계속 보유하고 있으면 업무무관자산 또는 소각으로 보아 배당소득세가 과세된다.

○ 자기주식 양도후 1년 내외의 충분한 기간을 갖고, 회사가 자기주식을 실제 취득목적에 맞는 실행(처분)을 한 후에 대표는 자기주식 양도대금으로 가지급금의 상당액을 일시에 상환·제거한다. 이 때 대표는 저세율의 주식 양도소득세(22%~27.5%)를 부담한다.

□ **자기주식의 양도로 인정이 되는 경우**

ο 회사가 자기주식 취득후 실제 취득목적에 맞게 구체적인 절차를 진행하여 자기주식을 실행(처분)하고 그에 대한 설명자료와 증빙자료를 갖고 있으면 양도로 인정될 수 있다.

ο 실제 취득목적에 맞는 실행(처분)이 지연되어 회사가 자기주식을 장기 보유하게 되는 경우에는 회사가 대표에게 자금을 대여하였다고 보아 업무무관 가지급금으로 간주될 수 있으므로 장기 지연시에는 지연 사유에 대한 근거자료를 갖고 있어야 한다.

ο 자기주식 양도후 양도대금에 의한 가지급금 상환·제거는 1년 내외의 충분한 기간을 두고 회사가 자기주식을 실제 취득목적에 맞는 실행(처분)을 한 후에 실시한다.

⇒ 의제배당에 의한 배당소득세(6.6%~49.5%)가 아닌 저세율의 주식 양도소득세율 (22%~27.5%)이 적용된다.

[대표의 자기주식 양도 및 목적 실행후, 가지급금 상환]

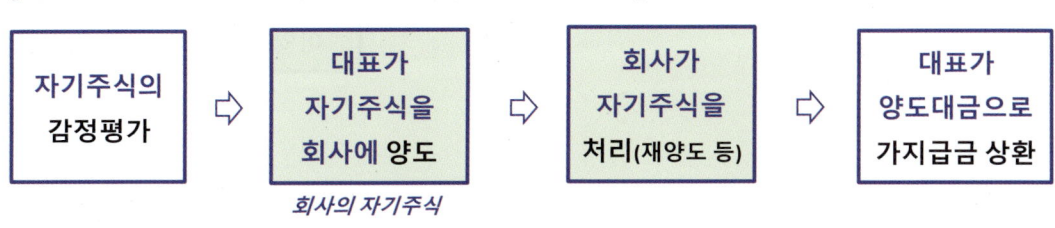

□ 대표가 배우자증여를 받은 자기주식을 이익소각목적으로 회사에 양도

▫ 배우자에게 회사주식이 있는 경우

○ 배우자에게 회사주식이 있는 경우 이에 대해 주권을 발행하고 감정평가를 해서 6억원의 한도내에서 대표에게 증여를 한다.

대표는 증여받은 주식을 포함하여 배당을 받고 주주총회 결의도 하는 등 주주로서의 권리를 충분히 행사한 후, 1년 이상 경과한 뒤에 증여받은 주식을 회사에 양도하여 이익소각(감자소각보다 간단)하고 그 양도대금으로 가지급금을 상환·제거한다.

⇒ 자기주식을 증여받은 대표가 증여받은 이익을 사용하는 것이고, 배우자공제 6억원 이내이므로 증여세가 비과세되며, 회사에 대한 대표의 자기주식 양도가액과 취득가액(=증여가액)이 동일하므로 대표의 의제배당액이 0원으로 배당소득세도 없다.

[배우자로부터 받은 자기주식 양도·이익소각후 가지급금 축소]

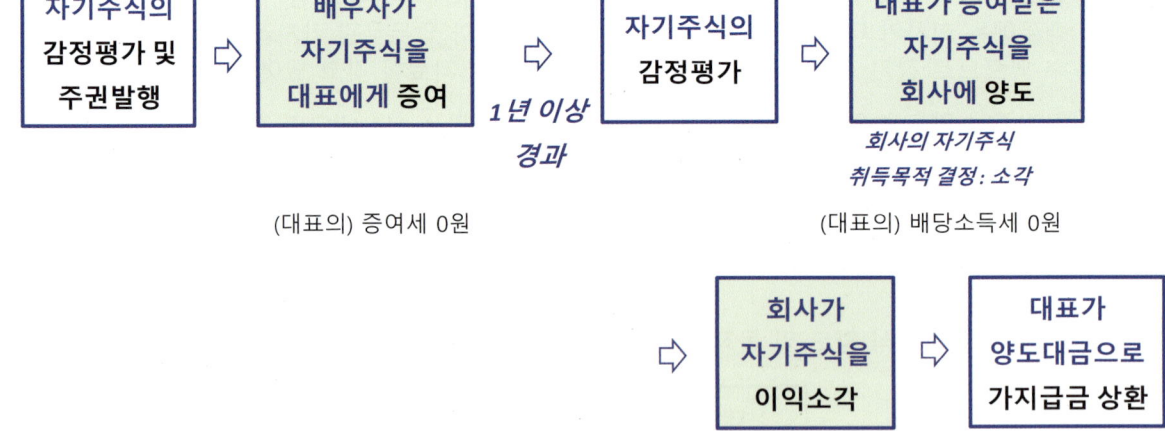

* 소득세법 제87조의13

○ 회사가 소각목적으로 자기주식을 취득하면 자기주식의 시가(감정가액) 상승으로 감자차익이 발생하고 이는 양도자인 대표의 의제배당에 해당하여 배당소득세가 과세된다.

○ 그러나 배우자로부터 자기주식을 증여받은 대표가 증여받은 금액(=시가=감정가액)이 6억원일 경우 △배우자공제 6억원에 의해 증여세가 비과세되고, 이를 회사에 양도하면 자기주식 양도가액과 취득가액(=증여가액)이 같아 대표의 의제배당액이 0원으로 배당소득세도 없다.

○ 대표가 주권이 발행된 배우자증여 주식을 1년 이상 지난 뒤, 회사에 양도하고 이익소각하면서 세금부담없이 양도대금으로 가지급금의 상당액을 일시에 상환·제거할 수 있다.

○ 다만, 자기주식, 이익소각, 배우자증여재산공제 6억원은 과세당국에서 가장 주의해서 관찰하고 있는 항목 중의 하나이다.

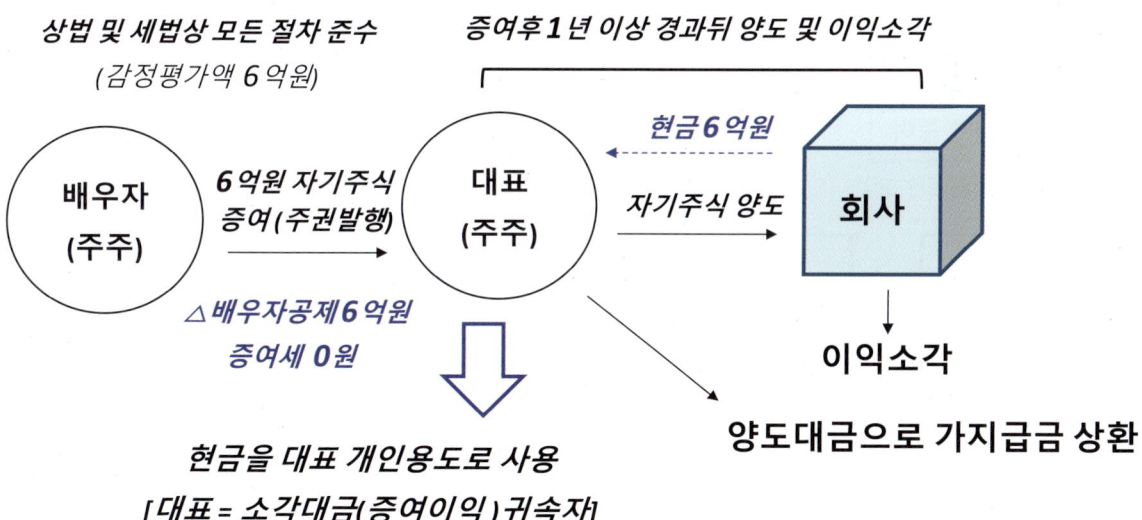

[배우자로부터 받은 자기주식 양도·이익소각후 가지급금 축소]

▫ 배우자에게 회사주식이 없는 경우

배우자에게 회사주식이 없는 경우 대표가 주권을 발행하고 감정평가를 해서 6억원의 한도내에서 회사주식을 배우자에게 증여를 할 수 있다.

⇒ 자기주식을 증여받은 배우자가 증여받은 이익을 배우자의 개인목적으로 사용할 수 있다. 즉 배우자가 배우자증여공제 6억원에 의해 증여세 없이 증여받은 회사주식을 회사에 양도하여 양도소득세 또는 배당소득세 없이 양도대금을 받아서 배우자의 개인목적으로 사용하면 된다. 양도대금을 대표에게 주거나 빌려주면 대표에게 배당소득세가 과세된다.

아니면 자기주식을 증여받은 배우자가 회사에 양도하지 않고 배당을 받고 주주총회 결의도 하는 등 주주로서의 권리를 충분히 행사한 후, 10년 이상 경과한 뒤에 증여받은 주식을 대표에게 다시 증여하여 가지급금을 장기적으로 해결하는 것도 가지급금 제거의 한 방법이다. 이 때에도 주권은 발행되어 있어야 한다.

[배우자에게 증여한 자기주식을 10년뒤 배우자로부터 재증여받아 양도·소각후 가지급금 축소]

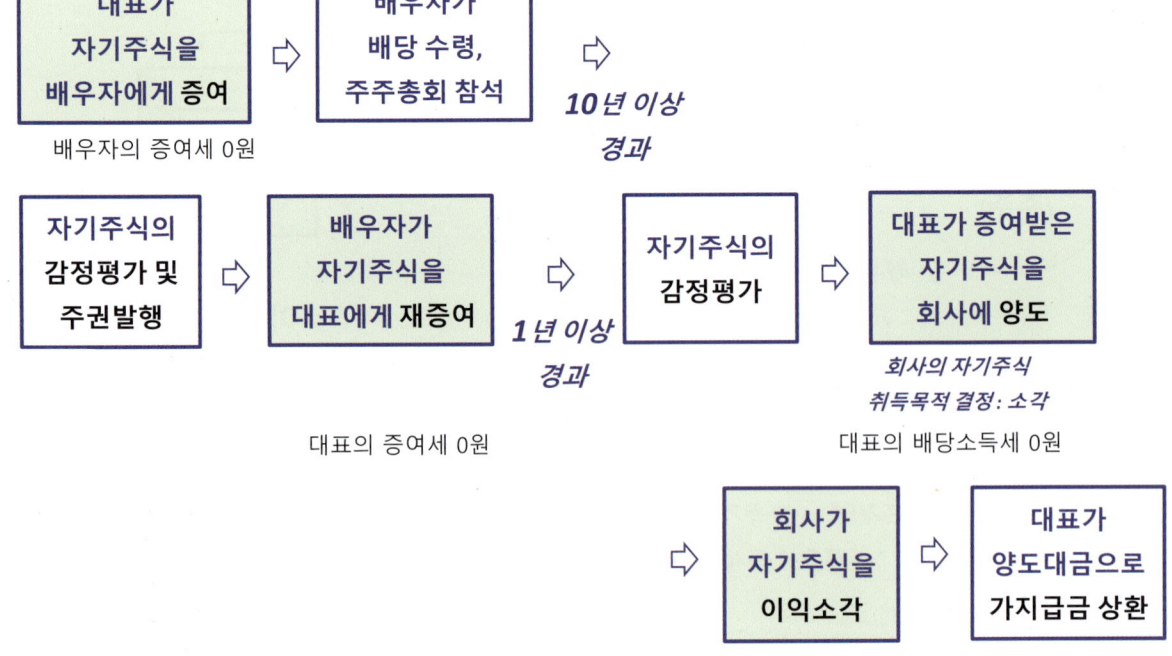

○ 배우자에게 회사주식이 없을 경우 대표가 배우자에게 회사주식을 증여하는 것은 배우자의 자금력 증대와 순자산 감소에 의한 미래세금 감소효과에 유용하고, 향후 10년뒤에 재증여를 받아 장기적인 측면에서의 가지급금 제거에 활용할 수 있다.

○ 다만, 배우자 증여후 재증여를 단기간내에 할 경우 세금이 추징될 가능성이 높으므로 배우자가 배당 수령, 주주총회 결의 등으로 10년 이상 장기간동안 주주로서 권리를 누리면서 배우자의 개인적인 자금력을 증대시킨 후에 재증여하는 것이 좋다.

□ 대표 개인 소유의 특허권을 감정평가후 회사에 양도

○ 등록된 특허권을 감정평가하여 회사에 양도할 수 있다. 이 때 회사로 부터 받은 특허권 양도대금으로 가지급금의 상당금액을 일시에 제거할 수 있다. 특허권이 아직 출원전 이라면 특허출원과 등록, 감정평가, 회사양도까지 보통 2년 이상의 기간이 소요된다.

○ 특허권을 회사에 양도한 대표는 기타소득세가 과세(필요경비 60% 필요경비 공제후 22%를 원천징수한 후 익년 5월에 대표의 연봉과 합산되어 종합과세)되고, 익년 건강보험료(소득월액의 약 8%, 장기요양보험료 포함)가 인상되어 부과된다. 반면 회사는 특허권 상각으로 약 7년간 법인세를 절감할 수 있다.

○ 예를 들어 특허권을 5억원에 평가받아 회사에 매각하면 60% 필요경비 공제후 2억원에 대해 기타소득세 22%가 원천징수되고 익년 5월에 대표 연봉과 2억원을 합산하여 종합과세(원천징수세액은 차감)되며, 2억원 증가로 익년 건강보험료가 매월 133만원(소득월액 보험료 상한은 약 442만원, 장기요양보험료 포함)이 인상되어 부과된다.

○ 특허권을 5억원에 매입한 법인은 7년간 매년 약 1천5백만원(법인세율 20.9%가정)의 법인세 환급(절세)효과가 발생한다.

○ 특허권 감정평가금액은 1억원~5억원 사이로 평가하는 것이 일반적이며, 과도한 평가액은 부인될 가능성이 높고, 건강보험료도 소득월액 보험료 상한까지 증가할 수 있다.

○ 특허권을 사업용 고정자산(토지, 건물, 부동산에 관한 권리)과 같이 양도하면 양도소득세가 부과되고, 별도로 양도하면 기타소득세(필요경비 60%공제)가 부과되므로 별도로 양도해야 한다.

○ 또한 대표 개인 소유의 특허권임을 증명할 수 있어야 하고, 회사 소유의 특허권이나 회사 내부의 조직이나 직원의 특허권을 대표 자신의 특허권으로 가장하여 양도한 경우에는 대표에 대한 업무무관가지급금이 되어, 가지급금이 감소하는 것이 아니라 오히려 더 증가하게 되고 세금도 더 증가하며, 회사에 손해가 발생한 경우에는 업무상 배임·횡령 문제도 발생할 수 있다.

* 소득세법 제21조①7, 제94조①4가, 동법 시행령 제87조 1의2
* 법인세법 시행규칙 제15조②[별표3]무형자산의 내용연수표
* 국민건강보험법 시행령 제44조, 노인장기요양보험법 시행령 제4조, 보건복지부 고시[월별 건강보험료의 상한과 하한에 관한 고시]

○ 회사 대표에게 개인 소유의 특허권이 있는 경우 이를 감정평가한 후 회사에 양도하여 그 양도대금으로 법인의 가지급금의 상당액을 일시에 상환·제거할 수 있다.

○ 특허권의 양도대금으로 법인의 가지급금을 제거하는 방법은 회사(법인)에 특허권이라는 무형자산이 생기고 현금이 유출되므로 부채비율과 순자산 감소에는 영향이 없고, 60%의 필요경비를 공제받고 법인자금을 합법적으로 활용하여 가지급금을 일시에 상당액을 제거할 수 있으며, 무형자산 상각을 통해 법인세절감효과도 볼 수 있는 방법이다.

○ 하지만, 대표 개인소유가 아닌 특허권을 대표 개인소유로 가장하면 법적인 처벌을 받고 특허권 양도는 부인되며, 특허권 감정평가액이 과다할 경우에도 부인될 수 있다.

또한, 특허권의 양도대금이 기타소득으로 60% 필요경비가 공제되지만 종합과세될 수 있을 뿐만 아니라 소득월액을 증가시켜 익년도부터 기존 보수월액 건강보험료에 가산하여 소득월액 건강보험료가 매월 상한금액(약 442만원)까지 추가 발생할 수 있다는 점에 주의하여야 한다.

[특허권을 회사에 양도하여 양도대금으로 가지급금을 제거]

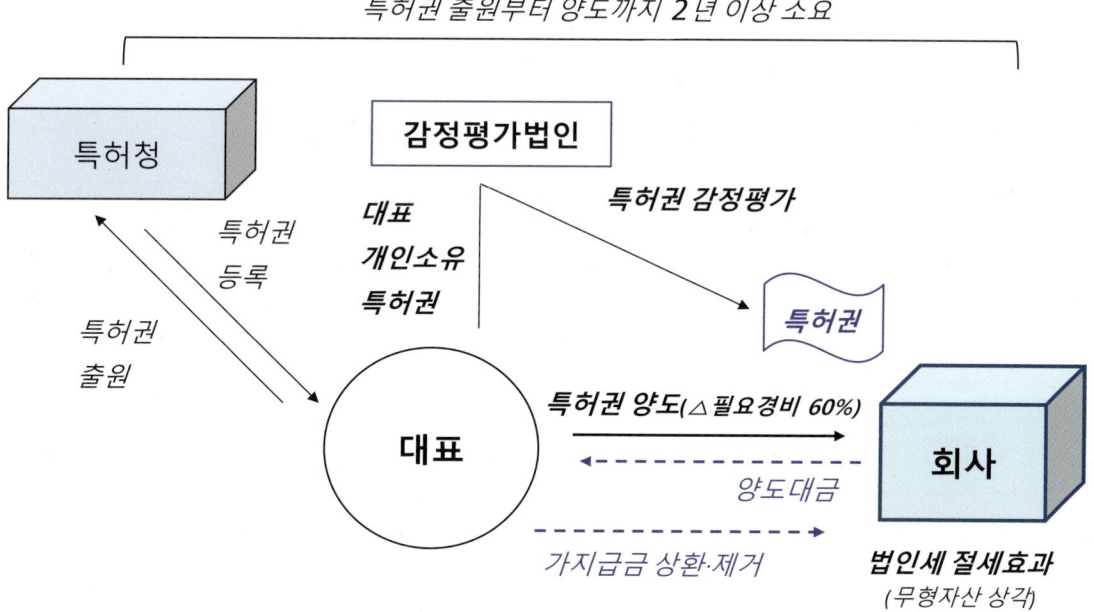

CEO Tip 017 주발초가 많으면 비과세 현금배당(감액배당)을 받자.

[예시1] 순자산금액이 크고 주발초가 큰 A법인의 상속세 계산

(금액단위: 백만원)

과 목		2021년말
부 채		
부 채 총 계		4,353
자 본		
Ⅰ. 자본금		3,000
보통주자본금	3,000	
Ⅱ. 자본잉여금		23,754
주식발행초과금	23,754	
Ⅲ. 자본조정		-24,706
자기주식	-	
감자차손	-24,706	
Ⅳ. 이익잉여금		47,290
법정적립금	6	
임의적립금	287	
미처분이익잉여금	46,997	
자 본 총 계		49,338
부채비율		8.8%

과목	연도	금액	이익률
매출액	2019	26,962	
	2020	22,635	
	2021	16,014	
영업이익	2019	-2,009	-7.5%
	2020	-660	-2.9%
	2021	-1,184	-7.4%
순이익	2019	1,623	6.0%
	2020	-1,471	-6.5%
	2021	89	0.6%

과목	연도	금액	비율
부동산	2021년말	20,881	38.9%
총자산		53,691	

· 대표이사가 100% 지분소유

· 1주당 액면 5천원, 주식수 600,018주

· 상속공제는 일괄공제 5억원, 배우자공제 30억원, 금융재산공제 2억원 등 총 37억원을 적용함

○ 국내 비상장법인 1곳의 일반기업회계기준 약식 재무제표를 통해 상속세를 약식으로 계산해 보자. 상속세및증여세법상 1주당 비상장주식 평가액은 아래 요약표와 같이 순손익가치와 순자산가치를 3대 2의 비율로 가중평균하여 계산한다.

□ **1주당 비상장주식 평가액 =**
　　Max　[① (1주당 순손익가치 X 3 + 1주당 순자산가치 X 2) / 5
　　　　　② 1주당 순자산가액 X 80%]

1주당 순손익가치 = $\dfrac{\text{1주당 최근 3년간의 순손익액의 가중평균액}}{\text{순손익가치환원율(10\%)}}$

1주당 순자산가치 = $\dfrac{\text{(자산합계 - 부채합계)}}{\text{총발행주식수}}$

[풀이1] (약식 계산방식임)　　　* 상증세법 시행령 제54조, 제55조, 제56조, 동법 시행규칙 제17조

○ **1주당 순손익가치**

순이익	2019	1,623 백만원	1
	2020	-1,471	2
	2021	89	3
			6

총발행주식수　600,018 주

① 최근 3년간의 순손익액의 가중평균액 = [(1,623*1)+(-1,471*2)+(89*3)] / 6 =　　-175.6 백만원
② 1주당 최근 3년간의 순손익액의 가중평균액 = ①(-175.6백만원) / 600,018주 =　　-292.6 원
③ 1주당 순손익가치 = ②(-292.6원) / 10%(순손익가치환원율)　　　　　　　　　　　-2,926 원

○ **1주당 순자산가치**

④ 자본총계　　2021　　49,338 백만원
⑤ 1주당 순자산가치 = ④(49,338백만원) / 600,018주　　　　　　　　　　　　　　82,228 원

○ **1주당 비상장주식 평가액 =**　　　　　　　　　　　　　　　　　　　　　　　65,782 원
　　Max　[① (1주당 순손익가치 X 3 + 1주당 순자산가치 X 2) / 5
　　　　　② 1주당 순자산가액 X 80%]

　　Max　[① (-2,926 X 3 +82,228 X 2) / 5 =　　31,135
　　　　　② 82,228 X 80% =　　　　　　　　　　65,782]

○ **비상장주식 평가액** = 65,782원 X 600,018주 X 100%　　　　　　　　　　　395 억원

○ **상속세 산출세액** = (상속세 과세가액 - 상속공제) X 50% - 4억6천만원
　　　　　　　　　= (395억원 - 37억원) X 50% - 4억6천만원 =　　　　　　　　174 억원

☐ 1주당 비상장주식 평가시 주의사항

☐ 총자산 중 부동산비율이 80%이상인 법인의 1주당 비상장주식 평가
→ 1주당 순자산가치

☐ 총자산 중 부동산비율이 50%이상인 법인의 1주당 비상장주식 평가
→ 1주당 순손익가치 대 1주당 순자산가치 = 2 : 3

☐ 1주당 비상장주식 평가액의 하한
→ 1주당 순자산가치 X 80%

☐ 최대주주 등(특수관계인 포함)의 할증과세 : 1주당 비상장주식 평가액 X 1.2배
(상속세율이 약 60%가 적용되는 효과)

예외
- 총자산액 5천만원 미만, 업종별 매출액이 400억~1,500억원이하인 중소기업
- 3년평균매출 5천만원미만인 중견기업
- 3년연속 결손법인

☐ 평가기간과 법정결정기간내 주식이나 부동산 등의 양도

평가기간
- 증여세: 증여일 전후 (6개월+3개월) 총 9개월
- 상속세: 상속개시일 전후 (6개월+6개월) 총 12개월

법정결정기한
- 증여세: 증여세 과세표준 신고기한부터 6개월
- 상속세: 상속세 과세표준 신고기한부터 9개월

평가방법으로 비상장주식의 시가를 산출하여 증여세나 상속세를 납부한 후, 평가기간 내에 주식, 부동산 등을 양도하여 거래가액, 감정가액 등이 발생하면 양도소득세 없이 팔 수도 있고, 증여세 또는 상속세를 재계산하므로 세금이 증가할 수도 있다. 즉, 평가 기간내에 주식이나 부동산 등을 양도할 때에는 양도전에 세금을 미리 계산해 봐야 한다.

법정결정기한내에 주식, 부동산 등의 양도에 의한 거래가액, 감정가액 등이 발생하면 평가심의위원회의 심의을 거쳐 그 금액을 시가로 인정하므로 세금이 증가할 수도 있다.

* 상증세법 제60조②, 제63조③, 동법 시행령 제49조①, 제53조⑥⑦, 제54조①,④, 제78조①

○ [예시1]의 회사는 국내 비상장법인 1곳으로, 코로나사태 등의 영향으로 최근에는 수익성이 낮지만, 미처분이익잉여금이 많은 것을 보면 과거에는 수익성이 좋았을 것이다.

○ 이 회사는 부채가 적고 순자산을 많이 보유하고 있어 부채비율이 10% 미만으로 재무안정성이 대단히 우수한데, 이런 회사들의 단점은 [예시 풀이1]에서 보듯이 174억원의 상속세와 같은 미래세금이 매우 많다는 것이다.

이 많은 상속세를 상속인들이 개인 현금으로 납부한다는 것은 사실상 불가능하고 대주주가 보유한 비상장주식 자체를 물납으로 상속세를 납부하는 것도 주식가치 평가, 외부매각가능여부, 경영권 방어 등의 문제로 쉽지가 않다. 그래서 미래세금 납부자금을 미리 준비해야 한다. 앞에 언급한 경영인 정기보험의 필요성이 대두되는 것이다.

○ 상속세를 줄일 수 있는 방법으로 주식발행초과금에 의한 감액배당을 사용할 수 있다.

주식발행초과금(주발초)은 회계처리상 자기자본 중 자본잉여금으로 분류하며, 주발초에 의한 현금배당이 회사의 영업과 운영에 지장을 주지 않는 한, 이것은 '비상장법인의 합법적인 개인자금화와 상속세대상자산 감소'전략의 하나로 수행될 수 있다.

○ 다만, 자녀법인의 주발초 감액배당을 통해 부모의 자녀에 대한 증여수단으로 사용할 경우에는 논란이 될 수 있으며, 법인주주의 경우에는 감액배당에 한도가 있다.

○ 주식발행초과금이란 주식발행시 액면가액 이상으로 발행했을 경우 발행가액과 액면가액의 차액을 말하는 것으로, 주식발행시 주주가 액면보다 더 낸 돈이므로 세법상 과세대상이 아니다.

○ 상법과 소득세법에 의하면, 자본준비금(주발초 포함) 및 이익준비금의 총액이 자본금의 1.5배를 초과하는 경우에 주총결의에 의해 그 초과한 금액 범위에서 이를 배당재원으로 감액하여 개인주주가 현금배당을 받을 경우에는 배당소득세가 비과세된다.

○ 주발초는 회사의 유상증자로 최초 발생시에 세법상 △익금불산입하여 법인세를 비과세하고, 이를 재원으로 주주에게 무상증자를 해서 주식으로 돌려주든, 본장에서처럼 현금배당으로 돌려주든 주주의 의제배당으로 간주되지 않아 배당소득세가 △비과세된다.

○ 다만, 내국법인이 다른 법인의 주발초를 감액하여 받는 배당금액은 내국법인이 보유한 주식의 장부가액을 한도로 △익금불산입한다. 즉 법인주주가 받는 감액배당은 법인주주가 투자한 장부금액의 한도까지만 △익금불산입 하는데, 법인주주의 경우에는 배당금 수령시 투자주식금액이 차감되고, 투자주식 처분시 처분이익으로 인식되므로, 실질적으로 법인주주의 감액배당은 △비과세가 아니라 과세가 이연되는 것이다.

* 상법 제458조, 제461조의2, 동법 시행령 제15조, 소득세법 시행령 제26조의3⑥, 법인세법 제18조 8

[예시2] A법인의 주발초 배당후 상속세 계산

○ 자본금의 1.5배를 초과하는 주식발행초과금의 배당전후

	배당전 2021년말	자본금의 1.5배 초과금액	배당후 2021년말
자본금	3,000 백만원		
자본금의 1.5배	4,500	19,254	
자본금	3,000		3,000
주식발행초과금	23,754	-19,254	4,500
기타자본잉여금	0		0
자본조정	-24,706		-24,706
기타포괄손익누계액	0		0
법정적립금(이익준비금)	6	1,494	1,500
임의적립금	287		287
미처분이익잉여금	46,997		46,997
자본 총계	49,338	-17,760	31,578

(차) 주식발행초과금　　　19,254 백만원　　(대) 미처분이익잉여금　　19,254

(차) 미처분이익잉여금　　19,254　　　　　(대) 현금및현금성자산　　17,760 (현금배당)
　　　　　　　　　　　　　　　　　　　　　　법정적립금(이익준비금)　1,494

```
* 이익준비금 적립액 = MIN([(자본금 X 50%)-기존 이익준비금], 현금배당 X 10%)
                  = MIN([(3,000 X 50%)-6], 19,254 X 10%/110%)
                  = MIN(1,494, 1,750)                          1,494 백만원
```

* 상법 제458조, 제461조의2, 동법 시행령 제18조, 소득세법 시행령 제26조의3⑥, 사전-2020-법령해석소득-0629

[주식발행초과금의 비과세 배당의 예]

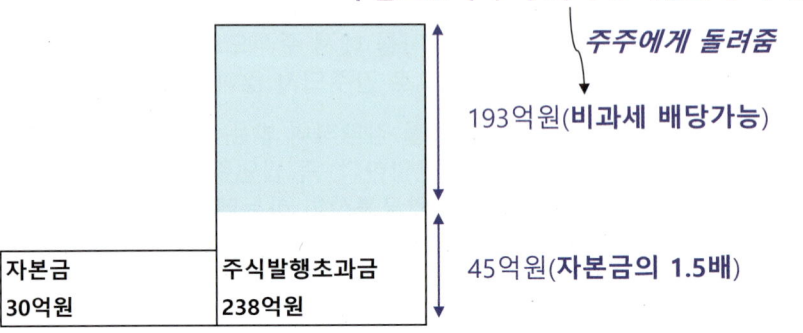

○ 상법과 소득세법에 의하면, 자본준비금 및 이익준비금의 총액이 자본금의 1.5배를 초과하는 경우에 그 초과한 금액 범위에서 주식발행초과금을 감액하여 이를 배당재원으로 하여 현금배당을 할 경우에는 배당소득세가 비과세된다.

○ 이렇게 주식발행초과금을 기초로 현금배당(178억원)을 한 경우 상속세를 다시 계산해 보면 [예시2]처럼 174억원에서 103억원으로 크게 감소한다.

○ 이처럼 개인주주가 자본금의 1.5배를 초과하는 주식발행초과금을 모두 배당으로 현금 수령하면 비과세 배당에 의한 개인자금화로 주주의 자금력이 증대되고 순자산가치가 감소하여 상속세도 감소하는 일석이조의 효과를 누릴 수 있다.

☐ [풀이2]

○ **1주당 순손익가치**

순이익	2019	1,623 백만원	1
	2020	-1,471	2
	2021	89	3
			6

총발행주식수   600,018 주

① 최근 3년간의 순손익액의 가중평균액 = [(1,623*1)+(-1,471*2)+(89*3)] / 6 =   -175.6 백만원

② 1주당 최근 3년간의 순손익액의 가중평균액 = ①(-175.6백만원) / 600,018주   -292.6 원

③ 1주당 순손익가치 = ②(-292.6원) / 10%(순손익가치환원율)   -2,926 원

○ **1주당 순자산가치**

④ 자본총계   2021   31,578 백만원

⑤ 1주당 순자산가치 = ④(31,578백만원) / 600,018주   52,629 원

○ **1주당 비상장주식 평가액 =**   42,103 원

　　　　Max [① (1주당 순손익가치 X 3 + 1주당 순자산가치 X 2) / 5
　　　　　　② 1주당 순자산가액 X 80%]

　　　　Max [① (-2,926 X 3 + 52,629 X 2) / 5 =   19,296
　　　　　　② 52,629 X 80% =   42,103]

○ **비상장주식 평가액** = 42,103원 X 600,018주 X 100%   253 억원

○ **상속세 산출세액** = (상속세 과세가액 - 상속공제) X 50% - 4억6천만원
　　　　　　　　= (253억원 - 37억원) X 50% - 4억6천만원 =   103 억원

○ **상속세 감소액** = 174억원 - 103억원   -71 억원

CEO Tip 018 대표이사의 연봉과 배당을 얼마로 할 것인가?

[예시1] 대표이사의 연봉 증가액과 세금 증가액의 비교

배당이 없을 경우 회사의 대표이사 연봉과 법인세 참가전 순이익이 5억원일 경우와 50억원일 경우 각각 회사의 대표이사 연봉수준을 어떻게 결정하나?

[풀이1] 급여 차감전 이익의 20%이내 또는 실질 총세율 24%이내에서 연봉 결정

	급여 차감전 이익이 5억원일 때			급여 차감전 이익이 50억원일 때		
	현재	20% 기준	24%기준	현재	20% 기준	24%기준
(가정) 월급	5	8.3	15.5 백만원	20	83.3	45.0 백만원
매출액	5,000	5,000	5,000	50,000	50,000	50,000
(-)비용	-4,500	-4,500	-4,500	-45,000	-45,000	-45,000
급여 차감전 이익	500	500	500	5,000	5,000	5,000
(-)대표이사 연봉	-60	-100	-186	-240	-1,000	-540
(-)4대보험(회사부담 10%가정)	-6	-10	-19	-24	-100	-54
세전순이익	434	390	295	4,736	3,900	4,406
(-)법인세(지방소득세포함)	-69	-60	-40	-968	-793	-899
당기순이익	365	330	256	3,768	3,107	3,507
① 순이익의 감소액		-35	-110		-661	-261
연봉 / 급여 차감전 이익	-12.0%	-20.0%	-37.2%	-4.8%	-20.0%	-10.8%
순이익률	7.3%	6.6%	5.1%	7.5%	6.2%	7.0%
대표이사 연봉	60	100	186	240	1,000	540
△근로소득공제	-13	-15	-16	-18	-20	-20
△종합소득공제(가정)	-10	-10	-10	-10	-10	-10
근로소득금액	37	75	160	212	970	510
종합소득과세표준	37	75	160	212	970	510
종합소득산출세액	4	12	40	61	371	178
△근로세액공제(20만원가정)	-0.2	-0.2	-0.2	-0.2	-0.2	-0.2
(-)소득세(지방소득세포함)	-5	-13	-44	-67	-408	-196
(-)4대보험(본인부담 9.4%)	-6	-9	-17	-23	-94	-51
세후 연봉	50	77	124	151	498	294
② 세후 연봉의 증가액		27	74		347	143
(-)총 4대보험, 법인세, 소득세	-85	-92	-120	-1,081	-1,396	-1,199
실질 총세율	-17.0%	-18.4%	-24.0%	-21.6%	-27.9%	-24.0%
(-) 법인세·소득세·4대보험 총지출	-85	-92	-120	-1,081	-1,396	-1,199
③ 총지출액의 증가		-7	-35		-314	-118

○ 소득세와 4대보험 때문에 월급을 최소한으로 가져가는 법인의 대표가 있다.

하지만 월급을 많이 받아가더라도 법인세가 감소하고 근로소득공제가 소폭 증가하며 다양한 자금활용의 장점이 있으므로, 세금과 익년 4대보험료 증가가 부담가능한 수준이라면 일정수준의 급여인상이나 상여지급은 큰 문제가 없다.

○ 예를 들어, 순이익의 지나친 축소를 회피하기 위해 급여 차감전 이익의 20%이내, 또는 법인세 절감액과 4대보험료 지출액을 감안한 실질 총세율 24%[법인세율 19%, 지방소득세율 10%, 법인세효과 감안 4대보험료 유출액 17%를 감안, 19%*(1+27%)=24%]이내에서 연봉을 책정하는 것도 합리적인 방법이 될 수 있다.

○ 당기순이익 사내적립액은 향후 영업 및 투자자금으로 사용될 수도 있지만 그 용도이상으로 지나치게 많이 적립될 경우에는 미래 세금부담액이 증가하므로 적절히 사내적립액을 줄여야 한다.

○ 이처럼 법인 대표의 급여가 많아지면 ①미래 세금부담액을 줄이고, ②향후 퇴직금을 많이 가져갈 수 있으며, ③대표 개인의 자금력을 높여주고, ④자금출처를 만들어 주면서, ⑤가지급금의 발생을 억제하는 등의 장점이 있다. 또한, 보다 많은 급여로 부동산과 주식 취득 등 개인재산 형성, 자녀증여, 생활비, 여가비, 미래위험 대비 개인연금, 퇴직연금, 질병·상해보험, 종신보험, 예·적금 등 다양한 개인자금으로 활용할 수 있다.

대표의 급여인상은 소득세와 4대보험료를 증가시키지만, △법인세의 절감효과와 △근로소득공제의 증가효과가 있다.

○ 따라서 비상장법인의 대표는 급여차감전 이익과 실질 총세율을 따져 보고, 영업과 투자에 지장을 주지 않는 범위에서, 세금과 익년 4대보험료 증가가 부담가능한 수준이라면 최대한 많은 연봉을 가져가는 것이 자금활용과 미래세금 절세측면에서 유리하다.

---

o 왼쪽에서, 대표의 급여 차감전 이익이 5억원일 경우 대표가 월급을 500만원에서 급여 차감전 이익의 20%인 830만원으로 인상할 경우, 실질 총세율은 18.4%로 소폭 증가한다.

세후 연봉이 2천7백만원 증가하는 대신 총세금 지출(4대보험료 포함)은 7백만원 증가하고, 순이익률도 6.6% 수준이므로 연봉 인상이 자금활용에 좋은 방법이 될 수 있다.

o 대표의 급여 차감전 순이익 5억원일 경우 대표가 월급을 500만원에서 실질 총세율의 24%가 되는 1,550만원으로 인상할 경우, 세후 연봉이 7천4백만원 만큼 증가하는 대신 총세금 지출(4대보험료 포함)은 3천5백만원 증가하고 순이익률도 5.1% 수준이므로, 세금과 익년 4대보험료 증가가 부담가능한 수준이라면 자금활용에 유리한 방법이 된다.

[예시2] 순이익 크기에 따른 대표이사의 배당

1인회사라고 할 경우 회사의 대표이사 연봉과 법인세 참가전 순이익이 5억원일 경우와 50억원일 경우 각각 회사의 대표이사의 배당금액은 어떻게 결정하나?

[풀이1] 배당성향 50%이내 또는 실질 총세율 30%이내에서 배당 결정

		급여 차감전 이익이 5억원일 때			급여 차감전 이익이 50억원일 때		
		현재	50% 기준	30%기준	현재	50% 기준	30%기준
(가정)	월급	5	8.3	8.3 백만원	20	45.0	45.0 백만원
매출액		5,000	5,000	5,000	50,000	50,000	50,000
(-)비용		-4,500	-4,500	-4,500	-45,000	-45,000	-45,000
급여차감전 이익		500	500	500	5,000	5,000	5,000
(-)대표이사 연봉		-60	-100	-100	-240	-540	-540
(-)4대보험(회사부담 10%가정)		-6	-10	-10	-24	-54	-54
세전순이익		434	390	390	4,736	4,406	4,406
(-)법인세(지방소득세포함)		-69	-60	-60	-968	-899	-899
당기순이익		365	330	330	3,768	3,507	3,507
(-)배당		0	-165	-139	0	-1,754	-610
이익잉여금 당기적립액		365	165	191	3,768	1,754	2,897
① 이익잉여금의 감소액			-200	-174		-2,015	-871
순이익률		7.3%	6.6%	6.6%	7.5%	7.0%	7.0%
배당성향(배당금/순이익)		0.0%	50.0%	42.1%	0.0%	50.0%	17.4%
대표이사 연봉		60	100	100	240	540	540
△근로소득공제		-13	-15	-15	-18	-20	-20
근로소득금액		47	85	85	222	520	520
Gross-up금액		-2	16	13	-2	191	65
배당소득금액		-2	181	152	-2	1,944	675
△종합소득공제(가정)		-10	-10	-10	-10	-10	-10
종합소득과세표준		35	256	227	210	2,454	1,185
종합소득산출세액		4	78	66	60	1,038	467
△근로세액공제(20만원가정)		-0.2	-0.2	-0.2	-0.2	-0.2	-0.2
△배당세액공제		2	-16	-13	2	-191	-65
(-)소득세(지방소득세포함)		-6	-69	-60	-68	-951	-449
(-)4대보험(본인부담 9.4%)		-6	-9	-9	-23	-51	-51
(-)건강보험(배당 8%)		0	-13	-11	0	-140	-49
세후 연봉+배당		48	174	159	149	1,151	602
② 세후 연봉+배당 증가액			126	111		1,002	452
(-)총 4대보험, 법인세, 소득세		-87	-161	-150	-1,082	-2,095	-1,501
실질 총세율		-17.3%	-32.2%	-30.0%	-21.6%	-41.9%	-30.0%
(-) 법인세 · 소득세 · 4대보험 총지출		-87	-161	-150	-1,082	-2,095	-1,501
③ 총지출액의 증가			-74	-63		-1,013	-419

○ 연봉과 함께 배당을 받을 경우에는 배당성향 50%이내 또는 실질 총세율 30% 이내의 범위에서 배당을 책정하는 것도 타당한 방법이 된다.

○ 당기순이익 사내적립에 의해 이익잉여금이 지나치게 많이 적립될 경우에는 미래 세금 부담액이 증가하므로 적절히 이익잉여금을 줄여야 한다.

따라서 비상장법인의 대표는 순이익 규모와 실질 소득세율을 따져 보고, 영업과 투자에 지장을 주지 않는 범위에서 최대한 많은 연봉과 배당을 가져가는 것이 자금활용과 미래세금 절세측면에서 유리하다.

○ 대표 연봉의 증가는 소득세와 4대보험료가 증가하지만 연봉이 인건비로 처리되어 △법인세 절감효과와 △근로소득공제 증가효과가 있으며, 배당은 소득세와 건강보험료가 증가하지만 △배당세액공제 효과가 있다.

○ 이번 장에서 소개된 대표 연봉과 배당 책정방법은 하나의 예시이므로, 각각의 회사와 대표 상황에 맞는 합리적인 연봉 인상과 배당 책정방법을 결정하여 시행하면 된다.

○ 왼쪽에서, 대표의 급여 차감전 순이익 5억원일 경우 회사가 무배당에서 배당성향의 50%인 165백만원의 배당을 실시할 경우 실질 총세율은 32.2%가 되면서 세후 연봉과 배당이 126백만원 증가하는 대신 총세금 지출(4대보험료 포함)은 74백만원 증가하고 순이익률도 6.6% 수준이므로, 세금과 익년 4대보험료 증가가 부담가능한 수준이라면 연봉인상과 함께 배당을 하는 것이 자금활용측면에서 좋은 방법이 될 수 있다.

○ 대표의 급여 차감전 순이익 5억원일 경우 회사가 무배당에서 실질 총세율이 30%가 되는 139백만원의 배당을 실시할 경우, 세후 연봉과 배당이 111백만원 증가하는 대신 총세금 지출(4대보험료 포함)은 63백만원 증가하고, 순이익률 6.6%, 배당성향 42.1% 수준이므로 연봉인상과 함께 배당을 이 규모로 하는 것도 다양한 자금활용과 미래세금 절세의 장점과 함께 고려해 볼 수 있는 수준이다.

○ 배당성향 = 배당금 / 당기순이익
배당률 = 배당금 / 액면가액
배당수익률 = 배당금 / 주가

CEO Tip 019 장수하려면 좋은 공기, 물과 함께 열을 가까이 하자.

- 서울은 중화학공업 등의 제조업체가 많지 않음에도 냉·난방시설과 취사시설의 오염물질 방출, 많은 차량의 배기가스 및 타이어와 아스팔트 마찰에 의한 분진, 중국발 황사 등으로 미세먼지와 함께 대기오염이 심하다. CEO를 포함 중년층들은 지방에서 전원주택에 살면서 좋은 공기와 물을 많이 마시면서 사는 것이 장수에 도움이 된다.

- 의학계의 아버지로 불리는 고대 그리스의 의학자 히포크라테스는 "약으로 고칠 수 없는 환자는 수술로 고치고, 수술로 고칠 수 없는 환자는 열로 고친다."라고 말할 정도로 온열요법은 우리 몸에 중요하다. 몸이 따뜻해지면 열활성단백질과 엔도르핀 분비가 활성화되고 NK세포가 증가하면서 면역기능이 상승하여 몸에 해로운 것들에 대항한다고 한다.

BC 5세기 그리스 의학자 히포크라테스(Hippocrates)

"By Medicine can be cured By Surgery,

By Surgery can be cured By Fire,

they are indeed incurale."

"약으로 고칠 수 없는 환자는 수술로 고치고,

수술로 고칠 수 없는 환자는 열로 고치고,

열로 고칠 수 없는 환자는 불치의 병자다."

○ 느긋한 마인드, 골프·테니스·수영 등 정기적인 운동, 좋은 먹거리, 주말 전원생활, 힐링 여행 등과 함께, 잘 알려지지 않았으나 탁월한 효과가 있는 장수방법으로 이동식 황토 구들방의 온열요법을 소개한다.

○ 특허받은 황토구들장을 이용하는 이동식 황토구들방의 특징은 다음과 같다.

(1) 열효율성이 좋다.

특허 구들장 안에 열을 가둬두므로, 3~4시간 장작가열로 하루종일 뜨겁다.

적은 양의 장작(4~5개)으로 1일 1회 또는 2회 가열하면 황토구들장 바닥이 골고루 뜨끈뜨끈하다(바닥온도 40~100℃). 누워서 30분에서~1시간만 몸을 지져도 개운하다.

(2) 불피우기가 쉽고 간단하다.

하루에 2분~5분만 투자하면 된다.

40*40*70cm로 된 긴 박스형 무쇠 아궁이의 문을 열고, 아궁이 속 바닥에 산림청에서 나오는 나무펠렛을 전체적으로 얇게 깔고 그 위에 장작 4~5개를 올린다.

가스토치를 켜서 바닥에 있는 펠렛에 30초~1분간 불을 부친다.

펠렛에 불이 붙으면 아궁이 문을 닫는다.

불피우는 작업은 이게 끝이다.

캠핑장 캠프파이어보다 간단하다.

불피우기가 힘들 것이라는 것은 안해본 사람들의 선입견이다.

나무펠렛이 나무장작을 불피우는 불쏘시개 역할을 한다.

(3) 장작 난방은 기름이나 가스보일러 난방에 비해 환경오염이 적다.

특허 받은 황토구들방은 열효율성이 좋아 겨울철 난방비도 적게 든다.

건강한 산림관리를 위해서는 오래된 나무의 정기적인 벌채와 어린 나무의 식목이 필요하다. 황토구들방 이용시 주의할 점은 장작이 비나 눈에 젖지 않도록 장작 관리를 잘해야 된다는 것과, 우수한 품질의 특허를 받은 황토구들방을 사용해야 한다는 것이다.

[면역력과 장수]

면역력 관리(항암·항균)
뇌혈관·심혈관 관리(혈액순환)
노화와 체중 관리(신진대사)

주말 전원주택생활
(좋은 공기, 물, 음식, 운동, 여행)

고온 온열요법
→ 뜨거운 황토의 자연 원적외선효과
(이동식 황토구들방, 구들주택)

특허받은 구들
(열효율성, 간편성, 안전성)

(4) 특허 받은 황토구들방을 선택하면 가스위험과 화재위험이 없다.

특허 받은 황토구들방은 자체 테스트를 거치는데, 뉴스에서 나오는 캠핑장 등 가스사고는 대부분 기름이나 가스보일러 불연소와 배관연결부분 사고인데 장작구들방과는 무관함에도 장작구들방 사고로 오해를 한다.

특허 받은 장작가열 황토구들방은 CO농도 테스트 결과, 장작 점화후 약 2시간 뒤 최고 8ppm에 도달한 뒤 점차 하락하여 3~4시간 뒤에는 0이 된다.
CO 20ppm은 정상농도이고 CO경보기가 울리는 것은 50ppm부터이며, 실제로 위험한 800ppm이상일 때이다.
8ppm은 사람이 왔다갔다 하면서 방문이나 창문을 몇 번 열고 닫으면 없어지는 일상적인 농도이다.

특허 받은 황토구들장은 바닥이 구들강판, 황토구들, 황토석마감의 3중으로 되어 있고, 흡출기를 통해 장작이 타는 3~4시간동안 모든 연기가 밖으로 배출되므로 가스위험은 걱정이 없다.
그래도 걱정이 되는 사람은 가열후 3~4시간뒤 장작이 다 타고나서 연기가 전혀 없을 때 들어가면 된다. 하루종일 뜨거우므로 그 때 들어가도 된다.
거기에 CO경보기를 1개 이상 사서 실내벽에 붙여라. CO경보기는 아마 실내에서 담배를 심하게 피우면 울릴까 특허 받은 황토구들방 내부에서는 울릴 일이 없을 것이다.

그리고, 특허 받은 황토구들방 실외 하단에 40*40*70cm로 된 긴 박스형 무쇠 아궁이 속에서 3~4시간 장작이 타는 것 뿐이고, 아궁이문을 닫고 3~4시간만 지나면 장작이 모두 연소되므로 화재위험도 없다.

○ 온열요법은 면역력 상승과 항암항균, 예방 및 치료효과 등으로 널리 알려져 있다. 포털 사이트와 유튜브에서 '온열요법'을 검색하여 여러 블로그와 카페, 건강정보 등을 살펴보면 그 효과를 알 수 있다.

○ 특히, 전기식이 아닌 자연 황토에서 분출되는 원적외선효과는 사스, 신종플루, 메르스, 코로나, 미국독감, 변이바이러스와 같이 반복되는 세계적 전염병 발생시기에 CEO를 포함 중년층의 면역력 상승과 장수를 위해서 반드시 필요한 장치이다. 이것이 바로 우리 전통 K-황토구들방의 장수비법이다.

○ 심장질환자 등 일부는 이용시간을 줄여야 하지만, 일반인은 매일 장시간 취침을 해도 아무 상관이 없다.

○ 결론적으로, 이동식 황토구들방에 관심이 있는 대표이사 가족들과 많은 중년층들이 이를 많이 활용해서 건강하길 바란다. 반드시 특허 받은 황토구들방을 이용해야 한다.

* 이동식 황토구들방과 관련하여 이 책은 참고용이며, 상품구입 결정 및 그 결과에 대한 책임은 독자에게 있으므로 저자와 발행처는 법적 책임을 지지 않습니다. 실제 구입시에는 충분히 검토하시고 전문가와 상의하시기 바랍니다.

제4부 CEO의 파트너

CEO's Partner

제4부 CEO의 파트너
CEO's Partner

Ⅳ. '자기주식과 감자'의 세계

20. 감자소각과 이익소각의 차이점은?

21. 공동사업자 보유 자기주식의 취득 방법은?

22. 배우자공제와 주식증여, 이익소각을 활용한 개인자금화란?
◇ *자기주식을 배우자에게 증여후 1년뒤 양도 및 이익소각*

23. 배우자공제와 부동산 증여를 활용한 개인자금화란?
◇ *부동산을 배우자에게 증여후 10년뒤 양도*

24. 배우자공제와 세후배당금 증여를 활용한 개인자금화란?
◇ *이중과세 조정을 위한 배당 Gross-up 계산*

Ⅳ. '자기주식과 감자'의 세계

☐ 감자(자본금 감소)의 종류

주식병합(액면병합)
주식감액(액면감액)
주식소각(감자소각)

☐ (유상)감자소각의 특징

주식수 감소, 자본금 감소, 자본총액 감소
부채비율 증가, 법인자금 유출, 소각주주 배당소득세 과세
　　　　　　　　　　　　　　　　　　　　[배당소득세율 6.6~49.5%]

주주총회 특별결의
채권자보호절차
주권제출절차
자본변경등기(자본금, 주식수)
모든 주주 지분율기준 균등소각

☐ 이익소각의 특징

주식수 감소, 이익잉여금 감소, 자본총액 감소
부채비율 증가, 법인자금 유출, 소각주주 배당소득세 과세
　　　　　　　　　　　　　　　　　　　　[배당소득세율 6.6~49.5%]

이사회 결의(절차 간단)
정관규정
자기주식 취득절차
배당가능한도내 취득
자본금 감액이 없는 유상소각
자본변경등기(주식수)
모든 주주에게 자기주식 취득관련 통지 or 공고

☐ 자기주식의 취득목적에 따른 절차, 과세, 용도

☐ 소각목적

감자소각(자기주식이 있는 감자소각) (주식수, 자본금 감소)

절차(예시)	(차) 자기주식	(대) 현금및현금성자산
	(차) 자본금	(대) 자기주식
	감자차손(자본조정)	
과세	자기주식 양도자에게 **배당소득세 과세**(자기주식 양도가액-자기주식 취득가액)	
용도	폐업이나 사업축소를 위한 자본금의 회수, 과잉자산의 회수, 투자금 유치 등	

이익소각(간단한 절차로 자기주식을 취득후 소각) (주식수, 이익잉여금 감소)

절차(예시)	(차) 자기주식	(대) 현금및현금성자산
	(차) 이익잉여금	(대) 자기주식
과세	자기주식 양도자에게 **배당소득세 과세**(자기주식 양도가액-자기주식 취득가액)	
용도	(상장법인) 주가부양 or 경영권방어	
	(비상장법인) 지분율 조정에 의한 가업승계 또는 대주주 의결권 강화, 배우자증여후 비과세 개인자금화, 가지급금 제거, 과다한 이익잉여금 축소에 의한 미래세금 절감 등	

☐ 양도 또는 일시보유목적 *[주식양도세율 22~27.5%]*

자기주식의 취득후 목적 실행(주식수, 자본금 불변)

절차(예시)	(차) 자기주식	(대) 현금및현금성자산
	(차) 현금및현금성자산	(대) 자기주식
		자기주식처분이익(자본잉여금)
과세	자기주식 양도자에게 **저율의 주식양도세 과세**(자기주식 양도가액-자기주식 취득가액)	
	⇒ 취득목적에 맞는 절차의 진행이나 증빙자료가 없을 경우 배당소득세 과세	
용도	보유후 제3자 매각, 투자유치, 경영권 안정, 임직원 스톡옵션, 임직원 스톡그랜트, 사내근로복지기금 출연, 상장법인의 주가안정 등	

CEO Tip 020 감자소각과 이익소각의 차이점은?

☐ 감자소각과 이익소각의 정의와 분류

○ 회사가 자기주식(자사주)을 취득하여 소각하는 자기주식 소각에는 주주총회 소집절차와 주주총회 특별결의에 의하여 주식수와 자본금을 감소시키는 감자소각과, 정관규정과 이사회 결의에 따라 주주에게 배당할 이익을 재원으로 자본금 감소없이 주식수와 이익잉여금을 감소시키는 이익소각이 있다.

○ 감자는 회사의 자본금이 실질적으로 감소하는 것으로, 주식병합, 주식감액, 주식소각이 있는데, 주식병합은 액면단가를 병합하는 것이고, 주식감액은 액면단가를 감액하는 것이며, 주식소각은 일부 주식수를 소각하는 것으로 감자소각이라고도 한다.

○ 감자는 감자대가의 지급유무에 따라 유상감자와 무상감자로 나뉘는데, 유상감자시에는 현금이 유출되면서 자본금과 자본총액이 동시에 감소하고, 무상감자시에는 현금 유출없이 자본금이 감소하고 감자차익이 발생하거나 결손금이나 자기주식이 감소하면서 자본총액은 변화하지 않는다. 주식병합, 주식감액, 주식소각은 유상·무상감자 모두 가능하다.

○ 일반적인 감자(감자소각 포함)의 경우에는 주주총회의 특별결의, 채권자보호절차, 주권제출절차가 있어야 하고, 결손보전 목적인 감자(감자소각 포함)의 경우에는 주주총회 일반결의, 주권제출절차가 있어야 한다.

재무상태표(대차대조표)

* 자기주식 관련 계정과목의 분류

자산	부채		
	자기자본	자본금	
		자본잉여금	(+)감자차익(자기주식소각이익 포함)
			(+)자기주식처분이익
		(±)자본조정	(-)감자차손(자기주식소각손실 포함)
			(-)자기주식처분손실
			(-)자기주식
		기타포괄손익누계액	
		이익잉여금	

○ 감자는 회사의 자본금이 감소하는 것으로, 주식병합, 주식감액, 주식소각이 있으며, 감자소각은 자본금 감소규정과 주주총회 특별결의에 의하여 주식수를 일부 소각하고 자본금을 감소시키는 주식소각으로, 감자의 일종이다.

○ 감자(감자소각 포함)의 경우에는 주주총회 소집통지, 주주총회 특별결의, 채권자보호 절차 및 주권제출절차(1개월 이상), 주주명부 명의개서, 자본변경등기(자본금, 주식수)가 필요하며, 원칙적으로 주주의 주식수비율에 따라 균등 감자하여야 한다.

○ 감자비율 차이에 의한 불균등감자는 채권단의 부실기업 대주주 제재용으로 사용가능하나, 소액주주에게 피해를 주는 불리한 불균등비율의 불균등감자는 문제가 된다.

○ 일부주주의 주식만 소각하는 불균등감자에서 소각대가와 시가가 다르면서 그 차액이 일정금액을 초과할 경우에는 의제배당과 감자에 따른 이익의 증여 및 부당행위계산 부인규정에 의해 배당소득세 또는 증여세가 발생하고 법인세가 증가한다.

○ 이익소각은 정관규정과 이사회 결의에 따라 주주에게 배당할 이익을 재원(배당가능이익이 존재해야 함)으로 주식수와 이익잉여금을 감소시키는 것으로, 이사회결의, 자기주식취득절차(모든주주에게 통지 또는 공고, 주주의 양도신청, 신청접수, 자기주식취득과 대금지급), 주권제출 및 주주명부 명의개서, 자본금 변경등기(주식수)가 필요하다.

○ 감자소각이나 이익소각을 할 경우에 주주, 주식수, 액면단가, 자본금 등이 기재된 주주명부가 변동하므로 법인세 신고시 주식 등 변동상황명세서를 수정 제출하여야 한다. 이것을 잘못 기재할 경우에는 주식액면금액의 1%를 가산세로 내야 한다(주의).

○ 감자소각은 자본금 감소와 함께 주식수를 소각하는 것으로 자기주식 취득과 상관없이 감자소각을 하는 경우와 자기주식을 취득한 후에 감자소각을 하는 경우가 있다.

[감자와 이익소각의 분류]

					유상감자	무상감자
감자	자본금 감소	주식병합	액면단가 병합		○	○
		주식감액	액면단가 감액		○	○
		주식소각 (감자소각)	**주식수 감소**	자기주식 취득 소각	○	-
				자기주식 없는 소각	○	○
이익소각	이익잉여금 감소	이익소각	**주식수 감소**	자기주식 취득 소각	○	-

☐ 감자 절차

- 자본금의 감소에는 주주총회 특별결의[출석한 주주의 의결권의 2/3 이상의 수와 발행주식총수의 1/3 이상의 수로써 하는 결의]가 있어야 하고, 1개월 이상의 채권자의 이의제출기간이 필요하다. 자본금 감소의 결의에서는 그 감소의 방법을 정하여야 한다.

  자본금의 감소는 자본충실화원칙에 위배되는 것이고 회사의 재산이 주주에게 다시 환급되어 외부로 유출되는 것이기 때문에 채권자의 이익을 침해하는 것이다. 따라서 주총 특별결의(소집통지)와 채권자 보호절차(공고 및 최고)가 필요하다.

- 결손의 보전을 위한 자본금의 감소는 주주총회 일반결의[출석한 주주의 의결권의 과반수와 발행주식총수의 4분의 1 이상의 수로써 하는 결의]에 의하며, 1개월 이상의 채권자 보호절차(채권자 이의제출절차)를 거치지 않아도 된다.

  결손보전에 의한 자본감소는 자본충실화원칙을 준수하는 것이고 회사 재산이 외부로 유출되지 않기 때문에 주총 특별결의나 채권자 보호절차가 불필요하다.

- 감자에는 주식병합, 주식감액, 주식소각이 있으며, 자본금 감소의 결의에서는 그 감소의 방법을 정하여야 한다.

- 주주총회를 소집할 때에는 주주총회일의 2주 전에 각 주주에게 서면으로 통지를 발송하거나 각 주주의 동의를 받아 전자문서로 통지를 발송하여야 한다. 자본금의 감소에 관한 의안의 주요내용은 이 통지에 적어야 한다.

☐ 감자소각(주식소각) 절차

- 감자소각은 일부 주식수를 소각하는 주식소각으로, 감자소각절차는 위의 일반 감자 절차를 준수하여야 한다.

- 상법 제343조에 따르면, 주식은 자본금 감소에 관한 규정에 따라서만 소각할 수 있다(감자소각). 다만, 이사회의 결의[이사 과반수의 출석과 출석이사의 과반수의 결의]에 의하여 회사가 보유하는 자기주식을 소각하는 경우에는 그러하지 아니하다(이익소각).

- 자본금감소에 관한 규정에 따라 주식을 소각하는 경우에는 1개월 이상의 주주등의 주권제출절차(공고 및 통지)와 1개월 이상의 채권자 보호절차(공고 및 최고)가 있어야 하고, 이 두 기간이 겹칠 수도 있다.

  * 상법 제232조, 제341조, 제343조, 제368조, 제391조①, 제434조, 제438조, 제439조, 제440조, 제441조, 상증세법 제39조의2

○ 이익소각(이익잉여금, 주식수, 자기자본 총액의 감소)은 일부 주주와 채권자의 영향을 받지 않으므로, 유상감자소각(자본금, 주식수, 자기자본 총액의 감소)보다 절차 또는 시간적인 측면에서 상대적으로 간단하다. 또한 이익소각은 자본금 장부가액이 감소하지 않아 건설업, 제약업 등 자본금 유지 필수업종에 유효한 장점이 있다.

○ 하지만 이익소각과 유상감자소각은 주식수 감소, 자기자본 감소, 부채비율 증가, 법인자금 유출, 소각대가와 취득가액의 차액에 대한 배당소득세 발생, 소각대가와 시가의 차액에 대한 배당소득세 또는 증여세 발생(의제배당 또는 증여의제)과 법인세 증가(부당행위계산 부인) 등은 같다.

[자기주식 취득이 없는 감자소각]

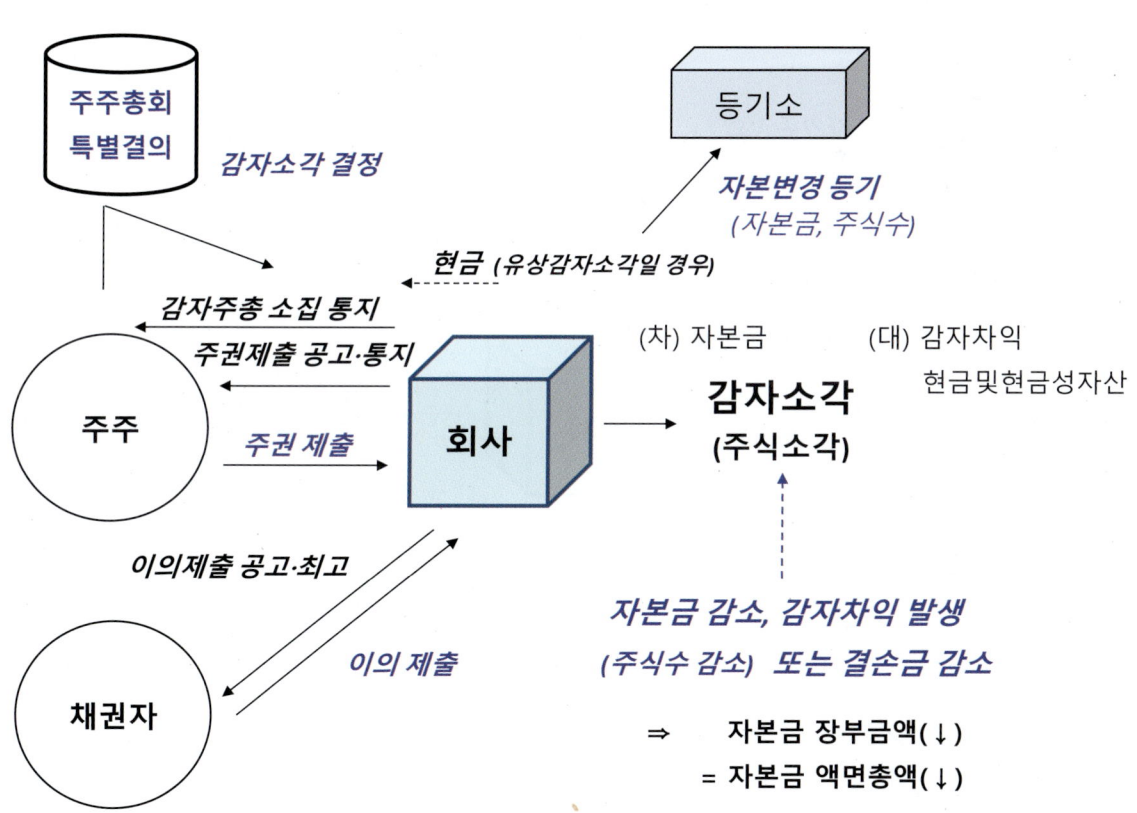

[자기주식 취득후 감자소각]

주주총회 결의 or (정관 지정) 이사회 결의 → 자기주식 취득 결정

모든 주주에게 → 자기주식의 취득 통지 or 공고

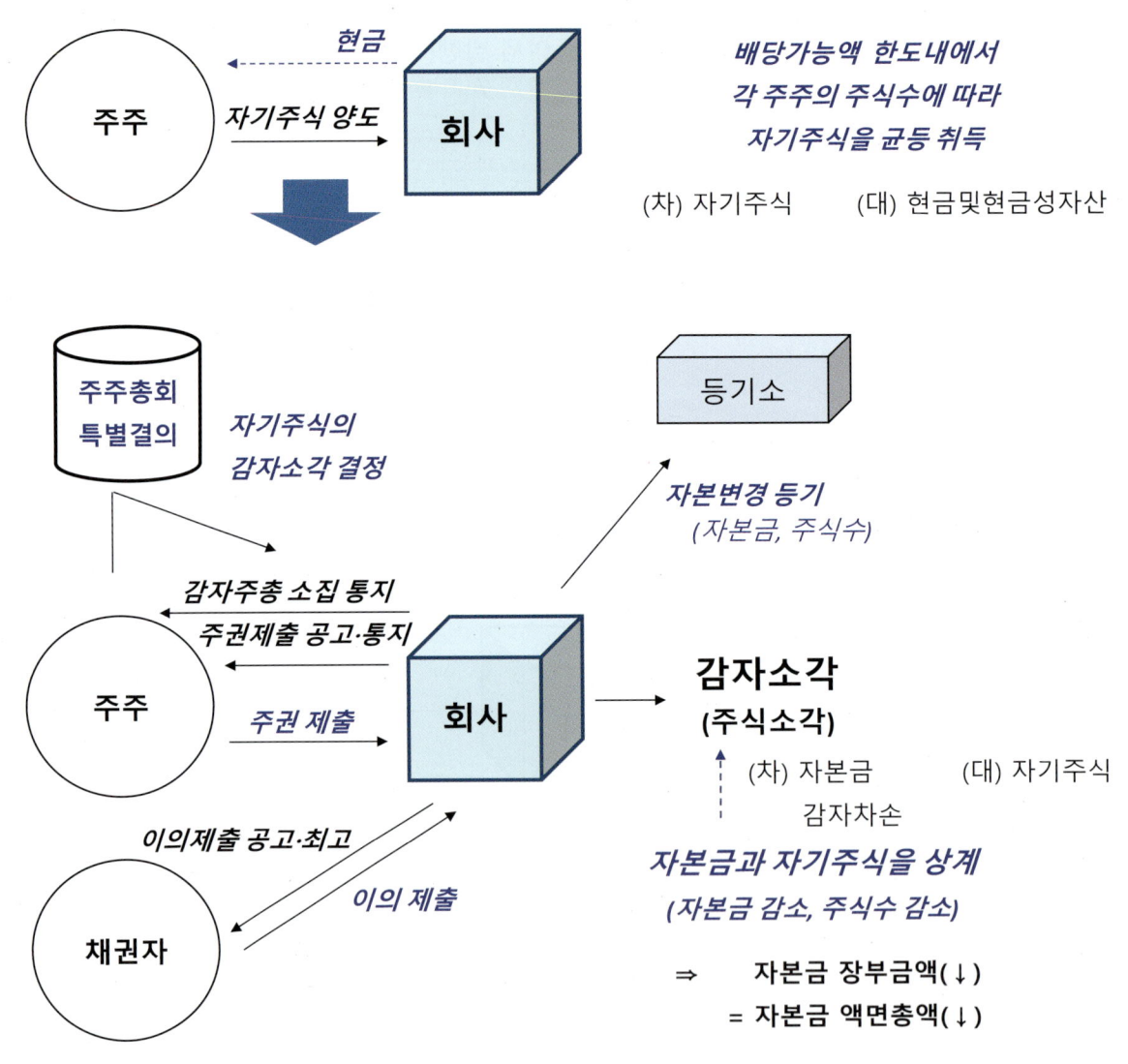

○ 무상 감자소각은 주로 결손의 보전, 부실기업의 소유주에 대한 제재 또는 교체 등을 위해 실시된다. 결손금 보전시에 잔액을 현금으로 지급할 수는 있다.

○ 유상 감자소각은 주식수와 자본금이 감소하고 부채비율이 증가하며, 주주에게 법인 자금이 유출된다. 또한 유상감자소각은 폐업이나 사업축소를 위한 자본금의 회수, 과잉자산의 회수, 새로운 투자자금의 유치 등의 목적으로 실시되고, 유상 (주주균등) 액면감자소각은 대표의 가지급금 축소 용도로 사용되기도 한다.

○ 자본금 총액이 10억원 미만인 회사는 주주 전원의 동의가 있을 경우에는 소집절차없이 주주총회를 개최할 수 있고, 서면에 의한 결의로써 주주총회의 결의를 갈음할 수 있다.

○ 자본금의 감소에는 주주총회 특별결의(출석주주 2/3이상, 발행주식총수 1/3이상)가 있어야 하나, 결손의 보전을 위한 자본금의 감소는 주주총회 일반결의(출석주주 과반수, 발행주식총수 1/4이상)에 의한다.

○ 자본금 감소의 경우에는 채권자 이의제출절차를 준용한다. 다만 결손의 보전을 위하여 자본금을 감소하는 경우에는 그러하지 아니하다.

* 상법 제363조④, 제438조, 제439조②

[자기주식 취득후 이익소각]

주주총회 결의 or (정관 지정) 이사회 결의 → 자기주식 취득

모든 주주에게 → 자기주식의 취득 통지 or 공고

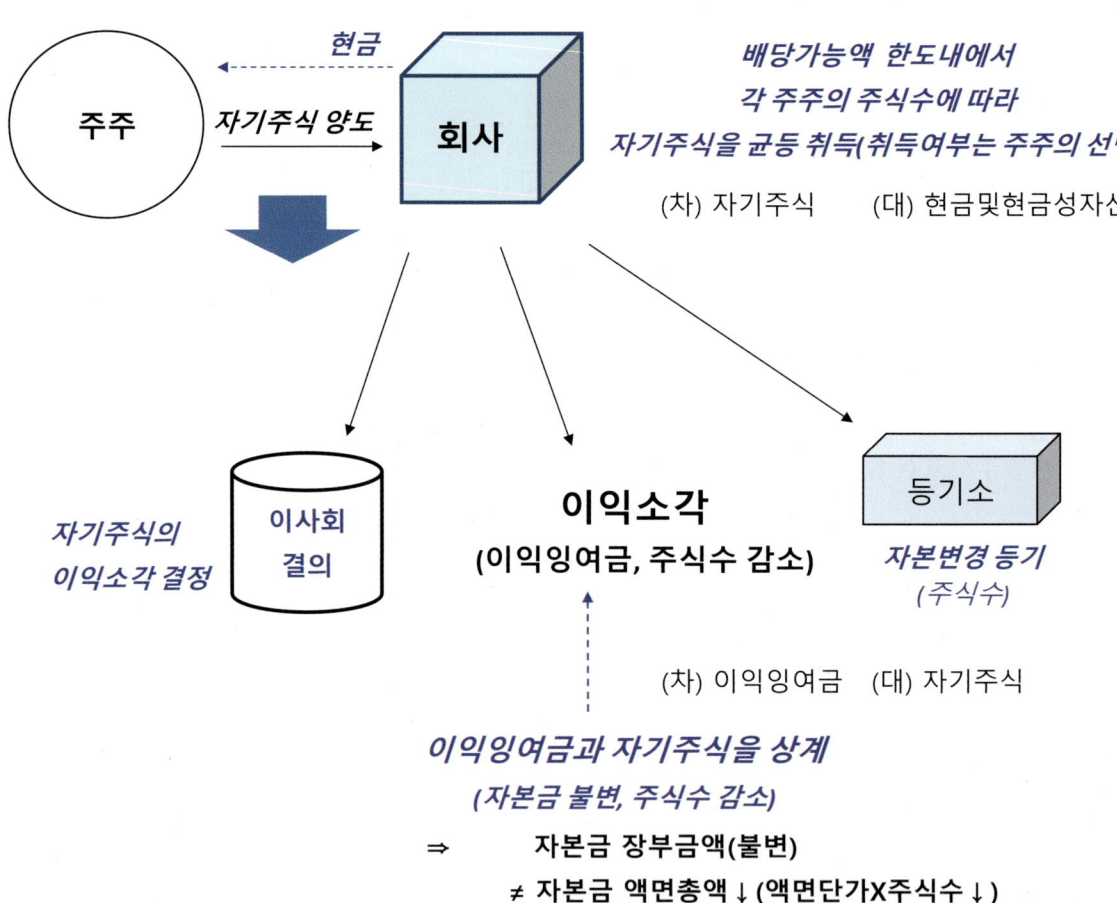

- 이익소각은 이사회 결의에 의해 이익잉여금과 주식수를 감소시키는 것으로, 주주총회 소집절차, 주주총회특별결의, 1개월 이상의 채권자보호 및 주권제출절차, 균등소각절차 등이 없다. 그 대신, 배당가능이익이 있어야 하고, 정관규정과 이사회 결의, 모든 주주에 대한 자기주식 취득사실의 통지 또는 공고, 자기주식 양도신청, 신청접수, 자기주식 취득 및 대금지급, 주권제출 및 주주명부 명의개서, 자본변경등기(주식수) 등을 한다.

- 이익소각도 유상감자소각처럼 부채비율이 증가하며, 회사의 자기주식 취득절차를 걸쳐 주주에게 법인자금이 유출되고 주식수가 감소하는 것으로, 자본금 감액이 없는 일종의 유상소각이다. 또한 이익소각은 유상감자소각에 비해 일부 주주와 채권자의 영향을 받지 않아 상대적으로 절차가 간단하고 기간이 짧으며, 자본금 장부가액이 감소하지 않아 건설업, 제약업 등 자본금 유지 필수업종에 유효한 장점이 있다.

- 이익소각은 상장법인의 주가부양이나 경영권방어, 비상장법인의 지분율 조정에 의한 가업승계 또는 대주주 의결권 강화, 배우자증여후 비과세 개인자금화, 가지급금 제거, 과다한 이익잉여금 축소에 의한 미래세금 절감 등의 용도로 실시된다.

☐ 이익소각 절차

- 이익소각이란 자본금 감소에 관한 규정으로 주식을 소각하는 것이 아니라, 정관규정과 이사회 결의에 따라 회사가 주주에게 배당할 이익(배당가능이익)을 재원으로 기발행한 자기주식의 일부를 취득하여 소각하는 것을 말한다. 회사가 이익소각 완료후에는 주식수에 대한 자본변경등기를 하여야 하는데, 결국 이익잉여금과 주식수가 감소하게 된다.

- 이익소각 이전에 실시되는 회사의 자기주식 취득절차는 배당가능이익의 범위내에서 각 주주가 가진 주식 수에 따라 균등한 조건으로 자기주식을 취득하여야 하는데, 이것은 모든 주주에게 자기주식 취득의 통지 또는 공고를 하여 주식을 취득하는 방법이다.

  그런데, 회사가 모든 주주에게 자기주식 취득을 통지 또는 공고를 하였음에도 자기주식의 양도신청을 하는 주주가 일부인 경우에는 일부 주주의 자기주식만을 취득하게 된다.

  만약 5명의 특수관계인인 주주가 20%씩 주식을 보유하고 있는데, 그 중 1명만이 회사로부터 감정가액만큼 양도대가를 받고, 자기주식을 양도한 후 이익소각을 하는 경우에는 남은 4명의 주주가 각각 25%씩 지분율을 갖게 되어 지분율이 변동하게 된다.

  따라서 불균등 자기주식 취득후 이익소각은 지분율 조정에 의한 가업승계 또는 대주주의 의결권 강화, 경영권 방어 등의 용도로 사용된다.

* 상법 제341조, 동법 시행령 제9조

[유상감자소각과 이익소각의 회계처리 예시]

1. 자기주식 취득없는 유상감자소각

자기주식 취득없이 회사 주식 1,000주(1주당 액면금액 5천원)를 1주당 5만원으로 매입하여 유상감자소각하다.

(차)	자본금	5,000,000	(대) 현금및현금성자산	50,000,000
	감자차손	45,000,000		

2. 자기주식 취득후 유상감자소각

회사가 자기주식 1,000주(1주당 액면금액 5천원)를 감정평가금액인 5만원에 취득하다. 일정기간 경과후 회사가 자기주식 1,000주를 모두 감자소각하다.

(차)	자기주식	50,000,000	(대) 현금및현금성자산	50,000,000
(차)	자본금	5,000,000	(대) 자기주식	50,000,000
	감자차손	45,000,000		

3. 결손보전 유상감자소각

취득한 자기주식은 없으며, 미처리결손금 4,500만원을 보전(제거)하기 위해 회사 주식 10,000주(1주당 액면금액 5천원)를 소각하고 주당 500원을 지급하다.

(차)	자본금	50,000,000	(대) 미처리 결손금	45,000,000
			현금및현금성자산	5,000,000

4. 자기주식 취득후 이익소각

회사가 자기주식 1,000주(1주당 액면금액 5천원)를 감정평가금액인 5만원에 취득하다. 일정기간 경과후 회사가 자기주식 1,000주를 모두 이익소각하다.

(차)	자기주식	50,000,000	(대) 현금및현금성자산	50,000,000
(차)	이익잉여금	50,000,000	(대) 자기주식	50,000,000

○ 아래 그림처럼, 배우자가 대표에게 자기주식을 증여한 후에 회사가 이를 취득하여 이익소각한 경우에는 대표가 자기주식 소각대금(증여이익)을 대표의 개인용도(가지급금 처리 등)로 사용하여야 하며, 배우자에게 소각대금을 다시 주거나 빌려주면 배당소득세가 추징된다.

○ 아래 그림과 반대로, 대표가 배우자에게 자기주식을 증여한 후에 회사가 이를 취득하여 이익소각한 경우에는 배우자가 자기주식 소각대금(증여이익)을 배우자의 개인용도로 사용하여야 하며, 대표에게 소각대금을 다시 주거나 빌려주면 배당소득세가 추징된다.

○ 이처럼 배우자증여재산공제 6억원과 양도, 이익소각에 의한 법인자금 유출은 과세당국에서 가장 주의하여 관찰하는 쟁점사항 중의 하나이다.

[배우자공제와 이익소각]

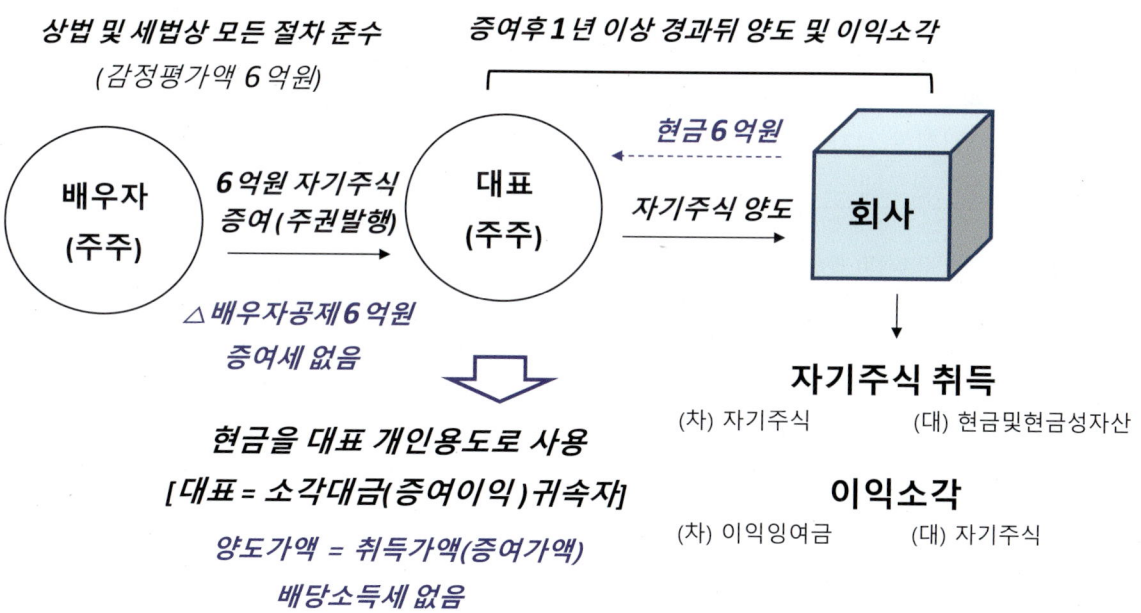

◇ 감자소각과 이익소각 비교

구분	유상 감자소각	결손보전 감자소각	이익소각
결의 절차	주총 특별결의	주총 일반결의	이사회 결의
정관규정 필요	-	-	○
자본금	자본금 감소	자본금 감소	-
이익잉여금	-	결손금 감소	이익잉여금 감소
주식수	주식수 감소	주식수 감소	주식수 감소
자기자본(자본총액)	자기자본 감소	자기자본 감소 or 불변	자기자본 감소
부채비율	증가	증가 or 불변	증가
소각주주 배당소득세 과세	○	○	○
소각대가의 귀속	소각주주	소각주주	소각주주
채권자 보호절차	○(1개월 이상)	-	-
주권제출절차	○(1개월 이상)	○(1개월 이상)	△
자본변경등기 절차	○(자본금, 주식수)	○(자본금, 주식수)	○(주식수)
자기주식취득 절차	△	△	○
배당가능액 한도내 소각	△(자기주식 취득시)	△(자기주식 취득시)	○

* 소각주주 배당소득세 과세(의제배당 과세)는 소각대가가 취득가액보다 큰 경우에 적용되고, 배당소득이 이자소득과 합산하여 연간 2천만원 초과시 금융소득종합과세도 적용됨.
  (자기주식 취득이 소각이 아닌 양도 또는 일시보유 목적일 경우에는 주주에게 주식양도세가 과세됨)
* 소각대가가 소각주주가 아닌 소각전 자기주식을 증여한 자에게 귀속될 경우 배당소득세가 추징됨

* 상법 제289조, 제317조

CEO Tip 021 공동사업자 보유 자기주식의 취득 방법은?

[예시1]

(주)가나다 법인의 주주는 5명이고 지분율은 각각 20%이다. 현재 만 50세인 주주이자 임원인 A씨의 연봉이 12억원이고, 지난 10년간 경영을 함께한 A씨 퇴직연금의 현재 누적액은 10년기준 12억원이며, A씨는 만 80세에 퇴직한다고 가정한다.

회사에서 퇴직연금(1배수)을 월 1천만원씩 납입했는데 A씨는 15년뒤 불의의 사고를 당했다. 이 때 A씨가 보유한 자기주식의 평가액이 100억원이고 퇴직금은 30억원이며, A씨 가족(상속인)이 납부할 상속세는 50억원이고 퇴직소득세는 7억원이라고 가정한다.

A씨의 상속인에게 상속된 A씨 자기주식의 취득에 관한 회사자금 유출입을 계산해보자. 법인세율은 19%이다.

[15년뒤 공동사업자 1인 사고시 자금흐름1: 퇴직연금을 준비]

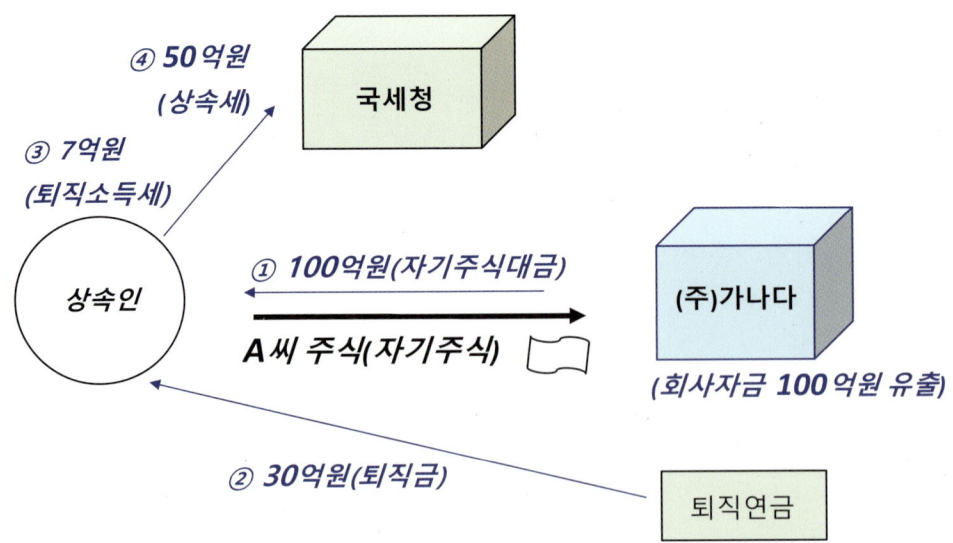

○ 공동사업자 1인의 갑작스러운 빈 자리가 발생할 때, 회사지분의 상속, 피상속인 가족들의 상속세 자금부담, 지분의 향방에 따른 회사 지배구조의 변화와 예기치 않은 회사 경영상의 문제 등에 대한 우려와 회사의 일시적인 자금압박이 발생할 수 있다.

○ [예시1]에서 A씨의 퇴직금 30억원은 미리 준비한 퇴직연금으로 해결되었으나, 지분의 향방, 상속세 50억원과 자기주식 취득대금 100억원에 대한 일시 부담문제는 남아 있다.

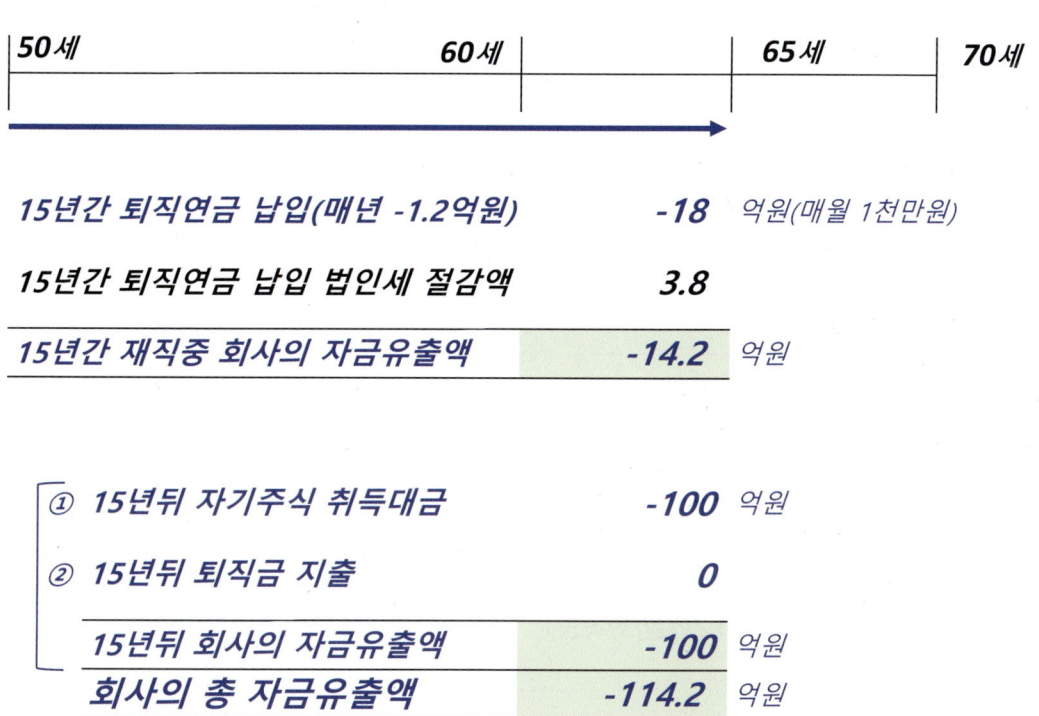

⇒ 제3자가 공동사업자 1인 가족으로부터 지분을 매입할 경우 지분향방에 따라 지배구조 변화와 제3자의 경영개입문제 및 회사의 일시적인 자금압박(100억원)문제 발생

[예시2]

다른 사항은 [예시1]과 동일하고, 회사가 A씨의 재직시에 현재부터 15년간은 퇴직연금 대신 경영인정기보험을 매월 4천만원(매년 4.8억원, 50세기준, 20년납)씩 납입한다고 가정한다.

[15년뒤 공동사업자 1인 사고시 자금흐름2: 경영인정기보험을 준비]

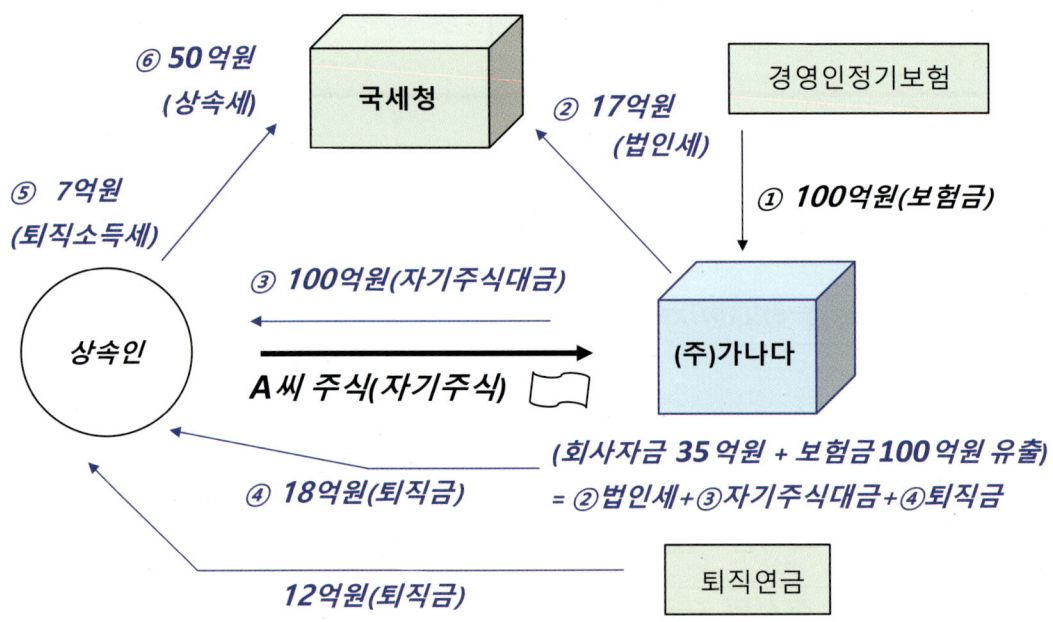

* 서면-2020-법인-0936(2020.3.20), 기획재정부 법인세제과-306(2015.4.20)

* 본 도서의 경영인정기보험 관련 자료는 정보제공 목적이며, 보험사별 상품의 종류(일반형, 체증형 등), 피보험자의 연령, 건강상태, 납입기간, 보장내용 등 상황에 따라 월보험료와 보장금액, 회계처리와 세무처리 등에 차이가 발생할 수 있으므로, 상품가입여부는 보험회사 전문가들과 상의를 한 후, 본인 책임하에 결정하길 바랍니다.

○ 이처럼 공동사업자 1인의 갑작스러운 빈 자리가 발생할 때, 회사지분 향방에 대한 우려와 일시적인 자금압박이 발생할 수 있다.

○ 그런데 [예시2]와 같이 재직시에 경영인 정기보험으로 미리 대비를 하면, 평소에는 △보험료의 비용처리로 법인세 절감효과가 있고, 15년뒤 자기주식 취득 등 자금부담은 100억원에서 35억원으로 감소한다.

○ 또한 재직중에는 보험의 보호효과 속에 편안하게 공동사업을 영위할 수 있다. 재직 후 퇴직하면 30년뒤 퇴직금은 퇴직연금 기납입액 12억원과 경영인 정기보험으로 해결되고, 30년뒤 퇴직을 하지 않으면 해지한 보험금은 회사 운영자금이 될 수 있다.

○ 경영인 정기보험(50세기준, 20년납)은 4천만원 1회납부터 계속 100억원이 보장되는 보험의 보호효과가 있고, 미래의 일시적인 자금부담을 줄여주며, 퇴직연금에 가입했을 때보다 [예시2]처럼 22.2억원만큼 자금유출이 절감되는 효과가 있다.

50세　　　　　　60세　　　　　65세　　　70세		
15년간 경영인정기보험 납입 (매년 -4.8억원)	**-72**	억원 (매월 4천만원, 50세기준, 20년납)
15년간 경영인정기보험 납입 법인세 절감액	**15**	
15년간 재직중 회사의 자금유출액	**-57**	억원
① *15년뒤 보험금 수령액*	**100**	억원
② *15년뒤 법인세 유출액*	**-17**	
③ *15년뒤 자기주식 취득대금*	**-100**	
④ *15년뒤 퇴직금 지출*	**-18**	
15년뒤 회사의 자금유출액	**-35**	억원
회사의 총 자금유출액	**-92**	
회사의 총 자금절감액	**22.2**	억원　(퇴직연금 대비)

⇒ **제3자의 개입가능성이 없어짐**
　 경영인정기보험이 공동경영의 리스크 대응에 유리+1회납부터 100억 보장

CEO Tip 022 배우자공제와 주식증여, 이익소각을 활용한 개인자금화란?

□ (주식증여+배우자증여공제 6억원+이익소각)을 활용한 개인자금화

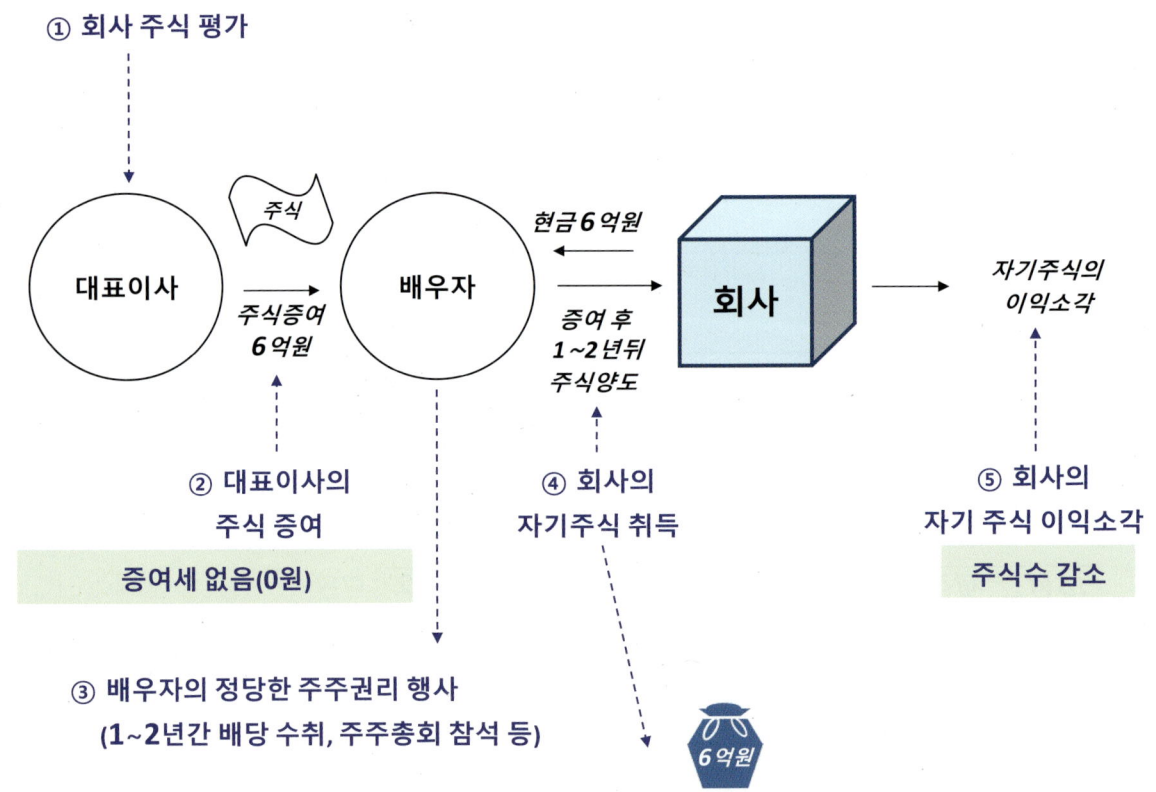

○ 이것은 부실기업이 아닌 자기자본의 잉여금이 많이 쌓여 있어서 부채비율이 낮고 미래 세금 예상규모가 큰 건실한 비상장법인의 합법적인 개인자금화와 관련된 내용이다.

　법인은 별도의 인격체이고 법인자금은 법인 대표(대주주)의 개인자금이 아니므로 이를 임의로 법인의 대표가 사용할 경우 가지급금(대여금) 또는 횡령·배임이 될 수도 있다.

○ 하지만 개인사업자에 비해 자금사유화 비중이 작은 비상장법인 대표(대주주)의 입장에서 영업활동과 채권자 권리보호 등에 지장을 주지 않으면서 합법적인 범위내에서 세금을 최소화하고 법인자금을 개인자금화하면 자금활용도를 높일 수 있다. 물론 이와 함께 회사의 순자산가치를 감소시키면 대주주의 미래세금도 절감할 수 있다.

○ 왼쪽은 배우자증여재산공제 6억원과 자기주식 이익소각을 활용한 개인자금화인데, 이 절차를 활용하면 증여세와 배당소득세가 비과세되고, 배우자의 자금력이 증대되며, 회사의 순자산가치 감소로 미래세금도 절감된다. 이를 인정받기 위해서는 형식적인 요건과 법적절차를 모두 준수하여야 하고, 1~2년이상의 시간이 필요하다.

□ (주식증여+배우자공제 6억원+이익소각)을 활용한 개인자금화(상세)

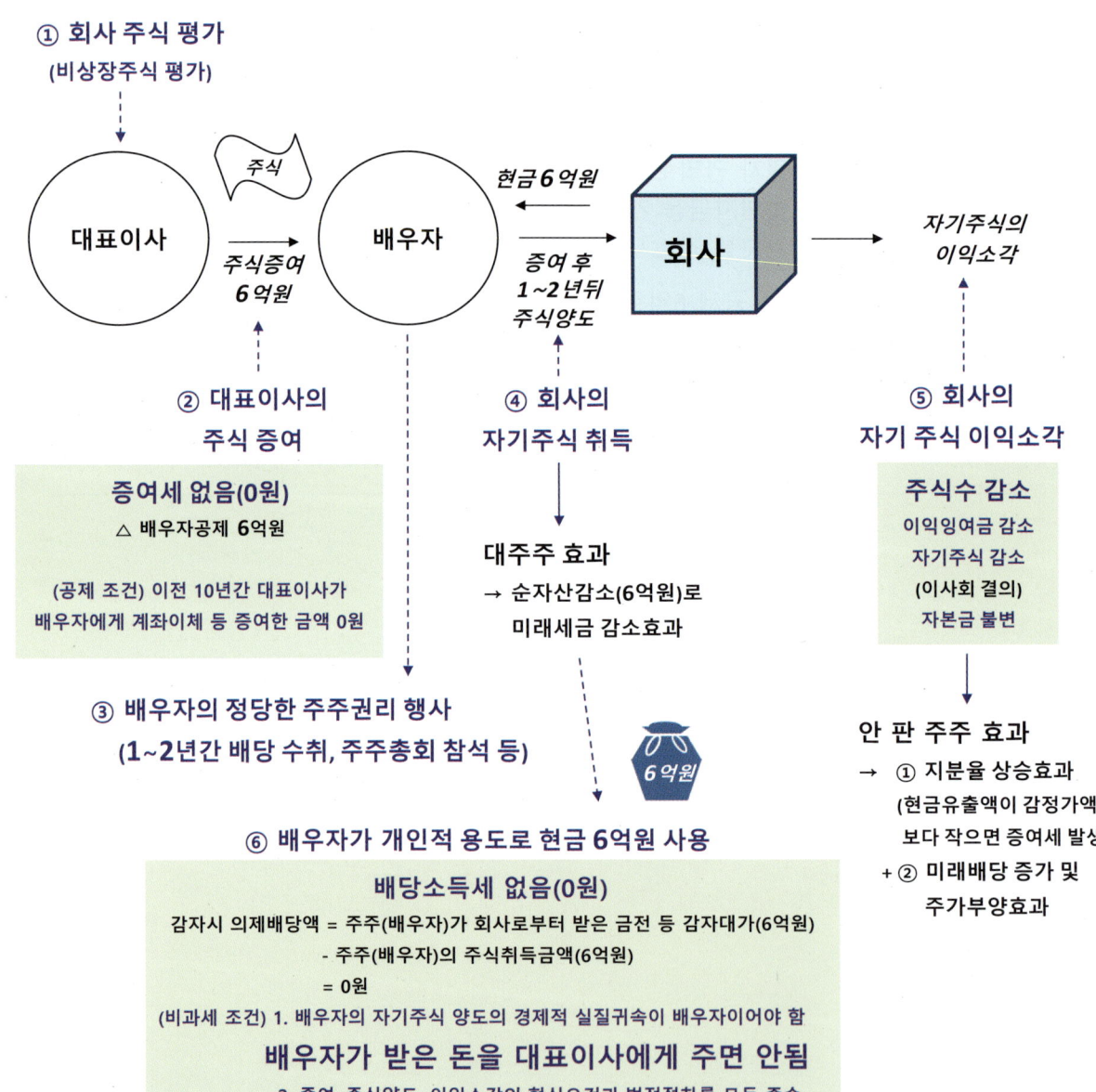

* 상증세법 제39조의2, 제53조1, 동법 시행령 제29조의2, 법인세법 제16조①1, 상법 제343조①
* 소득세법 제17조②, 제87조의13, 제94조①3, 동법 시행령 제157조, 소득46011-21368(2000. 11. 27), 서면법규과-168(2014.2.25)

○ 왼쪽과 같이 배우자공제와 이익소각규정을 활용하면 증여세와 배당소득세가 비과세 되면서 배우자가 6억원을 개인적으로 사용할 수 있다. 그런데 이를 인정받기 위해서는 형식적인 요건과 법적절차를 정확하게 준수하여야 하고 1~2년이상의 시간이 필요하다.

○ 배우자는 자기주식 매각으로 회사로부터 받은 현금을 개인적으로 사용해야 하며, 받은 현금을 대표이사에게 주거나 빌려 줄 경우에는 경제적 실질이 대표이사에게 귀속되었다고 보아 추징된다. 1천만원이상 계좌이체는 금융기관이 금융정보분석원에 보고한다.

○ 배우자가 받은 현금을 증여, 대여 등의 명목으로 대표이사가 받아서 이를 사용하거나 가지급금과 상계하면서 법인에 입금하면 세금이 추징된다. 배우자에게 자기주식 매각의 경제적 실질이 귀속되어야 하므로 배우자가 개인적으로 돈을 써야 세금문제가 없다.

○ (주식증여+배우자공제 6억원+이익소각)을 활용하는 이유는, 합법적으로 법인자금을 개인자금화하고 법인의 순자산을 감소시켜 미래세금을 감소시키는 효과와 함께 배우자의 자금력을 높여주는 효과가 있기 때문이다. 배우자공제와 이익소각에 대한 과세당국의 감독은 엄격하므로 그 절차진행과 사후관리를 법규에 따라 신중하게 실시해야 한다.

---

o 자기주식 취득은 소각이 목적일 경우에는 양도한 주주(배우자)에게 감자에 의한 의제배당규정이 적용되어 배당소득세(0~49.5%)가 과세되고, 소각외 목적(재양도, 일시적 보유 등)일 경우에는 단순매매로 보아 양도소득세(22.2~27.5% 저세율) 규정이 적용된다.

o 회사가 소각외 목적(보유후 제3자 매각, 투자유치, 경영권 안정, 임직원 스톡옵션, 임직원 스톡그랜트, 사내근로복지기금 출연, 상장법인의 주가안정 등)으로 취득한 자기주식을 장기보유하면 가지급금으로 간주되어 불이익을 받을 수 있고, 회사가 자기주식의 평가를 잘못하면 부당행위계산 부인의 불이익을 받을 수 있다.

◇ 소각외 목적으로 취득한 자기주식을 법인이 장기보유할 경우 불이익

□ 자기주식 취득자금이 주주에 대한 자금지원(가지급금)으로 간주될 수 있음

□ 법인이 받는 불이익
 · 가지급금 인정이자 (+)익금산입, 법인세 증가
 · 가지급금 관련 차입금의 지급이자 (+)손금불산입, 법인세 증가

□ 법인대표가 받는 불이익
 · 대표 개인채무 증가 및 가지급금 인정이자(상여처분, 인정상여 발생)에 대한 소득세 증가
 · 상여처분에 의한 소득(월보수) 증가로 4대 보험료 증가
 · 가지급금만큼 비상장법인의 순자산가치 증가로 상속세 증가

⇒ 회사가 소각외 목적 취득 자기주식을 보유하는 경우 보유목적에 따른 처리절차를 진행하여야 하고, 처리지연시 합당한 지연사유를 문서화해야 하며, 세금추징 전에 보유목적대로 처리를 완료해야 함

CEO Tip 023 배우자공제와 부동산 증여를 활용한 개인자금화란?

□ (부동산증여+배우자공제 6억원+10년 경과)를 활용한 양도세 절감

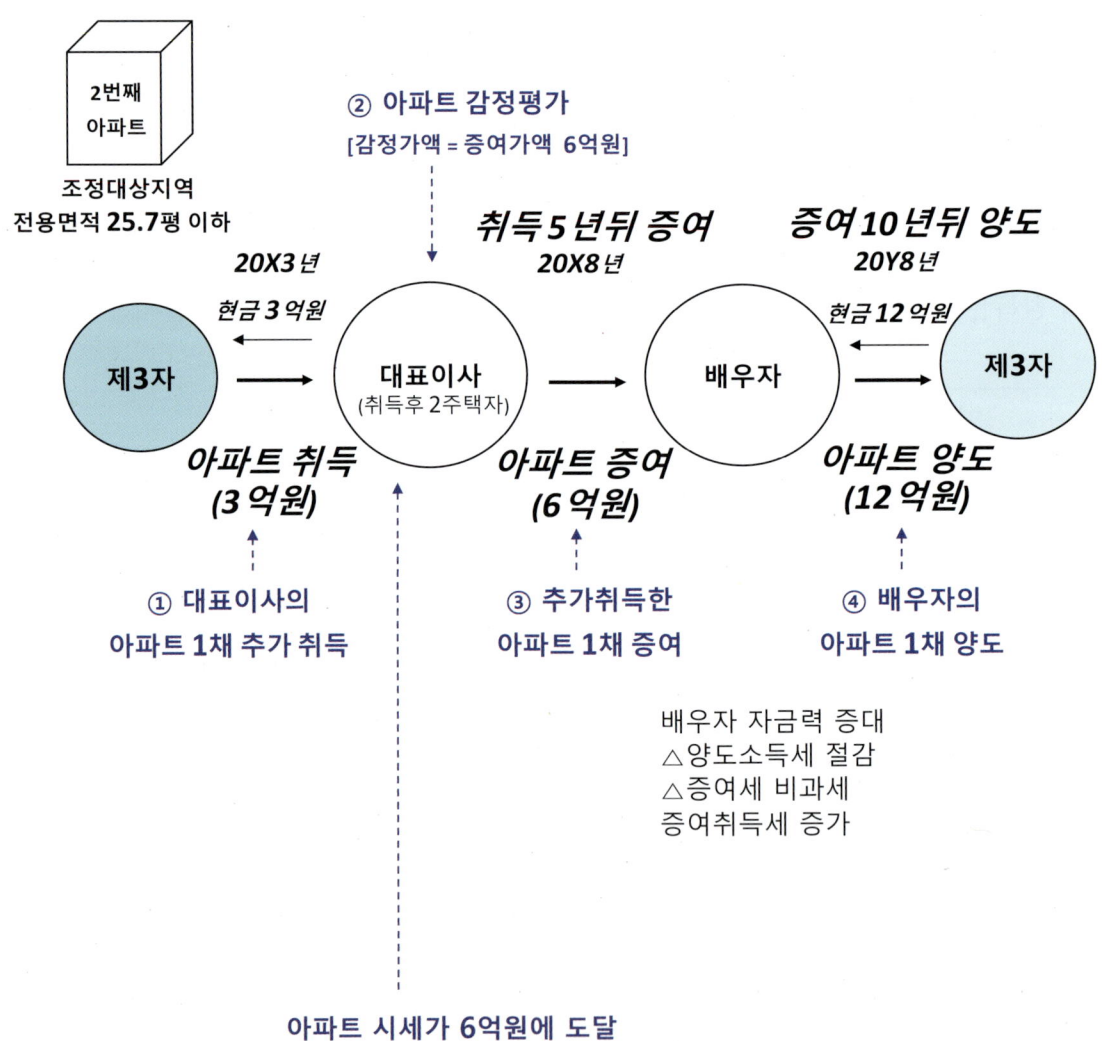

* 소득세법 제96조 제97조, 제97조의2①

○ 소득세법 제97조의2(양도소득의 필요경비 계산 특례) 제1항은 배우자 또는 부양가족에 대한 부동산 증여시 이월과세규정으로, 거주자가 양도일부터 소급하여 10년 이내에 그 배우자 또는 직계존비속으로부터 증여받은 부동산을 양도하여 양도차익을 계산할 때 양도가액에서 공제하는 취득가액은 그 증여한 배우자 또는 직계존비속의 취득당시 금액으로 하는 것(양도차익 증가로 양도소득세 증가)을 말한다.

○ 즉, 가족간 부동산 증여시 이월과세는 가족간 부동산 증여후 10년내(단기간내) 제3자에게 부동산을 양도하면 양도차익을 증가시켜 양도소득세를 증가시킨다.

○ 가족간 부동산 증여 이월과세 규정에 따라 가족간 증여후 10년이 지나서 제3자에게 부동산을 매도하면 증여 당시 취득금액(증여가액)을 공제할 수 있어 양도소득세를 감소시킬 수 있다. 하지만 양도차익이 크고 증여취득세 부담이 작아야 절세의 의미가 있다.

[예시1] 추가취득 아파트 1채를 증여없이 15년뒤 양도시 세금과 순이익은?

(양도세 완화, 취득세 중과, 조정대상지역, 1세대 2주택자)

양도가액	1,200,000,000	
(-) 취득가액	-300,000,000	20X3년 최초 취득당시 취득가액 적용
(-) 취득부대비용	-26,400,000	
양도차익	900,000,000	
(-) 장기보유특별공제	-270,000,000	20X3년이후 15년 경과(양도차익의 30%)
양도소득금액	630,000,000	
(-) 양도소득기본공제	-2,500,000	
양도소득과세표준	627,500,000	
(X) 기본세율(6%~45%)		
양도소득산출세액	227,610,000	(과표X42%-3,594만원)
양도소득세(지방소득세 포함)	250,371,000	

	억원
양도세 완화시 조정대상지역 아파트 25평 1채 추가취득후 15년뒤 양도가액	12.00
(-) 최초 취득가액	-3.00
(-) 최초 취득세(유상취득중과, 조정대상지역, 2주택, 6억원이하, 25.7평이하, 3억원X8.4%)	-0.25
(-) 최초 중개수수료(3억X0.4%=120만원, 부동산중개수수료율표)	-0.01
(-) 양도 중개수수료(12억X0.6%=720만원, 부동산중개수수료율표)	-0.07
(-) 양도소득세(완화)	-2.50
순이익	6.16

□ (부동산증여+배우자공제 6억원+10년 경과)를 활용한 양도세 절감(상세)

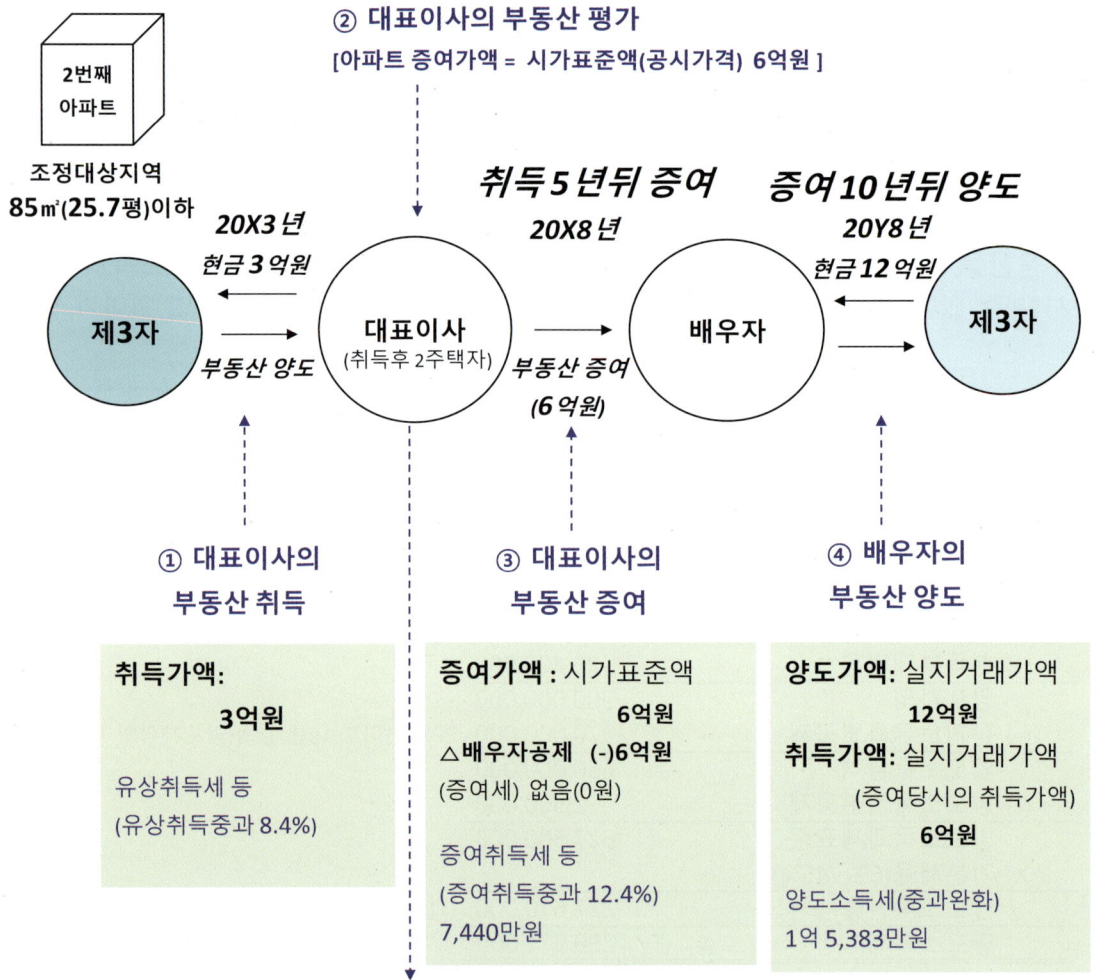

부동산 시세(아파트 공시가격)가 6억원에 도달할 때
증여하는 것이 유리

○ [예시2]처럼 양도세 완화시기에 (부동산증여+배우자공제 6억원+10년 경과후 양도)를 실시하여, 아파트 1채를 추가취득한 후 5년뒤 배우자에게 증여하고 나서 10년간 추가 보유후 매도하여 양도차익이 6억원이 발생한다고 가정하면 순이익이 6.34억원이 된다. 이것은 [예시1]의 대표가 단독명의로 15년간 보유후 매도하는 경우의 순이익 6.16억원 보다 순이익이 1,774만원이 더 크다. 다만, 증여취득세 때문에 절세효과가 크지 않다.

○ (부동산증여+배우자증여재산공제 6억원+10년 경과)를 활용하는 이유는, 부동산 세금을 줄이는 절세효과보다는 배우자의 자금력(9.6억원 유입)을 높여주는 효과 때문이다.

[예시2] 추가취득 아파트 1채를 5년뒤 배우자에게 증여하고, 증여후 10년뒤 양도시 세금과 이익은? (양도세 완화, 취득세 중과, 조정대상지역, 1세대 2주택자)

양도가액	1,200,000,000	
(-) 취득가액	-600,000,000	20X8년 배우자 증여당시 증여가액 적용
(-) 취득부대비용	-78,800,000	증여후 10년뒤 양도시 필요경비(200+240+7,440만원)
양도차익	521,200,000	
(-) 장기보유특별공제	-104,240,000	20X8년이후 10년 경과(양도차익의 20%)
양도소득금액	416,960,000	
(-) 양도소득기본공제	-2,500,000	
양도소득과세표준	414,460,000	
(X) 기본세율(6%~45%)		(과표X40%-2,594만원)
양도소득산출세액	139,844,000	양도소득세 절감액
양도소득세(지방소득세 포함)	153,828,400	-96,542,600 원

양도세 완화시 조정대상지역 아파트 25평이하 1채 추가취득, 증여후 양도가액	12.00	억원
(-) 최초 취득가액	-3.00	
(-) 최초 취득세(유상취득중과, 조정대상지역, 2주택, 6억원이하, 25.7평이하, 3억원X8.4%)	-0.25	
(-) 최초 중개수수료(3억X0.4%=120만원, 부동산중개수수료율표)	-0.01	
(-) 감정평가수수료(2군데X약100만원=200만원, 감정평가법인등 보수기준)	-0.02	
(-) 증여시 중개수수료(6억X0.4%=240만원, 부동산중개수수료율표)	-0.02	
(-) 증여취득세(중과, 조정지역, 증여자 2주택자, 3억원이상, 25.7평이하, 6억원X12.4%=7,440만원)	-0.74	
(-) 양도 중개수수료(12억X0.6%=720만원, 부동산중개수수료율표)	-0.07	
(-) 양도소득세(완화)	-1.54	
순이익	6.34	
순이익 증가액 (예시1과 비교)	17,742,600	원
배우자의 순현금유입액 12억 - 증여후 비용(7,880만원+720만원+1억5,383만원)	960,171,600	원

CEO Tip 024 배우자공제와 세후배당금 증여를 활용한 개인자금화란?

☐ (현금배당후 잔액증여 + 배우자공제 6억원)을 활용한 개인자금화

[예시] 배당후 배우자증여

○ A비상장법인의 현금배당금 10억원이고, 다른 소득과 종합소득공제가 없다고 가정하며, 배당소득 Gross-up 가산율은 11%이다. 10년전부터 대표가 부인에게 증여한 금액은 없고, 현금배당을 받은 대표가 세후 배당금잔액을 부인에게 증여하는 경우의 총세금은?

	A법인 지분율
대표	90%
부인	10%
	100%

[풀이] 배당후 배우자증여시 총세금:

법인 대표 (지분율 90%)	항목	내역	금액
	배당총액		1,000,000,000
	배당액		900,000,000
	Gross-up금액	2천만원초과금액의 11% (9억원 - 2천만원) X 11%	96,800,000
	배당소득금액	9억원 + Gross-up금액	996,800,000
	종합세액	(2천 X 14%) + [(9.768억원 X 42%)-3,594만원] =	377,116,000
	분리세액	9억원(Gross-up전 배당액) X 14% =	126,000,000
	종합세액-분리세액		251,116,000
	배당세액공제	Min(Gross-up금액, 종합세액-분리세액)	96,800,000
	배당소득세 (지방소득세 포함)	(종합세액-배당세액공제) X1.1	**308,347,600**
	배당소득세 차감후 배당액		591,652,400

○ 현금배당후 잔액 증여방법은 합법적으로 세금을 모두 내고 법인자금을 개인자금화 하는 방법의 하나이다.

○ 예시에서 현금배당을 할 경우에 주식 지분율에 따라 대표(90%)와 부인(10%)에게 각각 9억원과 1억원이 배당되고, 대표가 배당소득세 부담후 수령한 배당금액을 배우자에게 다시 증여를 하면 부인은 자신의 배당소득세와 증여세를 부담하게 되는데, 배우자증여 재산공제 6억원에 의해 증여세 부담액은 없다. 부인은 최종적으로 약 6.7억원을 수령하게 되고, 법인은 부인에게 현금을 증여하면서 미래 세금대상인 순자산이 축소된다.

○ (현금배당후 잔액증여+배우자증여재산공제 6억원)를 활용하는 이유는, 합법적으로 법인자금을 개인자금화하고 법인의 순자산을 감소시켜 미래세금을 감소시키는 효과와 함께 배우자의 자금력을 높여주는 효과가 있기 때문이다.

부인	배당액		100,000,000
(지분율 10%)	Gross-up금액	2천만원초과금액의 11%	
		(1억원 - 2천만원) X 11%	8,800,000
	배당소득금액	1억원 + Gross-up금액	108,800,000
	종합세액	(2천 X 14%) + [(0.888억원 X 35%)-1,544만원] =	18,440,000
	분리세액	1억원(Gross-up전 배당액) X 14% =	14,000,000
	종합세액-분리세액		4,440,000
	배당세액공제	Min(Gross-up금액, 종합세액-분리세액)	
			4,440,000
	배당소득세	(종합세액-배당세액공제) X1.1	
	(지방소득세 포함)		15,400,000
	배당소득세 차감후 배당액		84,600,000
부인	**증여세**	(591,652,400-6억원)X10%	0
대표와 부인		총세율 **32.4%** 총세금	323,747,600
부인		실수령액 = 84,600,000+591,652,400	676,252,400

◇ 현금배당후 배당잔액을 배우자증여

비상장법인 (예: 대표의 지분율 90%, 배우자의 지분율 10%)

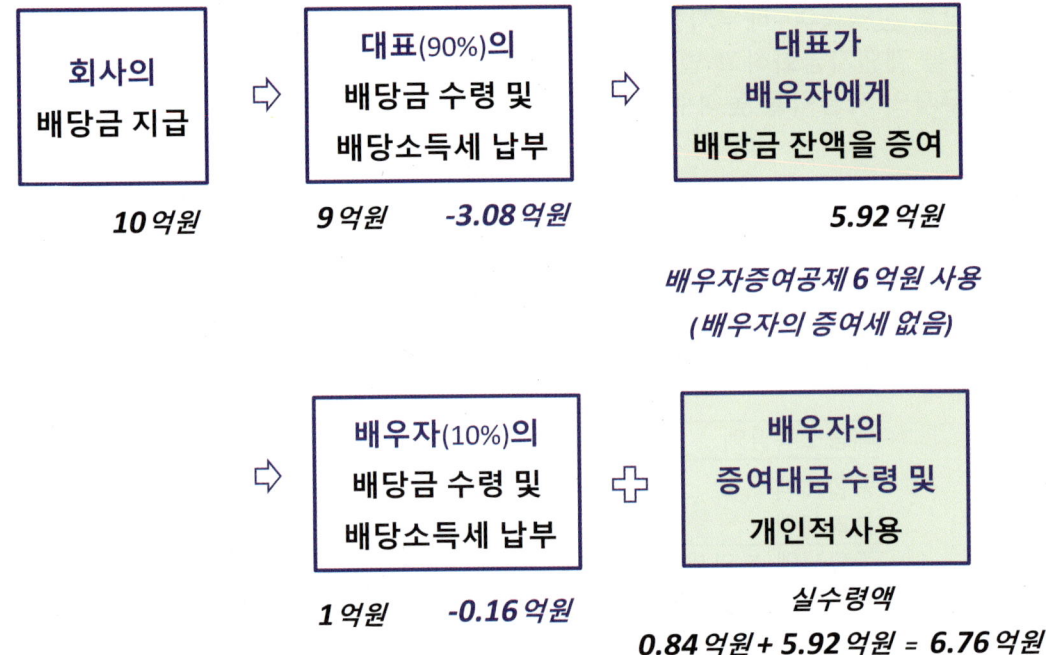

➡ 합법적인 법인자금의 개인자금화(세부담 32.4%)
　　배우자의 자금력 증대, 순자산감소에 의한 미래세금 감소

* 법인자금이 아닌 대표 개인자금 10억원을 배우자에게 증여하는 경우에 총 실수령액은 9.3억원(세부담 7%)임

◇ 배당 Gross-up(배당가산)

법인세가 과세된 소득을 배당하는 경우 배당소득세가 또 과세되는 이중과세문제를 조정

Gross-up 적용대상 배당소득

내국법인(법인으로보는 단체 포함)로부터 받은 배당
종합과세대상 배당소득중 2천만원초과(기본세율 적용) 배당
법인세가 과세된 소득을 재원으로 지급받는 배당
    의제배당[Gross-up포함 : ①취득가액을 초과하는 감자대가 등
                     ②주발초 중 출자전환채무면제이익의 자본전입
                     ③자기주식처분이익의 자본전입
                     ④이익잉여금의 자본전입
        Gross-up제외 : ①저가취득한 또는 소각후 2년내 하는 자기주식소각이익의 자본전입
                     ②토지 재평가적립금의 자본전입
                     ③자기주식보유시 익금불산입 자본잉여금의 자본전입에 의한 지분증가분]
법인세법에 따라 배당으로 처분된 금액 등

Gross-up금액

2천만원 초과 배당소득 X 11%

(+) 배당소득금액 계산시 Gross-up금액을 가산

(+) Gross-up금액을 배당소득에 가산

(-) 종합소득세 산출세액에서 배당세액공제를 차감

배당세액공제 = (-) Min(①Gross-up금액, ②종합과세 산출세액-분리과세 산출세액)

종합과세 산출세액(종합소득세 산출세액) = [2천만원 X 14%(비영업대금이익은 X 25%)]
    +[(2천만원초과 금융소득+Gross-up금액+다른종합소득-종합소득공제) X 기본세율]

분리과세 산출세액 = [Gross-up 안한 금융소득 X 14%(비영업대금이익은 X 25%)]
    +[(다른종합소득-종합소득공제) X 기본세율]

*소득세법 제17조②③, 제56조, 동법 시행령 제27조④, 법인세법 시행령 제12조①2

제5부 2023년 주요 세금

Main Taxes

* 2023년 5월초 기준

제5부 2023년 주요 세금
Main Taxes

Ⅴ. '세금 종류와 소득세'의 세계

25. 2023년 법인세율, 상속·증여세율, 소득세율은?

26. 2023년 아파트 취득세는?
◇ 취득세에 부가되는 농특세와 지방교육세의 계산
◇ 기타 부동산의 취득세

27. 2023년 아파트 재산세와 종합부동산세는?
◇ 재산세, 종합부동산세 등의 계산 및 절세법

28. 2023년 아파트 양도소득세는?
◇ 기타 부동산의 양도소득세
◇ 법인의 주택관련 세금(부동산법인의 장단점)

29. 2023년 주식 양도소득세는?

30. 2023년 ETF에 대한 세금은?

Ⅴ. '세금 종류와 소득세'의 세계

(1) 우리나라의 조세 체계

국세	내국세	직접세		소득세	1
				법인세	2
				상속세	3
				증여세	4
				종합부동산세	5
		간접세	일반소비세	부가가치세	6
			개별소비세	개별소비세	7
				주세	8
				교통·에너지·환경세	9
			유통세	인지세	10
				증권거래세	11
	관세			관세	12
	부가세			교육세	13
				농어촌특별세	14
지방세	보통세			취득세	15
				등록면허세	16
				레저세	17
				담배소비세	18
				지방소비세	19
				지방소득세	20
				재산세	21
				자동차세	22
				주민세	23
	목적세			지방교육세	24
				지역자원시설세	25

(2) 소득세의 구성과 계산구조(납세의무자: 개인)

거주자: 국내·외 원천소득 납세의무자   비거주자: 국내원천소득 납세의무자

o **종합소득 = 이자소득 + 배당소득 + 사업소득 + 근로소득 + 연금소득 + 기타소득**

① 이자수입금액		이자소득금액	분리과세(원천징수로 종결) / 종합과세
② 배당수입금액		배당소득금액	분리과세 / 종합과세
③ 사업수입금액	(-) 필요경비	사업소득금액	종합과세
④ 근로수입금액	(-) 근로소득공제	근로소득금액	분리과세 / 종합과세
⑤ 연금수입금액	(-) 연금소득공제	연금소득금액	분리과세 / 종합과세
⑥ 기타수입금액	(-) 필요경비	기타소득금액	분리과세 / 종합과세
		종합소득금액	종합과세(익년 5월 합산) 합계
		(-) 종합소득공제	
		종합소득과세표준	

o **퇴직소득**

퇴직소득 총수입금액	퇴직소득금액	별도과세(종합소득과 별도임)
	(-) 근속연수공제	
	(-) 환산급여공제	
	퇴직소득과세표준	(환산급여방식)

o **양도소득**

양도소득 총수입금액	(-) 필요경비	양도소득금액
	(-) 장기보유특별공제	
	(-) 양도소득기본공제(연 250만원)	
	양도소득과세표준	

o **금융투자소득**(2025년 시행예정)

* **이자, 배당**, 양도소득 중 **금융상품매매차익** 등 일부가 종합소득과는 별도로 과세되어 과세가 강화되는 것임

CEO Tip 025 2023년 법인세율, 상속·증여세율, 소득세율은?

□ 법인세율, 상속·증여세율, 소득세율

(1) 2022년 적용 법인세율(10%~25%)

법인세 과세표준	세율	누진공제액
2억원 이하	10%	0원
2억원 초과 200억원 이하	20%	2천만원
200억원 초과 3,000억원 이하	22%	4억 2천만원
3,000억원 초과	25%	94억 2천만원

(2) 2023년 적용 법인세율(9%~24%)

법인세 과세표준	세율	누진공제액
2억원 이하	9%	0원
2억원 초과 200억원 이하	19%	2천만원
200억원 초과 3,000억원 이하	21%	4억 2천만원
3,000억원 초과	24%	94억 2천만원

* 법인세법 제55조

(3) 2022년 = 2023년 상속세율 · 증여세율(10%~50%)

상속세 · 증여세 과세표준	세율	누진공제액
1억원 이하	10%	0원
1억원 초과 ~ 5억원 이하	20%	1천만원
5억원 초과 ~ 10억원 이하	30%	6천만원
10억원 초과 ~ 30억원 이하	40%	1억 6천만원
30억원 초과	50%	4억 6천만원

* 상증세법 제26조, 제56조

○ 2023년 법인세는 각 과세표준 구간별로 일정하게 1%씩 하락조정하였다.

○ 2023년 상속세 및 증여세율은 변동이 없다.

○ 2023년 소득세는 과세표준 하위 구간의 범위를 상향조정하여 저소득자의 세부담을 경감하였다.

○ 이에 따라 2023년에 법인세율은 9~24%(지방소득세 포함시 9.9~26.4%), 상속세 및 증여세율은 10~50%, 소득세율은 6~45%(지방소득세 포함시 6.6~49.5%)가 적용된다.

(4) 2022년 소득세 기본세율(6%~45%)

소득세 과세표준(종합, 퇴직, 양도)	세율	누진공제액
1,200만원 이하	6%	0원
1,200만원 초과 ~ 4,600만원 이하	15%	108만원
4,600만원 초과 ~ 8,800만원 이하	24%	522만원
8,800만원 초과 ~ 1억5천만원 이하	35%	1,490만원
1억5천만원 초과 ~ 3억원 이하	38%	1,940만원
3억원 초과 ~ 5억원 이하	40%	2,540만원
5억원 초과 ~ 10억원 이하	42%	3,540만원
10억원 초과	45%	6,540만원

(5) 2023년 소득세 기본세율(6%~45%)

소득세 과세표준(종합, 퇴직, 양도)	세율	누진공제액
1,400만원 이하	6%	0원
1,400만원 초과 ~ 5,000만원 이하	15%	126만원
5,000만원 초과 ~ 8,800만원 이하	24%	576만원
8,800만원 초과 ~ 1억5천만원 이하	35%	1,544만원
1억5천만원 초과 ~ 3억원 이하	38%	1,994만원
3억원 초과 ~ 5억원 이하	40%	2,594만원
5억원 초과 ~ 10억원 이하	42%	3,594만원
10억원 초과	45%	6,594만원

* 소득세법 제55조

(6) 소득세 원천징수세율(소득 수령시 수령액에 적용되는 원천징수세율)

		원천징수세율	원천징수세율 (지방소득세 포함)
이자소득	**일반 이자소득**	**14%**	**15.4%**
	비영업대금의 이익 (가족 등 특수관계인의 사적인 대여이자)	**25%**	**27.5%**
	비실명 이자소득(금융실명법 미적용)	42%	46.2%
	비실명 이자소득(금융실명법 적용)	90%	99.0%
배당소득	**일반 배당소득**	**14%**	**15.4%**
	비실명 배당소득(금융실명법 미적용)	42%	46.2%
	비실명 배당소득(금융실명법 적용)	90%	99.0%
특정 사업소득	인적용역, 의료보건용역	3%	3.3%
	봉사료	5%	5.5%
	주택임대수입(2천만원 이하, 선택가능)	14%	15.4%
	외국인 프로스포츠선수(계약 3년이하)	20%	22.0%
근로소득	일용근로자 근로소득	6%	6.6%
연금소득	공적연금	종합과세 기본세율	기본세율X1.1
	사적연금 1,200만원초과(종합, 분리 선택)	15%	16.5%
	1,200만원이하(종합, 분리 선택)	**3%~5%**	**3.3%~5.5%**
	연금방식 수령, 이연퇴직소득	퇴직세율X(60%~70%)	퇴직세율X(66%~77%)
기타소득	**일반 기타소득**	**20%**	**22.0%**
	3억원초과 당첨소득	30%	33.0%
	연금소득의 연금외방식 수령	**15%**	**16.5%**
퇴직소득	일반 퇴직소득	퇴직세율(기본세율)	퇴직세율X1.1
	이연퇴직소득의 연금외방식 수령	**퇴직세율(기본세율)**	**퇴직세율X1.1**
양도소득	원천징수세율 없음	-	-

* 연금소득의 종합과세 기본세율은 6%~45%를 의미함
* 연간 1,200만원 초과 사적연금소득은 종합과세(6%~45%) 또는 분리과세(15%)중 선택가능함

연간 연금수령금액	유리한 사적연금 과세방법
1,200만원이하	저율분리과세(3.3~5.5%) 선택
1,200만원초과~1,400만원이하	종합과세(6.6%) 선택
1,400만원 초과	분리과세(16.5%) 선택

* 퇴직소득세율은 보통 0%~30% 사이에 있음

* 국내부동산 양도소득은 과세대상 부동산 양도일이 속한 달의 말일부터 2개월이내 예정신고하고, 익년 5월에 확정신고를 함(양도차익이 없거나 양도차손이 발생한 경우에도 예정신고 및 확정신고함)
* 국내주식 양도소득은 과세대상 양도거래가 있을 경우 8월 또는 익년 2월에 예정신고하고, 익년 5월에 확정신고를 함
* 해외주식 양도소득은 익년 5월에 확정신고(국내주식과 통산)만 함

* 소득세법 제105조, 제110조

○ 일반적인 이자소득과 배당소득의 원천징수세율은 14%이고, 일반적인 기타소득의 원천징수세율은 20%이다. 그리고 가족 등 특수관계자간 대여의 이자소득의 원천징수세율은 25%이다. 여기에 지방소득세를 포함하면 각각 15.4%, 22%, 27.5%이다.

○ 2023년 소득세의 원천징수세율은 연 1,200만원 초과 연금소득의 15% 분리과세 선택 조항 신설 이외 큰 변동사항이 없다.

○ 55세 이상 연금을 받는 나이가 되면 연금소득에 대한 원천징수세율은 3~5%이고, 지방소득세를 포함하면 3.3~5.5%이다. 55세는 연금수령이 가능해지는 나이로서, 연금수령을 70대나 80대로 미루면 원천징수세율(5.5% → 4.4% 또는 3.3%)을 낮출 수 있으나, 수령금액이 연 1,200만원보다 많아지면 오히려 원천징수세율[15%(지방소득세 포함시 16.5%)]이 높아질 수도 있다.

(7) 자주 사용하는 공제

△배당세액공제　　　(배당소득세 계산시 사용)

Min　① Gross-up 금액 = (Gross-up 대상) 2천만원 초과 배당소득금액 X 11%
　　　② 종합과세 금융소득 산출세액 - 분리과세 금융소득 산출세액

* Gross-up(이중과세조정) 대상 배당소득: 내국법인으로 받은 법인세가 부과된 2천만원초과 배당소득

* 종합과세 금융소득 산출세액= [2천만원 X 14%(비영업대금이익은 X 25%)]
　　　　+[(2천만원초과 금융소득+Gross-up금액+다른종합소득-종합소득공제) X 기본세율]

* 분리과세 금융소득 산출세액= [Gross-up 안 한 금융소득 X 14%(비영업대금이익은 X 25%)]
　　　　+[(다른종합소득-종합소득공제) X 기본세율]

　　　　　　　　　　　　　　　　　　　　　　　　　*소득세법 제17조③, 제56조

△근로소득공제　　　(근로소득세 계산시 사용)

연간 총급여액	근로소득공제액 (최대한도 2,000만원)
500만원 이하	총급여액 X 70%
500만원 초과 ~ 1,500만원 이하	350만원 + (500만원 초과액 X 40%)
1,500만원 초과 ~ 4,500만원 이하	750만원 + (1,500만원 초과액 X 15%)
4,500만원 초과 ~ 1억원 이하	1,200만원 + (4,500만원 초과액 X 5%)
1억원 초과	1,475만원 + (1억원 초과액 X 2%)

* (예시) 연간 총급여액이 3억 6,250만원이면 △근로소득공제액은 2,000만원임　　　* 소득세법 제47조①

△근로소득 세액공제　　　(근로소득세 계산시 사용)

근로소득 산출세액	근로소득 세액공제액
130만원 이하	산출세액 X 55%
130만원 초과	71만 5천원 + (산출세액 - 130만원) X 30%

* (예시) 총급여 2억원, 산출세액이 5천만원이면 △근로소득 세액공제액은 20만원임　　　* 소득세법 제59조

연간 총급여액	근로소득 세액공제액 한도
3,300만원 이하	74만원
3,300만원 초과 ~ 7,000만원 이하	74만원 - (3,300만원 초과 총급여액 X 0.008) : 최저 66만원
7,000만원 초과 ~ 1억 2,000만원 이하	66만원 - (7,300만원 초과 총급여액 X 1/2)　 : 최저 50만원
1억 2,000만원 초과	50만원 - (1억2,000만원 초과 총급여액 X 1/2) : 최저 20만원

△연금소득공제   (연금소득세 계산시 사용)

총연금액	연금소득공제액 (최대한도 900만원)
350만원 이하	총연금액 X 100%
350만원 초과 ~ 700만원 이하	350만원 + (총연금액 - 350만원) X 40%
700만원 초과 ~ 1,400만원 이하	490만원 + (총연금액 - 700만원) X 20%
1,400만원 초과	630만원 + (총연금액 - 1,400만원) X 10%

* (예시) 총연금액이 1,200만원이면 △연금소득공제액은 590만원임   * 소득세법 제47조의2

△근속연수공제   (퇴직소득세 계산시 사용)

근속연수	근속연수공제액
5년 이하	100만원 X 근속연수
5년 초과 ~ 10년 이하	500만원 + 200만원 X (근속연수 - 5년)
10년 초과 ~ 20년 이하	1,500만원 + 250만원 X (근속연수 - 10년)
20년 초과	4,000만원 + 300만원 X (근속연수 - 20년)

* (예시) 근속연수가 30년이면 △근속연수공제액은 7,000만원임

△환산급여공제   (퇴직소득세 계산시 사용)

환산급여	환산급여공제액
800만원 이하	환산급여 X 100%
800만원 초과 ~ 7,000만원 이하	800만원 + (환산급여 - 800만원) X 60%
7,000만원 초과 ~ 1억원 이하	4,520만원 + (환산급여 - 7,000만원) X 55%
1억원 초과 ~ 3억 이하	6,170만원 + (환산급여 - 1억원) X 45%
3억원 초과	1억 5,170만원 + (환산급여 - 3억원) X 35%

* (예시) 환산급여가 10억원이면 △환산급여공제액은 3억 9,670만원임

* 소득세법 제48조①

CEO Tip 026 2023년 아파트 취득세는?

□ 아파트의 취득세율

(1) 2022년 아파트의 (유상)취득세 등

▫ 아파트의 유상취득(2022년)

○ 취득세는 유상승계취득시 취득가액 크기에 따라 1~3%(기본세율)을 적용하고 원시(최초, 신축)취득은 2.8%를 적용한다.

취득세의 경우 중과주택의 유상취득은 8% 또는 12%[취득세 표준세율 4%+(중과기준세율 2% X 2배 또는 4배)]를 적용한다.

○ 농특세는 국민주택규모[전용면적 85㎡(25.7평)]이하 주택 취득시 비과세이고, 국민주택규모이상 주택 유상취득은 0.2%[농특세 표준세율(2%) X 10%]를, 중과주택은 0.6% 또는 1%{[농특세 표준세율 2%+(중과기준세율 2% X 2배 또는 4배)]X10%}를 적용한다.

○ 지방교육세는 주택 유상취득시 0.1~0.3%(취득세율의 10%)를 적용하고, 중과주택 유상취득은 0.4%[(농지와 주택외 유상취득세율 4% - 중과기준세율 2%)*20%]를 적용한다.

• 무주택자의 1번째 주택 유상취득(2022년)

지역	취득가액	전용면적	취득세	농특세	지방교육세	총 세율
일반지역, 조정대상지역	6억원이하	85㎡(25.7평)이하	1%	-	0.1%	1.1%
		85㎡(25.7평)초과	1%	0.2%	0.1%	1.3%
	6~9억원	85㎡(25.7평)이하	1~3%	-	0.1~0.3%	1.1~3.3%
		85㎡(25.7평)초과	1~3%	0.2%	0.1~0.3%	1.3~3.5%
	9억원초과	85㎡(25.7평)이하	3%	-	0.3%	3.3%
		85㎡(25.7평)초과	3%	0.2%	0.3%	3.5%

* 유상승계취득·원시(최초)취득시 취득가액(취득세 과세표준) = 사실상 취득가격
* 일시적 2주택 취득의 경우도 포함
* 1~3%(수정 취득세율) = [취득가액 X (2/3억원) - 3] X 1%
* 원시(최초, 신축)취득시 취득세율=2.8%(지방세법 제11조 3), 농특세와 지방교육세를 포함한 총세율은 상속세율을 참조
* 국민주택규모: 전용면적 85㎡(25.7평)이하, 비수도권 비도시지역 읍면은 100㎡(30.3평)이하(주택법 제2조 6)
* 지방세법 제11조①8(주택 유상취득세율), 제151조①1(주택 유상취득관련 지방교육세), 농특세법 제5조①6(표준세율 2%X10%)

○ 무주택자의 주택 유상취득세 등은 6억과 9억 기준으로 1.1~3.5%이지만, 다주택자 등 취득세 중과 적용시에는 조정대상지역 2주택과 일반지역 3주택 취득은 2배 중과로 25.7평 기준 8.4%와 9%가 적용되고, 조정대상지역 3주택이상과 일반지역 4주택이상 및 법인의 주택취득은 4배 중과로 25.7평 기준 12.4%와 13.4%가 적용된다.

○ 2022년 12월 21일 정부는 '부동산세제 정상화' 차원에서 2주택까지는 취득세 중과를 폐지키로 하고, 3주택이상 취득세는 현행 중과세율 대비 50%를 인하(일반 3주택 취득 8% → 4%, 조정 3주택이상, 일반 4주택이상 취득 12% → 6%)하기로 하였다.

하지만 2023년 5월초 현재 취득세 중과세 완화방안이 국회 법안처리가 미뤄져 계류중 중인 상태이며, 의원 발의안도 일반취득세의 중과 완화만 포함하고, 증여취득세의 중과 완화는 빠져 있다.

・ **1주택자의 2번째 주택 유상취득(2022년)**

지역	취득가액	전용면적	취득세	농특세	지방교육세	총 세율
일반지역	6억원이하	85㎡(25.7평)이하	1%	-	0.1%	1.1%
		85㎡(25.7평)초과	1%	0.2%	0.1%	1.3%
	6~9억원	85㎡(25.7평)이하	1~3%	-	0.1~0.3%	1.1~3.3%
		85㎡(25.7평)초과	1~3%	0.2%	0.1~0.3%	1.3~3.5%
	9억원초과	85㎡(25.7평)이하	3%	-	0.3%	3.3%
		85㎡(25.7평)초과	3%	0.2%	0.3%	3.5%

* 일반지역은 1채 추가 유상취득시에도 상기 취득세 기본세율(취득가액 크기별 1~3%)을 적용

지역	취득가액	전용면적	취득세	농특세	지방교육세	총 세율
조정대상지역	All	85㎡(25.7평)이하	8%	-	0.4%	8.4%
		85㎡(25.7평)초과	8%	0.6%	0.4%	9.0%

* 취득세 중과 : 주택과 농지외 유상취득4%+(중과기준세율2%*2배)=8%
* 농특세 중과 : [표준세율2%+(중과기준세율2%*2배)]*10%=0.6%
* 지방교육세 중과 : (주택외유상취득4%-중과기준세율2%)*20%=0.4%

* 지방세법 제10조의3, 제10조의4(유상승계취득, 원시취득시 취득세 과세표준), 제11조①8(주택 유상취득세율)
* 지방세법 제6조 19(중과기준세율2%), 제11조①7나(주택과 농지외 유상취득4%), 농특세법 제5조①6(표준세율 2%의 10%)
* 지방세법 제13조(과밀억제권 안의 취득중과, 고급주택의 취득중과), 제13조의2①(법인의 주택취득중과, 다주택자의 주택취득중과)
* 2023년 2월 24일 국회 의안(지방세법 일부개정법률안)

• 2주택자의 3번째 주택 유상취득(2022년)

지역	취득가액	전용면적	취득세	농특세	지방교육세	총 세율
일반지역	All	85㎡(25.7평)이하	8%	-	0.4%	8.4%
		85㎡(25.7평)초과	8%	0.6%	0.4%	9.0%

             중과[4%+(2%*2배)]   중과[(4%-2%)*20%]
                 중과{[2%+(2%*2배)]*10%}

지역	취득가액	전용면적	취득세	농특세	지방교육세	총 세율
조정대상지역	All	85㎡(25.7평)이하	12%	-	0.4%	12.4%
		85㎡(25.7평)초과	12%	1.0%	0.4%	13.4%

             중과[4%+(2%*4배)]   중과[(4%-2%)*20%]
                 중과{[2%+(2%*4배)]*10%}

• 3주택자의 4번째이상 주택 유상취득(2022년)

지역	취득가액	전용면적	취득세	농특세	지방교육세	총 세율
일반지역, 조정대상지역	All	85㎡(25.7평)이하	12%	-	0.4%	12.4%
		85㎡(25.7평)초과	12%	1.0%	0.4%	13.4%

• 법인의 주택 유상취득(2022년)

지역	취득가액	전용면적	취득세	농특세	지방교육세	총 세율
일반지역, 조정대상지역	All	85㎡(25.7평)이하	12%	-	0.4%	12.4%
		85㎡(25.7평)초과	12%	1.0%	0.4%	13.4%

○ 고급주택은 취득세가 중과되는 '취득당시 공시가격(시가표준액) 9억원 초과' 주택 또는 20평이상의 수영장 등 일정 부대시설을 설치한 주택을 말한다.

○ 고가주택은 1세대1주택일 때에도 양도소득세가 과세되는 '양도당시 시가 12억원 초과' 주택을 말한다.

○ 한편, 취득세에 부가되는 농어촌특별세는 국민주택규모이하 주택의 취득, 무주택자의 상속주택취득, 2년이상 자경농지의 상속취득과 유상취득에 대해서는 비과세된다.

[고급주택과 고가주택의 비교]

○ **고급주택**: 취득세 중과세율[(기본세율+중과기준세율(2%)의 4배]이 적용되는 주택으로, 주거용 건축물 또는 그 부속토지의 면적과 가액이 일정기준을 초과(취득 당시의 시가표준액이 9억원을 초과)하거나 해당 건축물에 67㎡(20평) 이상의 수영장 등 일정 부대시설을 설치한 주거용 건축물과 그 부속토지를 말한다.

○ **고가주택**: 1세대1주택의 양도소득세 비과세 적용시, 양도소득세가 과세되는 주택(부수토지 포함)으로, 양도 당시 시가(실지거래가액)가 12억원을 초과하는 주택

* 지방세법 제13조⑤3, 동법 시행령 제28조④, 소득세법 제89조①3, 동법 시행령 제156조

[농어촌특별세가 비과세되는 경우]

① 국민주택규모이하(서민주택)의 취득　　　　　　　　　　　　* 농특세법 제4조 11
② 1가구 1주택(무주택자)의 상속취득　　　　　* 농특세법 제4조 10의4, 지방세법 제15조①2가
③ 2년이상 자경농지의 상속취득　　　　* 농특세법 제4조 10의4, 지방세법 제15조①2나, 지특법 제6조①
④ 2년이상 자경농지의 유상취득　　　　　　　　　　　* 농특세법 제4조 10, 지특법 제6조①

(2) 2023년 아파트의 (유상)취득세 등

ㅁ 아파트의 유상취득(2023년)

· 무주택자의 1번째 주택 유상취득(2023년) = 2022년과 동일

지역	취득가액	전용면적	취득세	농특세	지방교육세	총 세율
일반지역, 조정대상지역	6억원이하	85㎡(25.7평)이하	1%	-	0.1%	1.1%
		85㎡(25.7평)초과	1%	0.2%	0.1%	1.3%
	6~9억원	85㎡(25.7평)이하	1~3%	-	0.1~0.3%	1.1~3.3%
		85㎡(25.7평)초과	1~3%	0.2%	0.1~0.3%	1.3~3.5%
	9억원초과	85㎡(25.7평)이하	3%	-	0.3%	3.3%
		85㎡(25.7평)초과	3%	0.2%	0.3%	3.5%

* 유상승계취득·원시(최초)취득시 취득가액(취득세 과세표준) = 사실상 취득가격
* 일시적 2주택 취득의 경우도 포함
* 1~3%(수정 취득세율) = [취득가액 X (2/3억원) - 3] X 1%
* 원시(최초)취득시 취득세율 = 2.8%(지방세법 제11조 3), 농특세와 지방교육세를 포함한 총세율은 상속세율을 참조
* 국민주택규모: 전용면적 85㎡(25.7평)이하, 비수도권 비도시지역 읍면은 100㎡(30.3평)이하(주택법 제2조 6)

　　　　　* 지방세법 제10조의3, 제10조의4(유상승계취득, 원시취득시 취득세 과세표준), 제11조①8(주택 유상취득세율)
* 지방세법 제6조 19(중과기준세율2%), 제11조①7나(주택과 농지외 유상취득4%), 제151조①1(주택 유상취득관련 지방교육세)
　　　　　　　　　　　　　　　　　　　　* 농특세법 제5조①6(표준세율 2%의 10%)
　　　　　　　　　　　* 2022년 12월 21일 행정안전부 보도자료 '정부, 취득세 중과 완화한다!'

　　　　　　　　　　　　　　　　　* 2023년 2월 24일 국회 의안(지방세법 일부개정법률안)
법인중과 4배→1배가산, 조정2주택 2배가산→중과배제, 비조정3주택 2배가산→4%, 조정3주택(비조정4주택)이상 4배→1배가산

· 1주택자의 2번째 주택 유상취득(2023년)　　　　　지방세법 제13조의2 개정 시행후 기준임

지역	취득가액	전용면적	취득세	농특세	지방교육세	총 세율
일반지역, 조정대상지역	6억원이하	85㎡(25.7평)이하	1%	-	0.1%	1.1%
		85㎡(25.7평)초과	1%	0.2%	0.1%	1.3%
	6~9억원	85㎡(25.7평)이하	1~3%	-	0.1~0.3%	1.1~3.3%
		85㎡(25.7평)초과	1~3%	0.2%	0.1~0.3%	1.3~3.5%
	9억원초과	85㎡(25.7평)이하	3%	-	0.3%	3.3%
		85㎡(25.7평)초과	3%	0.2%	0.3%	3.5%

○ 부동산 가격 하락이후 조정대상지역이 조금씩 해제되고 있으며, 해제되지 아니한 조정대상지역의 아파트의 경우에도 취득세 중과완화조치가 시행되면, 다음 페이지 예시처럼 1주택자의 아파트 추가 취득시에는 상당한 금액의 세금이 중과 때보다 감소할 것이다.

○ 취득세 중과완화 시행이후에는 일반지역·조정대상지역 상관없이 1주택과 2주택의 유상취득세 등은 취득가액과 전용면적을 기준으로 기본세율에 따라 1.1%~3.5%가 적용된다.

○ 또한, 취득세 중과완화 시행이후 일반지역 3번째 주택의 유상취득세 등(취득세 4% 적용, 농특세와 지방교육세 포함)은 25.7평을 기준으로 4.4% 또는 4.6%가 적용되고, 4번째이상 주택의 유상취득세 등(1배가산 중과)은 25.7평을 기준으로 6.4% 또는 6.8%가 적용된다.

○ 그리고 조정대상지역 3번째이상 주택의 유상취득세 등(1배가산 중과)은 25.7평을 기준으로 6.4% 또는 6.8%가 적용된다.

• **2주택자의 3번째 주택 유상취득(2023년)**   지방세법 제13조의2 개정 시행후 기준임

지역	취득가액	전용면적	취득세	농특세	지방교육세	총 세율
일반지역	All	85㎡(25.7평)이하	4%	-	0.4%	4.4%
		85㎡(25.7평)초과	4%	0.2%	0.4%	4.6%

중과[주택과 농지외 유상취득4%]   중과[(4%-2%)*20%]
중과{[표준세율2%+(중과기준세율2%*0배)]*10%}

지역	취득가액	전용면적	취득세	농특세	지방교육세	총 세율
조정대상지역	All	85㎡(25.7평)이하	6%	-	0.4%	6.4%
		85㎡(25.7평)초과	6%	0.4%	0.4%	6.8%

중과[4%+(2%*1배)]   중과[(4%-2%)*20%]
중과{[표준세율2%+(중과기준세율2%*1배)]*10%}

• **3주택자의 4번째이상 주택 유상취득(2023년)**   지방세법 제13조의2 개정 시행후 기준임

지역	취득가액	전용면적	취득세	농특세	지방교육세	총 세율
일반지역, 조정대상지역	All	85㎡(25.7평)이하	6%	-	0.4%	6.4%
		85㎡(25.7평)초과	6%	0.4%	0.4%	6.8%

• **법인의 주택 유상취득(2023년)   [6.4%~6.8%]**   지방세법 제13조의2 개정 시행후 기준임

지역	취득가액	전용면적	취득세	농특세	지방교육세	총 세율
일반지역, 조정대상지역	All	85㎡(25.7평)이하	6%	-	0.4%	6.4%
		85㎡(25.7평)초과	6%	0.4%	0.4%	6.8%

[예시1] 1주택 보유자의 조정대상지역내 국민주택규모이하 1주택 추가 취득시 취득세 등

1주택 보유자가 조정대상지역에서 거래가격이 7.5억원이고, 전용면적이 85㎡(25.7평) 이하인 주택을 추가로 취득할 경우 중과완화조치 시행 전후 취득세 등은?

[2022년 중과시 취득세 등(조정대상지역 2번째주택, 2배가산 중과, 85㎡이하, 9억원이하)]

   7.5억원 X 8.4%   = 63,000,000

[2023년 중과완화 시행이후 취득세 등]

   수정 취득세율 = [7.5억원 X (2/3억원) - 3] X 1% = 2%

   수정 총 세율 = 취득세 2% + 농특세 0% + 지방교육세 0.2% = 2.2%

   7.5억원 X 2.2%   = 16,500,000   세금 감소 -46,500,000

[예시2] 1주택 보유자의 조정대상지역내 국민주택규모초과 1주택 추가 취득시 취득세 등

1주택 보유자가 조정대상지역에서 거래가격이 10억원이고, 전용면적이 85㎡(25.7평) 초과인 주택을 추가로 취득할 경우 중과완화조치 시행 전후 취득세 등은?

[2022년 중과시 취득세 등(조정대상지역 2번째주택, 2배가산 중과, 85㎡초과, 9억원초과)]

   10억원 X 9%   = 90,000,000

[2023년 중과완화 시행이후 취득세 등]

   10억원 X 3.5%   = 35,000,000   세금 감소 -55,000,000

(3) 2022년 아파트의 (상속, 증여)취득세 등

▫ 아파트의 상속취득(2022년)

- 취득세는 상속취득시 2.8%를 기본세율로 적용하되, 무주택자의 1가구1주택 상속취득은 0.8%(2.8%-중과기준세율2%)를 적용한다.
- 농특세는 국민주택규모이하 주택 취득시 비과세이고, 국민주택규모이상 주택 상속취득은 0.2%[표준세율(2%) X 10%]를 적용한다.
- 지방교육세는 주택의 상속취득시 0.16%[(상속취득세율 2.8% - 중과기준세율 2%)*20%]를 적용한다.

지역	상속인	전용면적	취득세	농특세	지방교육세	총 세율
일반지역, 조정대상지역	무주택자	85㎡(25.7평)이하	0.8%	-	0.16%	0.96%
		85㎡(25.7평)초과	0.8%	-	0.16%	0.96%
	유주택자	85㎡(25.7평)이하	2.8%	-	0.16%	2.96%
		85㎡(25.7평)초과	2.8%	0.2%	0.16%	3.16%

* 지방세법 제15조①2가(1가구1주택 상속취득세), 제151조①1(지방교육세), 농특세법 제5조①6(표준세율 2%의 10%)

▫ 아파트의 증여취득(2022년) : 증여취득세는 증여자 기준임

- 취득세는 증여취득시 3.5%를 기본세율로 적용하되, 증여중과주택(1세대1주택 제외한 조정대상지역, 시가표준액 3억이상 증여중과주택)의 증여취득은 12%[표준세율 4%+(중과기준세율 2% X 4배)]를 적용한다.
- 농특세는 국민주택규모이하 주택 취득시 비과세이고, 국민주택규모이상 일반주택의 증여취득은 0.2%[표준세율(2%) X 10%]를, 중과주택의 증여취득은 1%{[표준세율 2%+(중과기준세율 2% X 4배)]X10%}를 적용한다.
- 지방교육세는 일반주택의 증여취득은 0.3%[(증여취득세율 3.5% - 중과기준세율 2%)*20%]를 적용하고, 중과주택의 증여취득은 0.4%[(농지와 주택외 유상취득세율 4% - 중과기준세율 2%)*20%]를 적용한다.

일반지역 아파트의 증여취득(2022년)

지역	증여가액	전용면적	취득세	농특세	지방교육세	총 세율
일반지역	All	85㎡(25.7평)이하	3.5%	-	0.3%	3.8%
		85㎡(25.7평)초과	3.5%	0.2%	0.3%	4.0%

* 증여취득주택 중과세는 1세대1주택을 제외하고, 조정대상지역 시가표준액 3억원이상 증여주택에 적용함

○ 무주택자의 주택 상속취득세 등(농특세와 지방교육세 포함)은 0.96%이고, 유주택자의 주택 상속취득세 등은 25.7평을 기준으로 2.96% 또는 3.16%이다.

○ 일반지역의 주택 증여취득세 등은 25.7평을 기준으로 3.8% 또는 4%이고, 조정대상지역 주택증여자가 1세대1주택자이거나 시가표준액 3억원미만 다주택자인 경우에도 같다.

하지만 조정대상지역 주택증여자가 시가표준액 3억원이상 다주택자인 경우에 증여취득세 등은 4배 중과로 25.7평을 기준으로 12.4% 또는 13.4%를 적용한다.

○ 2022년 12월 21일 정부는 '부동산세제 정상화' 차원에서 조정대상지역의 3억원 이상 3주택자의 증여에 대한 증여취득세 중과세율을 기존 12%에서 6%로 인하하기로 했다.

또한 1주택자와 2주택자의 증여시에는 중과를 폐지하고 증여 일반 취득세율 3.5% (농특세, 지방교육세 포함 25.7평 기준 3.8% 또는 4%)를 과세하기로 하였다.

그런데 2023년 2월, 국회에 제출된 발의안에는 증여취득세 중과세 완화관련 법규정(지방세법 제13조의2②)은 중과세 유지로 되어 있으며 2023년 5월초 현재 계류중이다.

조정대상지역 아파트의 증여취득(2022년)

지역	증여자	증여가액	전용면적	취득세	농특세	지방교육세	총 세율
조정대상지역	1세대 1주택 (배우자, 직계존비속)	3억원미만	85㎡(25.7평)이하	3.5%	-	0.3%	3.8%
			85㎡(25.7평)초과	3.5%	0.2%	0.3%	4.0%
		3억원이상	85㎡(25.7평)이하	3.5%	-	0.3%	3.8%
			85㎡(25.7평)초과	3.5%	0.2%	0.3%	4.0%
	그외 1주택	3억원미만	85㎡(25.7평)이하	3.5%	-	0.3%	3.8%
			85㎡(25.7평)초과	3.5%	0.2%	0.3%	4.0%
		3억원이상	85㎡(25.7평)이하	12%	-	0.4%	12.4%
			85㎡(25.7평)초과	12%	1.0%	0.4%	13.4%
	2주택 (2번째 주택)	3억원미만	85㎡(25.7평)이하	3.5%	-	0.3%	3.8%
			85㎡(25.7평)초과	3.5%	0.2%	0.3%	4.0%
		3억원이상	85㎡(25.7평)이하	12%	-	0.4%	12.4%
			85㎡(25.7평)초과	12%	1.0%	0.4%	13.4%
	3주택 (3번째 주택) 이상	3억원미만	85㎡(25.7평)이하	3.5%	-	0.3%	3.8%
			85㎡(25.7평)초과	3.5%	0.2%	0.3%	4.0%
		3억원이상	85㎡(25.7평)이하	12%	-	0.4%	12.4%
			85㎡(25.7평)초과	12%	1.0%	0.4%	13.4%

시가표준액 기준　　중과[4%+(2%*4배)]　　중과[(4%-2%)*20%]
중과{[2%+(2%*4배)]*10%}

* 지방세법 제13조의2②(증여중과주택 취득세 4배), 제151조①1나(증여중과주택 지방교육세 4배), 동법 시행령 제28조의6①
　　* 농특세법 제5조①6(표준세율 2%로하여 지방세법에 따라 산출한 취득세액의 10%)

(4) 2023년 아파트의 (상속, 증여)취득세 등

▫ **아파트의 상속취득(2023년) = 2022년과 동일**

지역	상속인	전용면적	취득세	농특세	지방교육세	총 세율
일반지역, 조정대상지역	무주택자	85㎡(25.7평)이하	0.8%	-	0.16%	0.96%
		85㎡(25.7평)초과	0.8%	-	0.16%	0.96%
	유주택자	85㎡(25.7평)이하	2.8%	-	0.16%	2.96%
		85㎡(25.7평)초과	2.8%	0.2%	0.16%	3.16%

▫ **아파트의 증여취득(2023년)**

일반지역 아파트의 증여취득(2023년) = 2022년과 동일

지역	증여가액	전용면적	취득세	농특세	지방교육세	총 세율
일반지역	All	85㎡(25.7평)이하	3.5%	-	0.3%	3.8%
		85㎡(25.7평)초과	3.5%	0.2%	0.3%	4.0%

조정대상지역 아파트의 증여취득(2023년) 최초 정부안대로 중과세 완화 시행시에만 적용함

지역	증여자	증여가액	전용면적	취득세	농특세	지방교육세	총 세율
조정대상지역	1세대 1주택 (배우자, 직계존비속)	3억원미만	85㎡(25.7평)이하	3.5%	-	0.3%	3.8%
			85㎡(25.7평)초과	3.5%	0.2%	0.3%	4.0%
		3억원이상	85㎡(25.7평)이하	3.5%	-	0.3%	3.8%
			85㎡(25.7평)초과	3.5%	0.2%	0.3%	4.0%
	그외 1주택	3억원미만	85㎡(25.7평)이하	3.5%	-	0.3%	3.8%
			85㎡(25.7평)초과	3.5%	0.2%	0.3%	4.0%
		3억원이상	85㎡(25.7평)이하	3.5%	-	0.3%	3.8%
			85㎡(25.7평)초과	3.5%	0.2%	0.3%	4.0%
	2주택 (2번째 주택)	3억원미만	85㎡(25.7평)이하	3.5%	-	0.3%	3.8%
			85㎡(25.7평)초과	3.5%	0.2%	0.3%	4.0%
		3억원이상	85㎡(25.7평)이하	3.5%	-	0.3%	3.8%
			85㎡(25.7평)초과	3.5%	0.2%	0.3%	4.0%
	3주택 (3번째 주택) 이상	3억원미만	85㎡(25.7평)이하	3.5%	-	0.3%	3.8%
			85㎡(25.7평)초과	3.5%	0.2%	0.3%	4.0%
		3억원이상	85㎡(25.7평)이하	6%	-	0.4%	6.4%
			85㎡(25.7평)초과	6%	0.4%	0.4%	6.8%

중과[4%+(2%*1배)]   중과[(4%-2%)*20%]
중과{[표준세율2%+(중과기준세율2%*1배)]*10%}

* 지방세법 제13조2 ②(조정대상지역 증여취득 중과세율6%) 개정 시행후
* 지방세법 제6조 19(중과기준세율2%), 제11조①7나(주택과 농지외 유상취득4%), 농특세법 제5조①6(표준세율 2%)

○ 취득세의 중과 완화와 관련하여 최초 정부안대로 국회에서 통과된다면, 조정대상지역에서 12.4%~13.4% 중과세되던 1세대1주택 이외 1주택과 2번째 주택의 증여취득세 등이 3.8%~4.0%로 하향되고, 3번째 주택이상의 증여 취득세 등은 6.4%~6.8%로 하향된다.

○ 그런데, 2022년 12월 최초 정부안에는 증여취득세의 완화내용도 있었으나, 2023년 2월 국회에 제출된 개정안(의원 발의안)에는 증여취득세의 완화내용이 빠져 있다. 따라서 증여취득세가 개정에서 제외될 경우에는 2022년 증여취득세율이 그대로 적용된다.

즉, 국회에 제출된 의원 발의안이 통과하지 못하면 취득세율 전체가 2022년 취득세율과 같이 중과세(2배, 4배)되고, 현재 의원 발의안대로 통과되는 경우에는 일반취득세율은 인하되지만 증여취득세율의 중과세(4배)는 계속된다는 점에 주의하여야 한다.

○ 세법은 이렇게 수시로 개정되는 생물과 같은 존재이다. 특히 우리나라의 부동산관련 세금은 자주 변동된다.

기타 부동산의 취득세

◇ 일반 건물과 농지외 토지(임야, 나대지)의 취득

구 분		취득세	농특세	지방교육세	총 세율
매매취득 (유상취득)	일반 건물(상가, 오피스텔 등)	4%	0.2%	0.4%	4.6%
	농지외 토지(임야, 나대지 등)	4%	0.2%	0.4%	4.6%
상속취득	일반 건물	2.8%	0.2%	0.16%	3.16%
	농지외 토지	2.8%	0.2%	0.16%	3.16%
신축(원시)취득	일반 건물	2.8%	0.2%	0.16%	3.16%
증여취득 (무상취득)	일반 건물	3.5%	0.2%	0.3%	4.0%
	농지외 토지	3.5%	0.2%	0.3%	4.0%

* 지방교육세 계산: 유상취득(4%*10%=0.4%), 상속취득·신축취득[(2.8%-2%)*20%=0.16%], 증여취득[(3.5%-2%)*20%=0.3%]
* 지방세법 제151조①

◇ 농지(전, 답, 과수원)의 취득

구 분		취득세	농특세	지방교육세	총 세율
매매취득 (유상취득)	일반 농지(전, 답, 과수원)	3.0%	0.2%	0.2%	3.4%
	2년 이상 자경한 농지	1.5%	-	0.1%	1.6%
상속취득	일반 농지	2.3%	0.2%	0.06%	2.56%
	2년 이상 자경한 농지	0.15%	-	0.03%	0.18%
증여취득 (무상취득)	일반 농지	3.5%	0.2%	0.3%	4.0%
	2년 이상 자경한 농지	3.5%	0.2%	0.3%	4.0%

* 농업경영에 사용하지 않는 농지는 1년내 처분통지, 6개월내 처분명령, 미처분시 이행강제금 25%부과 등의 불이익이 있음
* 농지 취득세율: 유상취득[일반 3%, 자경농지 3%*50%(경감)=1.5%], 상속취득[일반 2.3%, 자경농지 (2.3%-2%)*50%(경감)=0.15%]
* 지방교육세율(일반농지): 유상취득[(3%-2%)*20%=0.2%], 상속취득[(2.3%-2%)*20%=0.06%], 증여취득[(3.5%-2%)*20%=0.3%]
* 지방교육세율(자경농지): 유상취득[0.2%*(1-50%(취득세경감))=0.1%], 상속취득[0.06%*(1-50%(취득세경감))=0.03%], 증여취득[0.3%]

* 지방세법 제11조①1가, 제15조①2나, 농지법 제10조, 제11조, 제63조
* 농특세법 제4조 10, 10의4(2년이상 자경농지의 유상취득과 상속취득에 대한 농특세 비과세)
*농지취득세:지방세법 제11조①1가,7가, 지특법 제6조①, 농지취득세의 지방교육세: 지방세법 제151조①다 1)

◇ 법인의 대도시내 '주택외 부동산' 취득

(유상)매수자	구분	취득세	농특세	지방교육세	총 세율
대도시 법인	대도시 설립 5년내 부동산 취득(중과)	8%	0.2%	1.2%	9.4%
지방 법인	대도시 임대용 부동산 취득	4%	0.2%	0.4%	4.6%

* 대도시: 산업단지를 제외한 수도권과밀억제권역
* 대도시 법인: 대도시에서 법인설립, 지점 등 설치하거나, 대도시로 본점이나 지점 등을 전입한 법인
* 대도시법인이 설립 5년내 본점설립용 부동산 취득과 본점 신축을 동시에 하면 취득세율이 12%임

* 지방세법 제13조①②⑥, 제16조①④, 제151조①1가, 동법 시행령 제27조③, 농특세법 제5조①6, 대법원 99두3188(1999.05.11)

* 대도시법인 취득세(대도시내 본·지점설치 또는 전입하면서 부동산취득, 공장신·증설하면서 부동산취득=(4%*3배)-(2%*2배)=8%
* 대도시법인 농특세=[(2%*3배)-(2%*2배)]*10%=0.2%
* 대도시법인 지방교육세=[(4%-2%)*20%]*3배=0.4%*3배=1.2%

CEO Tip 027 2023년 아파트 재산세와 종합부동산세는?

□ 아파트의 재산세율

(1) 2022년 = 2023년 아파트의 재산세율(0.1%~0.4%, 0.05%~0.35%)

재산세 과세표준 (시가표준액 X 공정시장가액 비율)	공시가격 9억초과 1세대1주택 + 다주택 표준세율	공시가격 9억이하 1세대1주택 특례세율	누진 공제액
6,000만원 이하	0.10%	0.05%	0원
6,000만원 초과 ~ 1억 5,000만원 이하	0.15%	0.10%	3만원
1억 5,000만원 초과 ~ 3억원 이하	0.25%	0.20%	18만원
3억원 초과	0.40%	0.35%	63만원

* 주택 시가표준액 = 주택 공시가격
* 다주택자인 개인과 모든 법인의 공정시장가액 비율 = 60%
 　　[1세대1주택자의 공정시장가액비율: 45%(2022년)→공시가격 3억이하 43%, 6억이하 44%, 6억초과 45%(2023년)]
* 재산세 과세기준일: 매년 6월01일, 납부기간: 제1기분 7.16~7.31(7월말), 제2기분 9.16~9.30(9월말)
 　　　　　　　　　　 * 지방세법 제111조, 제111조의2, 제114조, 제115조, 제122조, 동법 시행령 제2조, 제109조
* 2023.05.02. 행정안전부 보도자료 '1주택자 재산세 부담 줄어든다' (주택 재산세 공정시장가액비율 완화 45% → 43%~45%)

(2) 2023년 아파트의 재산세 계산

○ 재산세 납부세액 = 최종 재산세 + 도시지역분 재산세(과표X0.14%)
 　　　　　　　　　　+ 지방교육세(최종X20%) + 지역자원시설세(건물부분 공시가격X60%X세율)

○ 최종 재산세 = Min(①세부담 상한, ②재산세 산출세액)

　　세부담 상한 = (전년도 재산세) X 상한율
 　　　* 상한율 : 공시가격 3억이하 105%, 3억초과~6억이하 110%, 6억초과 130%(법인은 모두 150%)

　　재산세 과세표준 = (공시가격) X 60%(다주택자인 개인과 모든 법인의 공정시장가액비율)
 　　　* 1세대1주택자인 개인의 공정시장가액비율은 공정가액 3억과 6억기준 43%, 44%, 45%

　　재산세 산출세액 = 재산세 과세표준 X 재산세율(표준세율 0.1%~0.4%)
 　　　* 공시가격 9억원 이하 1세대1주택자 특례세율 0.05%~0.35%

○ 주택의 재산세는 기본적으로 [공시가격 X 공정시장가액비율 60%(1세대1주택 공시가격 3억이하 43%, 6억이하 44%, 6억초과 45%) X 세율(0.1%~0.4%)]로 계산하는데, 공시가격 9억이하 1세대1주택은 과표구간별로 0.05%가 낮은 특례세율(2021년~2023년 한시적)을 적용한다.

○ 또한, 최종 재산세 산출시에는 공시가격 3억과 6억을 기준으로 세부담 상한(105%, 110%, 130%)의 한도를 두고 있고, 법인의 재산세 세부담 상한은 150%이다.

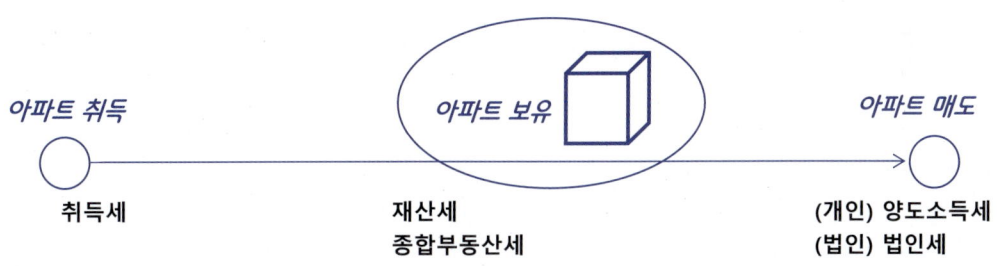

□ 아파트의 종합부동산세율

(1) 2022년 아파트의 종합부동산세(기본세율 0.6%~3%, 중과세율 1.2%~6%)

종합부동산세 과세표준 [(시가표준액-기본공제) X 공정시장가액 비율]	1주택	2주택 (비조정)	누진 공제액	2주택 (조정)	3주택 이상	누진 공제액
3억원 이하	0.6%		0원	1.2%		0원
3억원 초과 ~ 6억원 이하	0.8%		60만원	1.6%		120만원
6억원 초과 ~ 12억원 이하	1.2%		300만원	2.2%		480만원
12억원 초과 ~ 50억원 이하	1.6%		780만원	3.6%		2,160만원
50억원 초과 ~ 94억원 이하	2.2%		3,780만원	5.0%		9,160만원
94억원 초과	3.0%		11,300만원	6.0%		18,560만원
법인 소유 주택	3.0%		0원	6.0%		0원

* 공동주택 시가표준액 = 공동주택 공시가격
* 2022년 종합부동산세 기본공제 = △6억원(1세대1주택자는 △11억원, 법인은 0원)
* 2022년 종합부동산세 공동주택 공정시장가액 비율 = 60%
* 종합부동산세 과세기준일: 매년 6월01일, 납부기간: 12.01~12.15(12월초)

(2) 2023년 아파트의 종합부동산세(기본세율 0.5%~2.7%, 중과세율 0.5%~5%)

종합부동산세 과세표준 [(시가표준액-기본공제) X 공정시장가액 비율]	1주택	2주택 (비조정)	2주택 (조정)	3주택 이상	누진 공제액
3억원 이하		0.5%		0.5%	0원
3억원 초과 ~ 6억원 이하		0.7%		0.7%	60만원
6억원 초과 ~ 12억원 이하		1.0%		1.0%	240만원
12억원 초과 ~ 25억원 이하		**1.3%**		**2.0%**	**600만원**
25억원 초과 ~ 50억원 이하		**1.5%**		**3.0%**	**1,100만원**
50억원 초과 ~ 94억원 이하		2.0%		4.0%	3,600만원
94억원 초과		2.7%		5.0%	10,180만원
법인 소유 주택		2.7%		5.0%	0원

* 2023년 종합부동산세 기본공제 = △9억원(1세대1주택자는 △12억원, 법인은 0원)
* 2023년 종합부동산세 공동주택 공정시장가액 비율 = 80%(2023년 5월초 현재 미정)

* 종부세법 제3조, 제8조, 제9조, 제10조, 제16조, 동법 시행령 제2조의4①

○ 주택의 종합부동산세는 1~2주택 보유자의 경우 기본적으로 [(공시가격 - 기본공제 9억원 X 공정시장가액비율 80%(2023년 5월초 현재 미정) X 세율(0.5%~2.7%)]로 계산하는데, 3주택 이상자는 과표구간중 12억원 초과분부터 높은 세율을 부과하므로 0.5%~5%의 세율이 적용된다. 또한 1세대1주택자는 △기본공제가 12억원이 적용된다.

한편, 최종 종합부동산세 산출세액에서는 재산세 중복분이 차감되며, 전년도 재산세와 종합부동산세를 기준으로 세부담 상한(150%)의 한도를 두고 있다.

○ 2023년 주택의 종합부동산세는 부동산 가격하락으로 다주택자 중과부분을 지역에 상관없이 3주택 이상 소유자로 조정하고, 과세표준에 25억원 구간을 추가하였으며 세율을 인하하였다.

또한, 기본공제(△6억원→△9억원)와 1세대1주택의 기본공제(△11억원→△12억원)금액을 각각 상향조정하여 종합부동산세 부담을 완화하였다.

다만, 공정시장가액비율은 2023년 5월초 현재 미정이나, 상향조정(60%→80%)될 가능성이 높다.

○ 법인주택의 경우에는 세율 인하만 있고, ①기본공제 9억원(1세대1주택 12억원), ②1세대1주택 고령자·장기보유세액공제, ③세부담상한을 계속 적용배제한다.

(2) 2023년 아파트의 종합부동산세 계산

○ **종부세 납부세액** = 최종 종부세 - 1세대1주택 고령자·장기보유 세액공제(80%한도) + 농특세(20%)

○ **최종 종부세** = Min[①세부담 상한 - 최종 재산세(당기), ②종부세 산출세액 - 재산세 중복분]

세부담 상한 = (전년도 재산세+종부세) X 상한율

  * 상한율 : 조정대상지역 2주택(300%), 3주택(300%), 그 외(150%) → 모든 주택 150%로 개정

종부세 과세표준 = (공시가격-기본공제 9억원) X 80%

  * 1세대1주택 기본공제 12억원

종부세 산출세액 = 종부세 과세표준 X 종부세율(기본세율 0.5%~2.7%)

  * 3주택자 이상 기본세율 0.5%~5%

재산세 중복분 = (종부세 과세표준 X 재산세율) X (최종 재산세 / 재산세 산출세액)

(3) 2023년 공동명의 1주택자의 과세특례

□ 공동명의 1주택자의 과세특례 선택(①, ②)

1주택자 구분	①개인별 과세방식	②공동명의 1주택자 특례 과세방식
	기본공제 △9억원 X 사람수	기본공제(특례공제) △12억원 △고령자·장기보유세액공제
부부(5:5) 공동명의	공시가격 18억(시가 24억)이하인 경우에 유리하므로 선택(○)	공시가격 18억(시가 24억)초과이고 세액공제 많을 경우에 선택(△)

* 매년 9월 공동명의 1주택자특례신청기간에 특례신청해제(개인별 과세방식을 선택)를 하거나 특례신청(공동명의 1주택자 특례과세방식을 선택)을 하면 됨
* 단독명의 1세대1주택자는 기본공제 △12억원과 △고령자·장기보유세액공제를 적용함
* 종부세법 제8조, 제9조, 제10조, 제10조의 2

- **1주택자(공동명의)의 기본공제** = 연간 △12억원 특례공제

- **1주택자(공동명의→특례적용)의 △고령자·장기보유 세액공제**

  = 종합부동산세 산출세액 X 공제율(한도 80%)

연령별	60세이상	65세이상	70세이상	보유기간별	5년이상	10년이상	15년이상
공제율	20%	30%	40%	공제율	20%	40%	50%

○ 2023년에는 종합부동산세 완화 개정에 따라, 3주택이상 소유자가 총 주택 공시가격이 24억원이하이면 과세표준이 12억원[(24억-기본공제 9억)*80%]이하가 되어 2주택이하 소유자와 동일한 세율(0.5%, 0.7%, 1%)이 적용되므로 세부담이 상당폭 줄게 되었다.

○ 또한, 1세대 1주택자는 공시가격이 12억원(시세 약 16억원)이하이면 과세표준이 0원[(12억-12억원)*80%]되어 종합부동산세가 안나온다.

○ 2주택이상 다주택자는 단독명의와 공동명의의 유불리(장단점)를 확인한 후 선택한다.

○ 종합부동산세는 인별 과세이므로 1주택자는 단독명의보다 공동명의가 인별 △기본공제 9억원을 공동명의자 사람수만큼 할 수 있어 유리하다.

부부공동명의(5:5) 1주택자는 ①개인별 과세방식과 ②특례과세방식 중에서 선택할 수 있는데, 개인별 과세방식에서는 △기본공제 18억이 적용되므로 공시가격 18억원(시세 약 24억원)이하이면 개인별 과세방식이 유리하다.

○ 종합부동산세는 가끔 잘못 계산하여 부과되는 경우가 있으므로 반드시 세액을 본인이 직접 또는 주변의 도움을 받아 다시 계산해서 확인해 봐야 한다.

◇ 재산세 관련 절세법

6월 1일에 보유하지 말 것 → 재산세는 6월 1일 부동산 등기부등본상
　　　　　　　　　　　　　　소유자로 등재된 사람에게 부과

　　　매도자 : 5월말까지 매도를 완료(잔금을 수령)
　　　매수자 : 6월 2일이후에 매수를 완료(잔금을 지급)

재산세 납부기간을 준수 → 미준수시 가산금(3%)와 중가산금(매월 0.75%)

　　　재산세 1기분 : 7월16일부터 7월31일까지(7월말)
　　　재산세 2기분 : 9월16일부터 9월30일까지(9월말)

　　　　　　　* 종부세는 12월1일부터 12월15일까지(12월초)(과세기준일은 6월1일)

주택연금에 가입 → 공시가격 5억원 한도로 재산세액의 25%를 감면
　　　　　　　　　(5억원 초과 주택은 5억원에 대한 재산세액의 25%를 감면)

◇ 상가건물 공동명의 취득의 절세법

거액의 상가를 공동명의로 취득 → 리모델링 → 임대 → 장기보유 → 양도
　(유흥주점과 같은 고급오락장은 취득세가 중과되므로 주의)

　　　장점　• 15년이상 보유시 △장특공(양도차익의 30%) 적용가능
　　　　　　• 단독명의보다 양도소득세의 절세효과가 커짐
　　　단점　• 부부 중 근로소득자가 있으면 임대소득 증가로 종합소득세가 증가
　　　　　　• 부부 중 동거가족이 있으면 임대소득 발생으로 건강보험 피부양자로
　　　　　　　되어 있던 한쪽이 별도 지역가입자가 되어 건강보험료가 증가
　　　　　　• 재산세와 종부세 부담이 증가함. 이는 임대료수익 등으로 보완해야 함

◇ 종합부동산세 관련 절세법

6월1일기준 **공시가격 18억원(시가 약 24억원) 이하**
1주택자(공동명의)는 개인별 과세방식
(기본공제 △18억원) 선택시 종부세가 안 나옴

6월1일기준 **공시가격 18억원(시가 약 24억원) 초과**
1주택자(공동명의)가 △고령자·장기보유공제가 클 경우
9월에 공동명의 1주택자 특례신청을 하는 것이 유리함
(1주택자공제 △12억원+세액공제 최고 80%)

종부세는 인별 과세이고 3주택자부터 중과세율이 적용
→ 1주택자는 최초 취득시 공동명의로 하는 것이 유리함(종부세, 양도세 절세)
→ 다주택자는 1인당 보유 주택수와 1인당 보유 주택금액을 줄여야 함
→ 다주택자의 단독명의 or 공동명의는 유불리(장단점) 확인후 선택

* 종부세는 인별 과세이나, 재산세는 물건별 과세이므로 명의에 상관없이 재산세는 동일함
* 공동명의자 한쪽이 자금출처나 소득이 없으면 증여세와 취득세가 발생하고, 피부양자 자격 박탈로 건강보험료가 증가할 수 있으며, 증여간주후 10년내 매각시 양도세가 증가함(주의)
* 1세대 1주택자는 공시가격이 12억원(시세 약 16억원)이하이면 종부세가 없고, 다주택자는 중과세가 완화되는 시기에 공동명의 주택과 다른 주택의 비중을 조정해야 절세효과가 있음
* 공동명의 주택취득은 시가 12억초과 고가주택으로, 4대보험 각자납부 맞벌이부부에게 적합함

CEO Tip 028 2023년 아파트 양도소득세는?

□ 아파트의 양도소득세율

(1) 고가주택 1채 보유자(2022년) 양도소득세

지역	보유기간	세율	누진공제액	(6%~70%)
일반지역, 조정대상지역	2년 이상	기본세율	기본 누진공제액	
	2년 미만	60%	0원	
	1년 미만	70%	0원	

양도소득세 과세표준(기본세율)	세율	기본 누진공제액	(6%~45%)
1,200만원 이하	6%	0원	
1,200만원 초과 ~ 4,600만원 이하	15%	108만원	
4,600만원 초과 ~ 8,800만원 이하	24%	522만원	
8,800만원 초과 ~ 1억5천만원 이하	35%	1,490만원	
1억5천만원 초과 ~ 3억원 이하	38%	1,940만원	
3억원 초과 ~ 5억원 이하	40%	2,540만원	
5억원 초과 ~ 10억원 이하	42%	3,540만원	
10억원 초과	45%	6,540만원	

(2) 고가주택 1채 보유자(2023년) 양도소득세

지역	보유기간	세율	누진공제액	(6%~70%)
일반지역, 조정대상지역	2년 이상	기본세율	기본 누진공제액	
	2년 미만	60%	0원	
	1년 미만	70%	0원	

양도소득세 과세표준(기본세율)	세율	기본 누진공제액	(6%~45%)
1,400만원 이하	6%	0원	
1,400만원 초과 ~ 5,000만원 이하	15%	126만원	
5,000만원 초과 ~ 8,800만원 이하	24%	576만원	
8,800만원 초과 ~ 1억5천만원 이하	35%	1,544만원	
1억5천만원 초과 ~ 3억원 이하	38%	1,994만원	
3억원 초과 ~ 5억원 이하	40%	2,594만원	
5억원 초과 ~ 10억원 이하	42%	3,594만원	
10억원 초과	45%	6,594만원	

○ 1주택 보유자가 아파트를 양도하는 경우에는 조정대상지역 여부에 상관없이 1세대 1주택의 요건을 충족할 경우에는 양도소득세가 비과세된다.

○ 그런데, 1세대1주택이라 하더라도 양도가액(실지거래가액)이 12억원을 초과하는 고가주택에 해당하는 경우에는 12억원 초과분에 대하여 양도차익과 △장기보유특별공제에 초과비율(12억원 초과금액/양도가액)을 곱한 초과금액을 계산해 양도소득세를 과세한다.

고가 1주택 양도소득세의 계산

· 1주택 보유자의 주택 양도가액(실지거래가액)이 12억원을 초과하는 경우

· 초과분 양도차익 = (양도가액 - 취득가액 - 필요경비) X (12억원 초과금액/양도가액)

· △초과분 장기보유특별공제 = △장기보유특별공제 X (12억원 초과금액/양도가액)

```
      초과분 양도차익
 (-) 초과분 장기보유특별공제
      양도소득금액
 (-) 연 250만원(양도소득기본공제)
      양도소득과세표준
 (X) 기본세율(6%~45%) 또는 60%, 70%
      양도소득산출세액
```

* 국세청 홈 - 국세신고안내 - 개인신고안내 - 양도소득세 - 세액계산요령 - 1세대1주택 고가주택

아파트 취득 — 취득세
아파트 보유 — 재산세, 종합부동산세
아파트 매도 — (개인) 양도소득세 / (법인) 법인세

◻ 1세대 1주택 양도소득세 비과세

- 1세대 1주택이란 동일한 주소에서 생계를 같이하는 1세대가 국내에 1개의 주택을 소유하고 2년 이상 보유한 주택을 말한다.

  다만, 조정대상지역은 2년이상 보유+ 2년이상 거주한 주택을 말한다.

- 1세대 1주택의 경우 소득세법에 규정된 고가주택(실지거래가액 12억원 초과주택)이 아닌 주택과 이에 부수된 3~10배 이내의 토지는 양도소득세가 비과세된다.

  즉, 1주택 보유자의 주택 양도가액(실지거래가액)이 12억원을 초과하는 경우에는 그 초과분에 대하여 양도소득세가 과세된다.

- 1세대 1주택이 새로운 주택으로 이사 중에 2주택이 된 경우, 새 주택을 구입한 날로부터 3년 이내에 구 주택(2년이상 보유)을 팔면 양도소득세가 비과세된다.

  또한, 조정대상지역으로 이사시에도 신규주택 취득일부터 3년 이내에 구 주택(2년이상 보유)을 팔면 양도소득세가 비과세된다(2년에서 3년으로 2023년 1월에 개정).

- 1년이상 거주한 주택을 취학, 근무상의 형편, 질병의 요양, 그 밖에 부득이한 사유로 양도하고 세대원 모두가 다른 시·군으로 주거를 이전하는 등 일정한 경우에는 2년 보유하지 않아도 비과세된다.

* 2022.05.09 기획재정부 보도자료 '다주택자 양도소득세 중과 한시 배제 등 소득세법 시행령 개정'
* 2022.12.21 기획재정부 보도자료 '2023년 경제정책방향' (P12~13) 1.거시경제 안정관리, [4] 부동산시장 연착륙
* 2023.01.12 행정안전부 보도자료 '일시적 2주택자의 종전주택 처분기한 연장'
소득세법 제89조①3, 동법 시행령 제154조, 제155조①, 동법 시행규칙 제71조③

* 주택 부수토지(소득세법 시행령 제154조⑦)
수도권 주거·상업·공업지역 토지: 3배
수도권 녹지지역, 비수도권 도시지역 토지: 5배
비수도권 비도시지역 토지: 10배

장기보유특별공제(주택관련)

기간	1세대1주택(고가주택) 보유기간 공제율	1세대1주택(고가주택) 거주기간 공제율	그외 주택 보유기간 공제율
2년이상	-	8%	-
3년이상	12%	12%	6%
4년이상	16%	16%	8%
5년이상	20%	20%	10%
6년이상	24%	24%	12%
7년이상	28%	28%	14%
8년이상	32%	32%	16%
9년이상	36%	36%	18%
10년이상	40%	40%	20%
11년이상	합산		22%
12년이상			24%
13년이상			26%
14년이상			28%
15년이상			30%

* 1세대1주택(고가주택, 시가 12억초과)의
장기보유특별공제액 최고한도: 80%

***1세대1주택(고가주택)
최고 10년 (보유+ 거주) 80%***

* 다주택자의
장기보유특별공제액 최고한도: 30%

***다주택자(~2024.05.09)
최고 15년 (보유) 30%***

○ '장기보유 특별공제액'이란 양도자산 중 토지 또는 건물(미등기양도자산 제외)로서 보유기간이 3년 이상인 것 등에 보유기간별 공제율을 곱하여 계산한 금액을 말한다.

다만, 1세대 1주택(이에 딸린 토지를 포함)에 해당하는 자산의 경우에는 그 자산의 양도차익에 보유기간별 공제율을 곱하여 계산한 금액과 거주기간별 공제율을 곱하여 금액을 합산한 것을 말한다.

1세대1주택 중 실거래가액 12억원 이하는 양도소득세 비과세이므로 1세대1주택에 대한 장기보유특별공제는 실거래가액 12억원초과 고가주택에 대하여 적용된다.

○ 조정대상지역의 2주택이상 보유자(다주택자)의 장기보유특별공제의 미적용 중과규정은 한시적으로 2022년 5월 10일부터 2024년 5월 9일까지 적용배제한다.

즉, 조정대상지역의 2주택이상 보유자(다주택자)도 2024.05.09.까지 양도하면 장기보유특별공제액이 적용된다.

○ 한편, 1년미만 보유 양도자는 45% 단일세율을 적용하고, 2년미만 보유 양도자는 기본세율을 적용하는 방향으로 2023년 하반기에 세제를 개편할 예정이다.

* 소득세법 제95조②
* 2022.05.09 기획재정부 보도자료 '다주택자 양도소득세 중과 한시 배제 등 소득세법 시행령 개정'
* 2022.12.21 기획재정부 보도자료 '2023년 경제정책방향' (P12~13) 1.거시경제 안정관리, [4] 부동산시장 연착륙

(3) 2주택 보유자(2022년) 양도소득세

지역	보유기간	세율	누진공제액	(6%~70%)
일반지역	2년 이상	기본세율	기본 누진공제액	
	2년 미만	60%	0원	
	1년 미만	70%	0원	

지역	보유기간	세율	누진공제액	(26%~70%)
조정대상지역	2년 이상	기본세율+20%	기본 누진공제액	
	2년 미만	Max(60%, 기본세율+20%)	0원 / 기본 누진공제액	
	1년 미만	70%	0원	

양도소득세 과세표준(기본세율+20% 중과)	세율	기본 누진공제액	(26%~65%)
1,200만원 이하	26%	0원	
1,200만원 초과 ~ 4,600만원 이하	35%	108만원	
4,600만원 초과 ~ 8,800만원 이하	44%	522만원	
8,800만원 초과 ~ 1억5천만원 이하	55%	1,490만원	
1억5천만원 초과 ~ 3억원 이하	58%	1,940만원	
3억원 초과 ~ 5억원 이하	60%	2,540만원	
5억원 초과 ~ 10억원 이하	62%	3,540만원	
10억원 초과	65%	6,540만원	

* 기본세율에 20%를 업(Up)하더라도 기본 누진공제액은 변동하지 아니함

(4) 2주택 보유자(2023년) 양도소득세 = 기본세율 적용, 중과 배제

지역	보유기간	세율	누진공제액	(6%~70%)
일반지역, 조정대상지역	2년 이상	기본세율	기본 누진공제액	
	2년 미만	60%	0원	
	1년 미만	70%	0원	

양도소득세 과세표준(기본세율 적용, 중과 배제)	세율	기본 누진공제액	(6%~45%)
1,400만원 이하	6%	0원	
1,400만원 초과 ~ 5,000만원 이하	15%	**126만원**	
5,000만원 초과 ~ 8,800만원 이하	24%	**576만원**	
8,800만원 초과 ~ 1억5천만원 이하	35%	**1,544만원**	
1억5천만원 초과 ~ 3억원 이하	38%	**1,994만원**	
3억원 초과 ~ 5억원 이하	40%	**2,594만원**	
5억원 초과 ~ 10억원 이하	42%	**3,594만원**	
10억원 초과	45%	**6,594만원**	

○ 부동산가격 상승기에 양도소득세율은 중과세 규정에 따라 조정대상지역 2주택 보유자는 기본세율(6~45%)에 +20% 업(Up)하고, 3주택이상 보유자는 기본세율에 +30% 업(Up)하였으며, 이들에 대해 장기보유특별공제를 배제하였다.

○ 그러나 이러한 양도소득세 중과세는 2022년 5월 10일부터 2024년 5월 9일까지 한시적으로 적용 배제한다. 즉, 2024년 5월 9일까지 조정대상지역 다주택자도 양도소득세율을 기본세율로 적용하며, 장기보유특별공제도 적용한다.

○ 한편, 1년미만 보유 양도자는 45% 단일세율을 적용하고, 2년미만 보유 양도자는 기본세율을 적용하는 방향으로 세제를 개편할 예정이다.

---

(5) 3주택이상 보유자(2022년) 양도소득세

지역	보유기간	세율	누진공제액	
일반지역	2년 이상	기본세율	기본 누진공제액	(6%~70%)
	2년 미만	60%	0원	
	1년 미만	70%	0원	

지역	보유기간	세율	누진공제액	
조정대상지역	2년 이상	기본세율+30%	기본 누진공제액	(36%~75%)
	2년 미만	Max(60%, 기본세율+30%)	0원 기본 누진공제액	
	1년 미만	Max(70%, 기본세율+30%)	0원 기본 누진공제액	

양도소득세 과세표준(기본세율+30% 중과)	세율	기본 누진공제액	
1,200만원 이하	36%	0원	(36%~75%)
1,200만원 초과 ~ 4,600만원 이하	45%	108만원	
4,600만원 초과 ~ 8,800만원 이하	54%	522만원	
8,800만원 초과 ~ 1억5천만원 이하	65%	1,490만원	
1억5천만원 초과 ~ 3억원 이하	68%	1,940만원	
3억원 초과 ~ 5억원 이하	70%	2,540만원	
5억원 초과 ~ 10억원 이하	72%	3,540만원	
10억원 초과	75%	6,540만원	

* 기본세율에 30%를 업(Up)하더라도 기본 누진공제액은 변동하지 아니함

(6) 3주택이상 보유자(2023년) 양도소득세 = 기본세율 적용, 중과 배제
(2023년 2주택 보유자와 동일함)

* 국세청 홈 - 국세신고안내 - 개인신고안내 - 양도소득세 - 기본정보 - 세율

기타 부동산의 양도소득세

◇ 조합원 입주권, 분양권의 양도소득세

조합원입주권, 분양권의 양도	세율	기본 누진공제액
2년이상 보유한 조합원입주권	기본세율	기본 누진공제액
2년미만 보유한 조합원입주권	60%	0원
1년미만 보유한 조합원입주권	70%	0원
1년이상 보유한 분양권	60%	0원
1년미만 보유한 분양권	70%	0원

→ 1년이상 보유 양도: 기본세율
1년미만 보유 양도: 45%
(2023하반기 세제개편 예정)

→ 조합원입주권과 분양권은 주택 양도소득세 계산시 주택수에 포함됨

◇ 비사업용토지의 양도소득세

비사업용 토지의 양도	세율	기본 누진공제액
2년이상 보유: 기본세율+10%세율		
1,400만원 이하	16%	0원
1,400만원 초과 ~ 5,000만원 이하	25%	126만원
5,000만원 초과 ~ 8,800만원 이하	34%	576만원
8,800만원 초과 ~ 1억5천만원 이하	45%	1,544만원
1억5천만원 초과 ~ 3억원 이하	48%	1,994만원
3억원 초과 ~ 5억원 이하	50%	2,594만원
5억원 초과 ~ 10억원 이하	52%	3,594만원
10억원 초과	55%	6,594만원
2년미만 보유: Max(+10%세율, 40%)	Max	0원
1년미만 보유: Max(+10%세율, 50%)	Max	0원
미등기 양도: 70%	70%	0원

* 조정대상지역은 기본세율+20%(26%~65%)세율을 적용함

↔ 사업용 토지의 양도소득세
2년이상보유: 기본세율(6%~45%)
2년미만보유: Max(기본세율, 40%)
1년미만보유: Max(기본세율, 50%)
미등기 양도: 70%

* 소득세법 제104조①
* 2022.12.21 기획재정부 보도자료 '2023년 경제정책방향' (P12~13) 1.거시경제 안정관리, [4] 부동산시장 연착륙

◇ △ 장기보유특별공제

기간	1세대1주택(고가주택)		다주택자(~2024.5.9기한) 토지(비사업용 토지 포함) 건물(상가, 오피스텔 포함)
	보유기간 공제율	거주기간 공제율	보유기간 공제율
2년이상	-	8%	-
3년이상	12%	12%	6%
4년이상	16%	16%	8%
5년이상	20%	20%	10%
6년이상	24%	24%	12%
7년이상	28%	28%	14%
8년이상	32%	32%	16%
9년이상	36%	36%	18%
10년이상	40%	40%	20%
11년이상	합산		22%
12년이상			24%
13년이상			26%
14년이상			28%
15년이상			30%

→ 1세대1주택(고가주택) 장특공
[최고 10년이상(보유+거주) 80%]

→ 다주택자(~2024.05.09) 및 주택외 부동산 장특공
[최고 15년 이상(보유) 30%]

* 3년이상 보유 부동산(미등기 제외)
* 비사업용토지는 장특공이 적용되는 대신 양도소득세율에서 사업용토지에 비해
  기본세율+10P(조정대상지역 비사업용토지는 기본세율+20P) 추가과세됨

법인의 주택관련 세금(부동산법인의 장단점)

◇ 법인의 아파트(주택) 취득(개인이 유리)

구분	취득가액	전용면적	취득세	농특세	지방교육세	총 세율
매매취득 (유상취득)	All	85㎡(25.7평)이하	6%	-	0.4%	6.4%
		85㎡(25.7평)초과	6%	0.4%	0.4%	6.8%

* 취득세율 세제개편 시행후 기준이며, 취득세율 개편안은 2023년 5월초 현재 국회 계류중임. 개편이 안되면 12.4%~13.4%임

◇ 법인의 주택관련 재산세(개인이 유리)

- 법인은 1세대1주택자 공시가격 9억이하 재산세 특례세율(-0.05%)이 없음
- 법인과 다주택자의 재산세 공정시장가액비율은 60%를 적용함(1세대1주택 개인은 43~45%)
- 법인의 재산세 세부담상한은 150%를 적용함(개인의 재산세 세부담 상한은 105~130%)

◇ 법인의 주택관련 종합부동산세(개인이 유리)

- 법인은 △기본공제 9억원(1세대1주택자 △기본공제 12억원)이 없음
- 법인은 고령자·장기보유 세액공제(최고 80%)가 없음
- 법인은 종부세 세부담상한 초과세액공제가 없음(개인의 종부세 세부담 상한은 150%)
- 법인의 종부세액 = [(시가표준액) X 80%] X 2.7%   * 공정시장가액비율 80%는 2023년 5월초 현재 미정임
- (3주택이상 소유) 법인의 종부세액 = [(시가표준액) X 80%] X 5%

◇ 법인의 건물 또는 다주택관련 증여세·상속세(법인이 유리)

- 개인이 고층 건물이나 다주택을 자녀에게 증여·상속할 경우 증여·상속세, 취득세가 많음
- 법인은 부동산이 주식화된 것이므로 사전 분산증여가 쉽고, 순자산 축소로 절세가 가능함
  (부동산가치는 조정곤란, 법인의 주식가치는 조정가능, 배당 등으로 순자산을 축소시켜 미래세금 절감가능)
  (부동산을 증여받은 자녀는 임대수입(현금)을 남용할 수 있으나, 법인주식을 증여받은 자녀는 경제관념이 성장함)
  [다만, 법인이 가업승계지원제도를 활용하면 증여세·상속세의 대폭 절감이 가능하나, 부동산법인은 활용불가함]

◇ 법인의 주택관련 임대소득세, 건강보험료(법인이 유리)

- 개인의 주택 총임대수입이 2천만원을 초과할 경우 종합과세(6~45%)됨
  (근로소득자 또는 사업소득자인 개인에게 임대수입이 종합소득으로 추가)
  법인의 주택 총임대수입은 일반 법인세(9~24%)가 부과됨
  [개인은 (보수+임대소득)에 대해 건강보험료 부과, 법인은 임대소득이 법인에 귀속, 대표는 (보수)에 대해 건강보험료 부과]

- 개인의 주택 보증금(비소형주택 3채이상, 총보증금 3억원초과)은 간주임대료를 계산해 가산하나,
  법인의 주택 보증금에는 간주임대료가 없음(차입금과다 부동산임대법인의 주택외 간주임대료가 있음)

- 개인의 주택 임대수입에는 일정 경비율 또는 임대관련 장부상 비용이 차감되나,
  법인의 주택 임대수입에는 필요경비가 임대이외 다른 비용과 함께 통산 차감됨

◇ 법인의 주택관련 양도세(법인이 유리)

- 법인은 주택보유를 원칙적으로 금지하므로 양도세는 유리(법인의 주택처분을 유도)

[예시] 개인과 법인의 부동산 양도세율 비교

양도자산 구분	보유기간	개인의 부동산 양도			법인의 부동산 양도		
		양도소득세율		△차감	법인세율	양도세율	△차감
		1차 완화	2차 완화				
조합원입주권	2년이상	6~45%	6~45%				
	2년미만	60%	6~45%			20%	
	1년미만	70%	45%				
분양권	1년이상	60%	6~45%			20%	
	1년미만	70%	45%				
상가, 사업용토지	2년이상	6~45%	6~45%	△취득가액	9~24%	0%	△취득가액
	2년미만	40%	40%	△양도비용			△법인전체
	1년미만	50%	50%	△250만원			비용통산
비사업용토지(일반지역) [조정대상지역은 2년이상 26~65%]	2년이상	16~55%	16~55%			10%	
	2년미만	40%	40%				
	1년미만	50%	50%				
별장(부수토지 포함) [조정대상지역은 2년이상 26~65%]	2년이상	16~55%	16~55%			20%	
	2년미만	40%	40%				
	1년미만	50%	50%				
미등기 비사업용토지, 별장		70%	70%			40%	

* 양도소득세율 1차완화는 2024.5.09까지 적용되고, 2차완화는 2023년 하반기 세제개편 예정사항 반영후 기준임
* 개인양도소득세율중 2년미만과 1년미만은 2년이상 적용세율[(기본세율) or (기본+10p) or (기본+20p)]과 경합 Max를 적용함
* 법인이 부동산을 양도한 경우에는 양도자산별 양도세율을 적용한 법인의 부동산 양도세를 일반 법인세액에 추가하여 납부함
* 소득세법 제55조①, 제94조①1,2, 제104조①1,2,3,8,10,④,⑦, 제104조의2②, 제104조의3, 법인세법 제55조의2①

⇒ 종부세 세제개편과 2024.5,9까지 양도세 중과세 완화로 2주택까지
   개인이 주택 면에서 유리, 법인은 규제하고 있으므로 장점을 신중히 검토

CEO Tip 029 2023년 주식 양도소득세는?

□ 주식의 양도소득세율

(1) 2022년 = 2023년 소액주주의 주식 양도소득세(0% or 10% or 20%)

상장주식의 장내양도		비과세
상장주식의 장외양도 비상장주식의 양도	중소기업 주식	과세표준 X 10%
	비중소기업 주식	과세표준 X 20%

* 과세표준 = 양도차익 - 연간 250만원(기본공제)
* 지방소득세 포함시 11%, 22%임

(2) 2022년 = 2023년 대주주의 주식 양도소득세(20% or 25% or 30%)

상장주식의 장내양도 상장주식의 장외양도 비상장주식의 양도	과세표준 3억원 이하	과세표준 X 20%
	과세표준 3억원 초과	과세표준 X 25%
	비중소기업 주식 +1년미만 보유	과세표준 X 30%

* 과세표준 = 양도차익 - 연간 250만원(기본공제)
* 지방소득세 포함시 22%, 27.5%, 33%임
* 국외주식의 양도소득세은 20%(250만원 초과 양도차익의 지방소득세 포함 22%)를 적용함
* 법인 대주주 → 연말 지분율 1%(코스피), 2%(코스닥), 4%(코넥스), 4%(비상장) 이상 or 연말 시가총액 10억원 이상
(최대주주는 본인과 4촌이내 혈족, 3촌이내 인척 등 포함, 최대주주가 아니면 상장은 본인만 계산, 비상장은 본인과 직계존비속 등 포함)

소득세법 제104조①11, 12, 동법 시행령 제157조 ④⑤⑥

○ 주식 양도세금과 관련하여 2023년에 대주주기준을 10억원에서 100억원으로 상향 조정하려던 당초 세제개편안은 국회를 통과하지 못하여 변경되지 못하였다.

그 결과 매년말 대주주기준을 벗어나서 상장주식의 장내매도관련 주식양도소득세를 회피하기 위한 대규모 주식매도에 의한 주가하락이 2022년말에 다시 반복되었다.

○ 금융투자소득세 관련 규정에 의하면, 소액주주를 포함한 모든 금융상품 투자자들의 금융상품 매매에 대해 과세하되, 투자하는 금융상품의 종류에 따라 연 250만원 또는 연 5천만원 공제후 3억원 기준으로 20% 또는 25%(지방소득세 별도)를 과세한다.

현재 비과세되는 소액주주의 상장주식 매매차익과 국내 상장 주식형 ETF의 매매차익에 대해 연 5천만원을 공제후 과세한다는 것인데, 소액주주도 장기투자하면 양도차익이 5천만원을 넘을 가능성이 있으므로 주식의 장기투자라는 건전한 투자방식을 저해할 우려가 있다. 또한 2010년과 비교했을 때 소득세 최고세율이 35%에서 45%로 상승하였고, 유가증권시장 대주주 양도소득세 과세기준도 시총 100억이상에서 10억이상으로 확대되었으며, 토지·건물 장특공 30%도 10년이상에서 15년이상 보유로 강화된 사실 등을 감안하면, 5천만원 공제도 시간이 지남에 따라 감소, 강화될 가능성이 있다.

이러한 과세를 포함한 금융상품의 매매차익에 대하여 전반적으로 과세하기 위한 금융투자소득세는 2025년 시행으로 적용시기가 연기되었다.

○ 2023년 개인주주에 대한 주식양도소득세는 변동이 없고, 법인주주의 주식양도차익에 대한 세금은 법인세율 인하에 따라 감소한다.

○ 즉, 개인 소액주주는 상장주식의 장외양도와 비상장주식의 양도에 대해 중소기업 주식여부에 따라 10% 또는 20%(지방소득세 제외, 이하 동일)를 적용하고, 개인 대주주는 모든 상장주식과 비상장주식의 양도에 대해 과표 3억을 기준으로 20%와 25%를 적용하되, 1년미만 보유 비중소기업 주식의 양도시에는 30%를 적용한다.

---

(3) 2022년 법인주주의 주식양도차익 세금 = 법인세 부과(10%~25%)
  * 지방소득세 포함시 11%~27.5%임

(4) 2023년 법인주주의 주식양도차익 세금 = 법인세 부과(9%~24%)
  * 지방소득세 포함시 9.9%~26.4%임

(5) 2022년 양도소득세 계산시 '개인 대주주'의 기준

상장법인, 비상장법인

'주주 1인 등(주주1인과 법인세법상 특수관계자)'의 소유주식비율이 **최대(최대주주)인 경우 :**
(주식 양도소득세 계산대상 대주주 판단목적) 소유주식비율와 시가총액 계산시 합산대상자

주주 1인 및 기타주주	주주1인	
	기타주주	6촌 이내의 혈족
		4촌 이내의 인척
		배우자(사실상의 혼인관계에 있는 자를 포함)
		친생자로서 다른 사람에게 친양자 입양된 자 및 그 배우자·직계비속
		경영에 대하여 지배적인 영향력을 행사하고 있는 법인

'주주 1인 등(주주1인과 법인세법상 특수관계자)'의 소유주식비율이 **최대(최대주주)가 아닌 경우 :**
(주식 양도소득세 계산대상 대주주 판단목적) 소유주식비율와 시가총액 계산시 합산대상자

주주 1인 및 기타주주	주주1인	
	기타주주	직계존비속
		배우자(사실상의 혼인관계에 있는 자를 포함)
		경영에 대하여 지배적인 영향력을 행사하고 있는 법인

⇒ * 대주주는 주주 1인 및 기타주주의
  지분율 1%(코스피), 2%(코스닥), 4%(코넥스, 비상장) 이상 또는 시가총액 10억원 이상인 경우

○ 2023년 양도소득세 계산시 개인 대주주 기준 적용에서 상장법인과 비상장법인의 최대주주인 경우에는 합산하는 친족범위를 축소하였고, 상장법인에서 최대주주가 아닌 경우에는 가족합산방식을 폐지하고 개인주주 본인지분만 계산하는 방식으로 완화되었다.

---

(6) 2023년 양도소득세 계산시 '개인 대주주'의 기준

□ '주주 1인 등(주주1인과 법인세법상 특수관계자)'의 소유주식비율이 **최대(최대주주)인 경우 :**
(주식 양도소득세 계산대상 대주주 판단목적) 소유주식비율와 시가총액 계산시 합산대상자

상장법인, 비상장법인

주주 1인 및 기타주주	주주1인	
	기타주주	4촌 이내의 혈족
		3촌 이내의 인척
		배우자(사실상의 혼인관계에 있는 자를 포함)
		친생자로서 다른 사람에게 친양자 입양된 자 및 그 배우자·직계비속
		주주 1인이 「민법」에 따라 인지한 혼인 외 출생자의 생부나 생모
		경영에 대하여 지배적인 영향력을 행사하고 있는 법인

□ '주주 1인 등(주주1인과 법인세법상 특수관계자)'의 소유주식비율이 **최대(최대주주)가 아닌 경우 :**
(주식 양도소득세 계산대상 대주주 판단목적) 소유주식비율와 시가총액 계산시 합산대상자

상장법인

주주 1인	주주1인

비상장법인

주주 1인 및 기타주주	주주1인	
	기타주주	직계존비속
		배우자(사실상의 혼인관계에 있는 자를 포함)
		경영에 대하여 지배적인 영향력을 행사하고 있는 법인

* 상장법인 대주주 → 연말 지분율 1%(코스피), 2%(코스닥), 4%(코넥스)이상 or 연말 시가총액 10억원 이상
   (상장법인 : 최대주주는 본인과 4촌이내혈족, 3촌이내인척 등, 최대주주가 아니면 본인만 계산)
* 비상장법인 대주주 → 연말 지분율 4%(비상장) 이상 or 연말 시가총액 10억원 이상
   (비상장법인 : 최대주주는 본인과 4촌이내혈족, 3촌이내인척 등, 최대주주가 아니면 본인과 직계존비속 등 계산)
      * 국세기본법 시행령 제1조의2, 법인세법 시행령 제43조⑧1, 소득세법 제94조①3, 동법 시행령 제157조④⑤⑥

CEO Tip 030 2023년 ETF에 대한 세금은?

☐ ETF투자에 대한 세금과 수수료   (지방소득세 포함세율임)

(1) ETF투자자가 개인인 경우

① 개인이 받는 ETF분배금(배당소득)에 대한 세금:
- 국내상장 주식형 ETF[펀드]의 분배금: 분배금 X 15.4% 원천징수
- 국내상장 기타 ETF[펀드]의 분배금: 분배금 X 15.4% 원천징수
- 해외상장 ETF[주식]의 분배금: 분배금 X 15.4% 원천징수

  ☐ 1년간 금융소득(이자소득+배당소득)이 **2천만원을 초과하는 경우(금융소득 종합과세)**

  2천만원 이하분: 15.4% 원천징수(2천만원X15.4%=3,080,000)
  +
  2천만원 초과분: 다른 소득과 합산하여 누진세율로 종합과세(6.6%~49.4%)

② 개인이 받는 ETF매매차익(배당소득 or 양도소득)에 대한 세금:
- 국내상장 주식형 ETF[펀드]의 매매차익: 비과세(소액주주 상장주식 매매차익과 동일)
- 국내상장 기타 ETF[펀드]의 매매차익: 펀드분배금으로 처리
  → Min(①매매차익, ②과표증분) X 15.4% 원천징수
- 해외상장 ETF[주식]의 매매차익: 양도소득으로 처리
  → (매매차익 - 250만원) X 22% 과세→익년 5월 손익통산 신고

③ 증권사의 ETF거래 수수료(매입시, 매도시): 매입금액 or 매도금액의 0.01%~0.6%

④ 증권거래세 및 농특세: 없음

[ETF의 분류: 기초자산, 상품구분, 투자구분, 세율 등]
국내 상장 주식형 ETF : 국내 주식, 국내 주가지수(펀드로 간주, 간접투자, 15.4%분리과세 or 최고 49.5%종합과세)
국내 상장 기타 ETF : 해외 주식, 해외 주가지수, 국내외 채권, 파생상품, 원자재 등(펀드, 간접투자, 15.4% or 최고 49.5%)
해외 상장 ETF : 해외 주식, 해외 주가지수 등(주식으로 간주, 직접투자, ①분배금: 15.4%분리과세 or 최고 49.5%종합과세,
         ②매매차익: 250만원 차감후 22% 별도과세 및 국내외주식과 손익통산가능)

○ ETF(Exchange Traded Fund = 상장지수 펀드 = 상장지수 집합투자기구) 중 국내상장 주식형 ETF와 국내상장 기타 ETF는 펀드로 보고, 해외상장 ETF는 해외주식으로 본다.

○ 개인투자자의 경우 ETF의 분배금은 14%(지방소득세 포함15.4%)의 배당소득세를 원천징수하고, 2천만원을 초과하면 금융소득 종합과세가 적용된다.

○ 개인투자자의 경우 국내상장 주식형 ETF의 매매차익은 소액주주의 상장주식 양도차익과 동일하게 비과세하고, 국내상장 기타 ETF의 매매차익은 분배금으로 보아 과표증분과 비교해 둘 중 낮은 금액에 대해 15.4%를 원천징수하며 2천만원 초과시 종합과세된다.

○ 해외상장 ETF의 매매차익은 해외주식 양도소득으로 보아 250만원(주식그룹내 연 1회)을 공제한 양도차익에 대해 양도소득세 22%를 과세한 후, 익년 5월에 통산신고한다.

○ 즉, 해외상장 ETF는 해외주식 투자와 같은 주식 직접투자의 일종으로, 매매차익이 2천만원을 넘어도 22% 과세로 끝난다는 장점과, 비과세되는 소액주주의 상장주식을 제외한 다른 국내외 주식이나 해외상장 ETF와 1년간 매매손익이 통산된다는 장점이 있다.

한편, 국내상장(주식형, 기타) ETF는 ISA를 이용해 투자하는 경우에만 손익통산이 된다.

○ 법인투자자의 경우에는 ETF 등 펀드의 분배금과 매매차익에 대한 별도의 법인세법 등 관련 규정이 없으므로, ETF의 분배금과 매매차익은 법인에 귀속되는 익금 또는 손금으로 보아, 다른 소득과 합산하여 법인세를 부과한다.

---

(2) ETF투자자가 법인인 경우

① **법인이 받는 ETF분배금(익금)에 대한 세금:**

다른 소득과 합산, 법인세 과세표준에 포함
→ 법인세 과세(2억원이하 9.9%, 2억원초과 20.9%, 200억원초과 23.1%, 3천억원초과 26.4%)

② **법인이 받는 ETF매매차익(익금-손금)에 대한 세금:**

다른 소득과 합산, 법인세 과세표준에 포함
→ 법인세 과세(2억원이하 9.9%, 2억원초과 20.9%, 200억원초과 23.1%, 3천억원초과 26.4%)

③ **증권사의 ETF거래 수수료(매입시, 매도시): 매입금액 or 매도금액의 0.01%~0.6%**

④ **증권거래세 및 농특세: 없음**

* 분배금: 소득세법 제17조①5,6, 동법 시행령 제26조의2①, 동법 시행규칙 제13조①
* 양도소득세: 소득세법 제88조2, 제94조①3다, 제102조, 제104조①12나, 제118조②1, 동법 시행령 제157조의3,1
* 자본시장법 제234조, 법인세법 제15조①, 동법 시행령 제11조 11

> 이 책은 경제와 금융의 실용·실무적인 핵심 트렌드와 내용에 대해 쉽고 알찬 형식으로 권위 있는 해설과 정보를 제공하는 것을 목적으로 합니다. 하지만 그 완전성이 항상 보장되는 것이 아니고, 특정 사안에 대한 구체적인 의견을 제시하는 것이 아니므로 적용결과에 대하여 저자와 발행처가 책임지지 않습니다. 특히, 금융상품 가입과 부동산 투자, 건강상품 구입와 관련하여 이 책은 참고용이며, 그 가입·투자 및 구입결정과 그 결과에 대한 책임은 독자에게 있으므로 저자와 발행처는 법적 책임을 지지 않습니다. 따라서 실제 의사결정할 경우에는 충분히 검토하시고 전문가와 상의하시기 바랍니다.

경영재무컨설팅 CEO와 패밀리

1쇄 찍음 / 2023년 5월 08일
1쇄 펴냄 / 2023년 5월 08일

지은이 / 김　덕
펴낸이 / 김　덕
등　록 / 제2023-000001호
펴낸곳 / 어카운팅맨출판사
(41727) 주소 / 대구시 서구 고성로
E-mail　acctingman@gmail.com

등　록 / 248-86-01755
인쇄소 / ㈜에이프린트
(04555) 주소 / 서울시 중구 충무로 29

값 25,000원
ISBN 979-11-982868-0-2

* 잘못 만들어진 책은 구입하신 서점에서 교환해 드립니다.
* 책 주문에 대한 문의은 출판사 E-mail(acctingman@gmail.com)을 이용하시기 바랍니다.
* 이 책에 사용된 표지 이미지의 출처는 GettyImagesKorea입니다.
* 이 책은 저자와 출판사의 저작권법에 의해 보호를 받는 저작물이므로 무단 전재와 복제를 금합니다.